# 知ればどや顔
# よくわからない日本語

東郷吉男



**わた**
**日本語が**
**好きです。**
**日本語を**
**愛しています。**

この世に生をうけて八十余年、日本語のお蔭で生きてきました。

単にそれを使って日常の言語生活を営んできたというだけではありません。一九五九年春、大学を卒業し教職に就いて以来四十三年間、高校・短大・大学の教壇に立ち、内外の若い人たちに日本語（国語）を教え、また、わたし自身、いささかそれに関する研究に従事してきました。

わたしたち一家、まさに日本語に糧を得て生きてきたわけですが、さらにいえば、

**日本語はわたしの生き甲斐、生き方そのものだったのです。**

もう七十年近く前のことになりますが、敗戦間もない混乱期、わたしは京都二条の医薬品問屋の丁稚をしながら、定時制高校に通っていました。英語や数学のみならず、当時のわたしには国語だって決して与しやすい相手ではなく、**藤村の詩も中島敦の小説も、そして『源氏物語』も西鶴も、**

……。窓ガラスが割れ、裸電球一つの薄暗い教室のなかで、わたしは幾度くやし涙を流したことでしょう。

それから半世紀余り、わたしはほんとうに多くの方がたにお世話になり、何にもたとえがたい、深い深い恩恵を賜りました。

いま、識者のあいだで、また巷間において、ことばに関する問題がいろいろ論議され、人びとのこころにも、日本語のよさを見直そうとする傾向が見られます。また、アジア地域を中心に、外国人の日本語学習意欲もかなり高い水準を維持しています。

わたしはいま地域のなかで、中・高年のみなさまと定期的に日本語の研究会を持ったり、ある同好会の機関誌のコラムに連載記事を書いたりしていますが、そのなかでも、むしろ高年層の間に日本語に対する愛着や思い入れが強く、正しく豊かなことばを次の世代に引き継いでいく責任を自覚し、意欲を燃やす人が多いことを知ってハッとさせられることがあります。そして、そういう場でのみなさまの関心が、特殊な場で使われる、格調の高さを誇示するような、難解な語句ではなく、**わたしたち市民層が日常の言語生活のなかでふつうに用いていながら、ちょっと深く考えるとどこかにわかりにくさを残すような表現**に集中することを感じていました。

幸い、このたびふしぎな縁で有楽出版社の編集者と知り合いましたのを機会に、そのような語句を選んで解説を施し、本書を上梓する運びとなりました。小著ながら、わたしとしては前述のご恩へのささやかなお返しの意をも含め、内容をできるだけ正確にわかりやすく記述するよう努めましたが、なお遺漏も多かろうと存じます。お気付きの点、何なりとご指摘・ご批正いただきますよう、よろしくお願い申し上げます。

本書が、**日本語を愛されるみなさまの、こころの輪を大きくするために**多少なりとお役に立てば、著者として望外の幸せに存じます。

春浅き播磨の丘にて

**東郷吉男**

よくわからない日本語の世界
〜プロローグ〜
僕の名前は自信なさ夫《お》(22) Y商事の新人営業マン
バシ
おい　なさ夫 どうなってんだ
ったく最近の若い奴はカフェ(笑)でチャラチャラばっかしやがって
プリ
プリ
あこがれの会社に入ったのに、営業成績がふるわず怒られてばかりだ
今月もトップはどや顔先輩か……それにくらべて僕は……
ハア…
今月の営業成績
高橋
ドヤ顔
鈴木
山田
なさ夫

どうした?
なさ夫
どや顔先輩!
なるほど
お前の悩みは
わかったよ
僕は
どうすれば
いいでしょうか
ところでなさ夫、
「ピンキリ」の
「ピン」って
なんだかわかるか?
いや…
わかりません
そう、
由来を知らないで
なあなあに使っている
言葉を
並べ立てても
人の心には響かない
グローバル化が
うたわれる現代でも、
日本人同士の
つきあいで
心を打つのは
国語力なんだ!
50人の女子にきいた
国語力がある男性の
イメージ
国語力がある
かっこいい
ステキ
お金もちそう
あいしてる
国語力がない
息をしないで
ほしい
見たくない

とはいえオレも最初から国語力があったわけじゃない
これが1年前のオレだ
全然どや顔じゃない！
人と喋るのも苦手で万年ビリだったオレを救ってくれたのが
TOGO《トーゴー》先生との出会いだ
TOGO先生？
日本一日本語を愛する国語の先生だ！
ドーン
ビクッ
国語の実験をしていたら爆発してしまった…
シュー
こうしてTOGO先生と僕の日本語修行が始まったのだ！
以下、次ページ！！！

# 相槌《あいづち》を打《う》つ

［Aizuchi-o-Utsu］

今ではどこの家でも「金槌《かなづち》」くらいしかないが、
昔は「小槌《こづち》」などいろいろあったようだ。
それにしても「相槌」って、どんな形をしていたのだろう。
お客などが話し出したら、座敷に持っていって
トントンたたきながら聞いたりしたのだろうか？

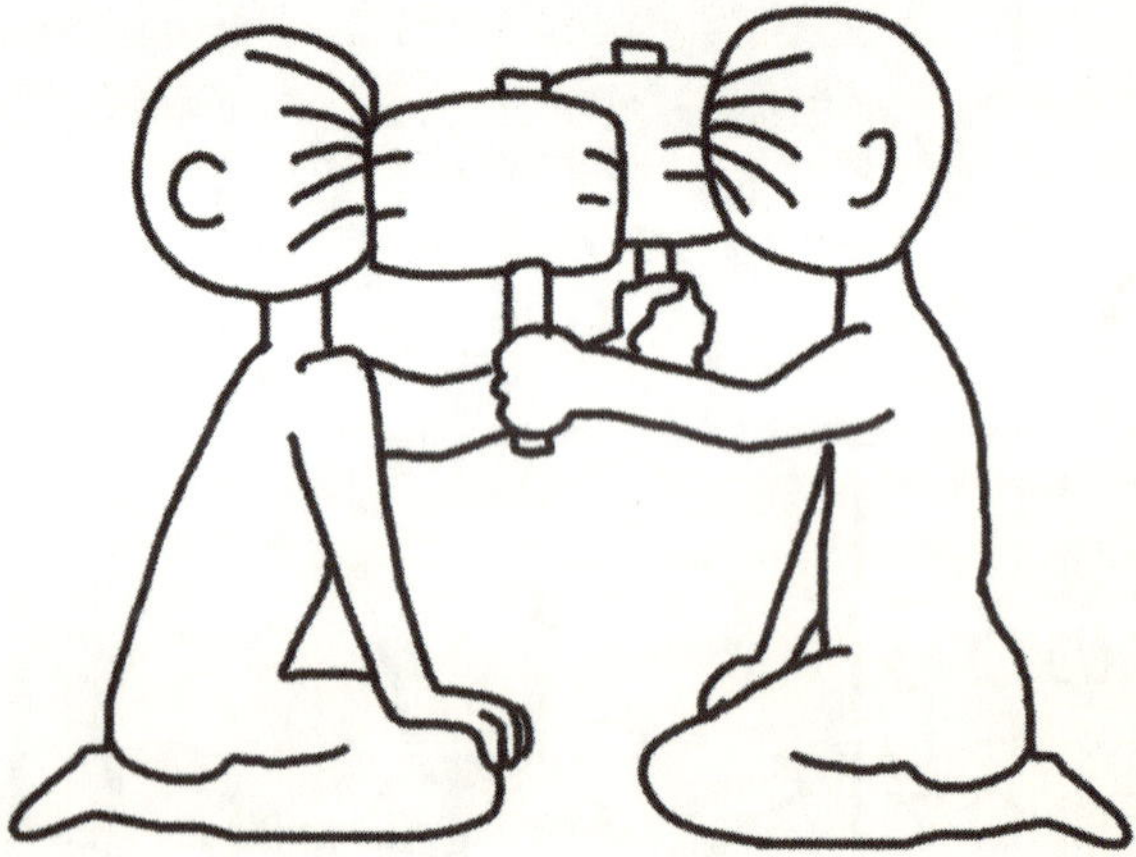

今日の仲田部長は
ことのほか機嫌がよく、
相槌を打ちながら、
ぼくの話を熱心に聞いてくれた。
かえって気持ち悪い。

【意味】

相手の話の合間ごとに、「そうだね」「なるほど」などと短いことばを差しはさむ。

【解説】

昔の伝説では、それさえ振れば望みの物が何でも得られる「打ち出の小槌」などという、不思議な槌もあったようですが、この「相槌」はそんな特殊なものではありません。鍛冶屋《かじや》の仕事場で、まっ赤に焼けた鋼《はがね》をたたいて打ち延ばす**親方の槌の合間に、弟子が槌を入れること**です。私はいま神戸市の西北、三木《みき》市との境界付近に住んでいますが、三木は金物の生産地として知られた土地ですから、ひと昔前までは、鍛冶屋さんの作業場から、**トンカン、トンカン**と呼吸の合った快音が響《ひび》いてきたといわれます。

芥川龍之介《あくたがわりゅうのすけ》の小説『芋粥《いもがゆ》』に「五位《ごい》は利仁《としひと》の顔と、郎等《ろうとう》の顔とを、仔細らしく見比べながら、両方に満足を与えるような、相槌を打った。」と使われています。

# 挙《あ》げ句《く》の果《は》て

［Ageku-no-Hate］

「挙げ句」の「句」とは
どういう「句」なのだろう。
また、「揚げ句」と
書いてある本もあるが、
どちらが正しいのだろうか？

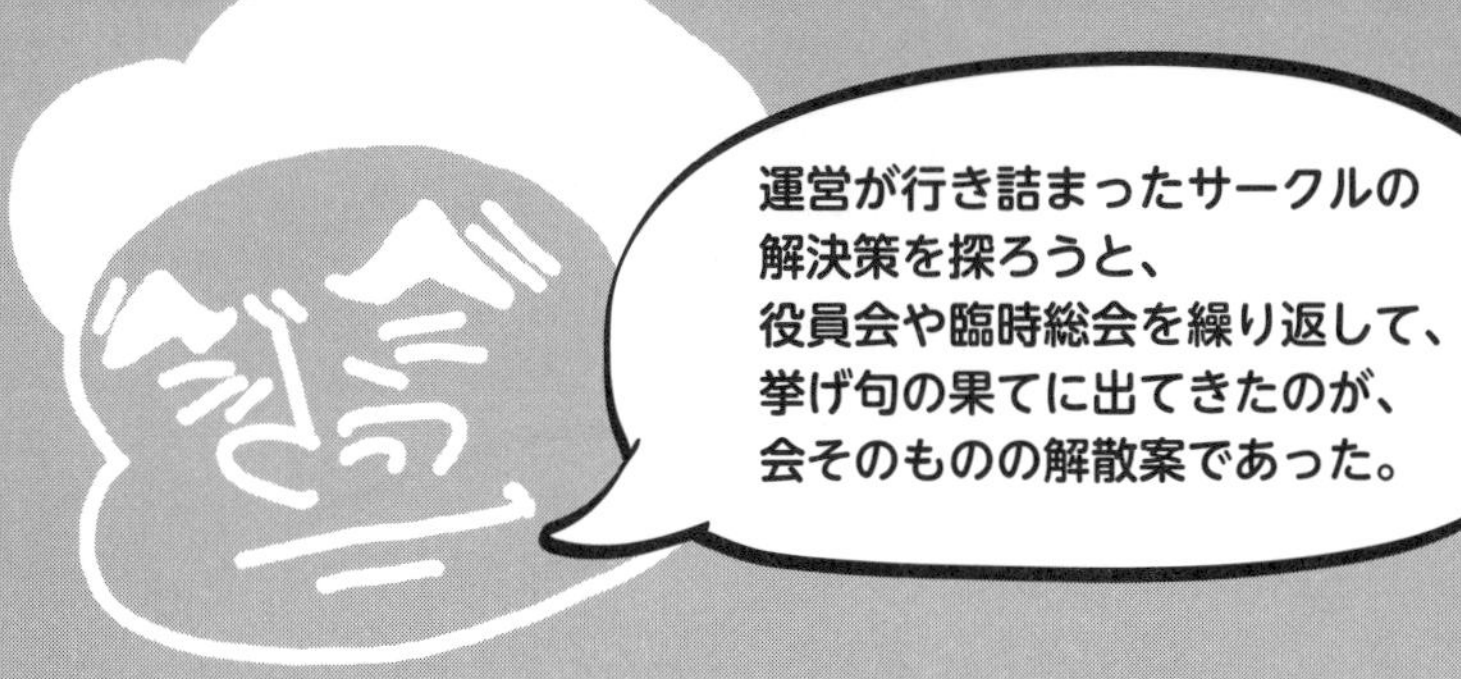
運営が行き詰まったサークルの
解決策を探ろうと、
役員会や臨時総会を繰り返して、
挙げ句の果てに出てきたのが、
会そのものの解散案であった。

**【意味】**

いろいろなことをした結果。結局のところ。

その結果がよくない場合に用いるのがふつうである。


**【解説】**

「挙げ句」について説明するには、まず「連歌《れんが》」に触れなければなりません。「連歌」は中世（鎌倉・室町時代）によく行われた文芸形式で、短歌の上の句（五・七・五）と下の句（七・七）を別の人がよみ、それを順に繰り返し、鎖《くさり》のように連ねていくもので、この形式は、のち江戸時代に俳諧《はいかい》の「連句」に受け継がれます。

さて、「挙げ句」ですが、**これは、「連歌」や「連句」の最初の句を「発句《ほっく》」と呼ぶのに対して、その最後の句をいう**のです。古くから「揚げ句」の表記も行われていて、どちらか一方を誤りとするのは無理かと思います。

なお、「あれこれ迷ったあげく」など、「あげく」（この場合はかな書きにすることが多い）だけでもほぼ同じ意味に用いられ、一方「果て」も行き着く所の意ですから、「挙げ句の果て」には**意味の重複があり**、一種の強調表現と考えられます。

# あこぎな

［Akogi-na］

「あこぎ」は漢字で「阿漕」と書くらしいが、
どんな由来があるのだろう？
舟を漕ぐことと関係があるのだろうか。

オーガニックな
気持ちを伝えたいから
アンプラグド

あいつ、給料を減らされた上に、
地方へとばされて……。
会社のやり口も、
ちょっとあこぎなんじゃないの？

**【意味】**

思いやりがなく、欲深いさま。性格が無慈悲で、あくどいことを平気でするさまをいう。

**【解説】**

**「阿漕」は伊勢国の阿漕が浦（三重県津市にある景勝地）のこと**で、昔ここは伊勢神宮の神前に供える魚を捕る場所として、一般の漁が禁じられていました。ところが、一人の漁師が禁を破ってここで密漁を重ね、遂に捕らえられて沖に沈められたという言い伝えが残されていました。その伝説は、『源平盛衰記《げんぺいじょうすいき》』の「伊勢の海　阿漕が浦に　引く網も　度重《たびかさ》なれば　人もこそ知れ（＝何度も重なると人が知ってしまうものだ）」〈巻八・讃岐院事〉という歌にありますように、中世には「同じことが度重なる」意の比喩として用いられましたが、江戸時代を通じてしだいに**「あくどいことを繰り返す」**意に転じて現代に至っているのです。

# あっけない

［Akke-nai］

「あっけ」がなくて、いったい何があるんだろう？

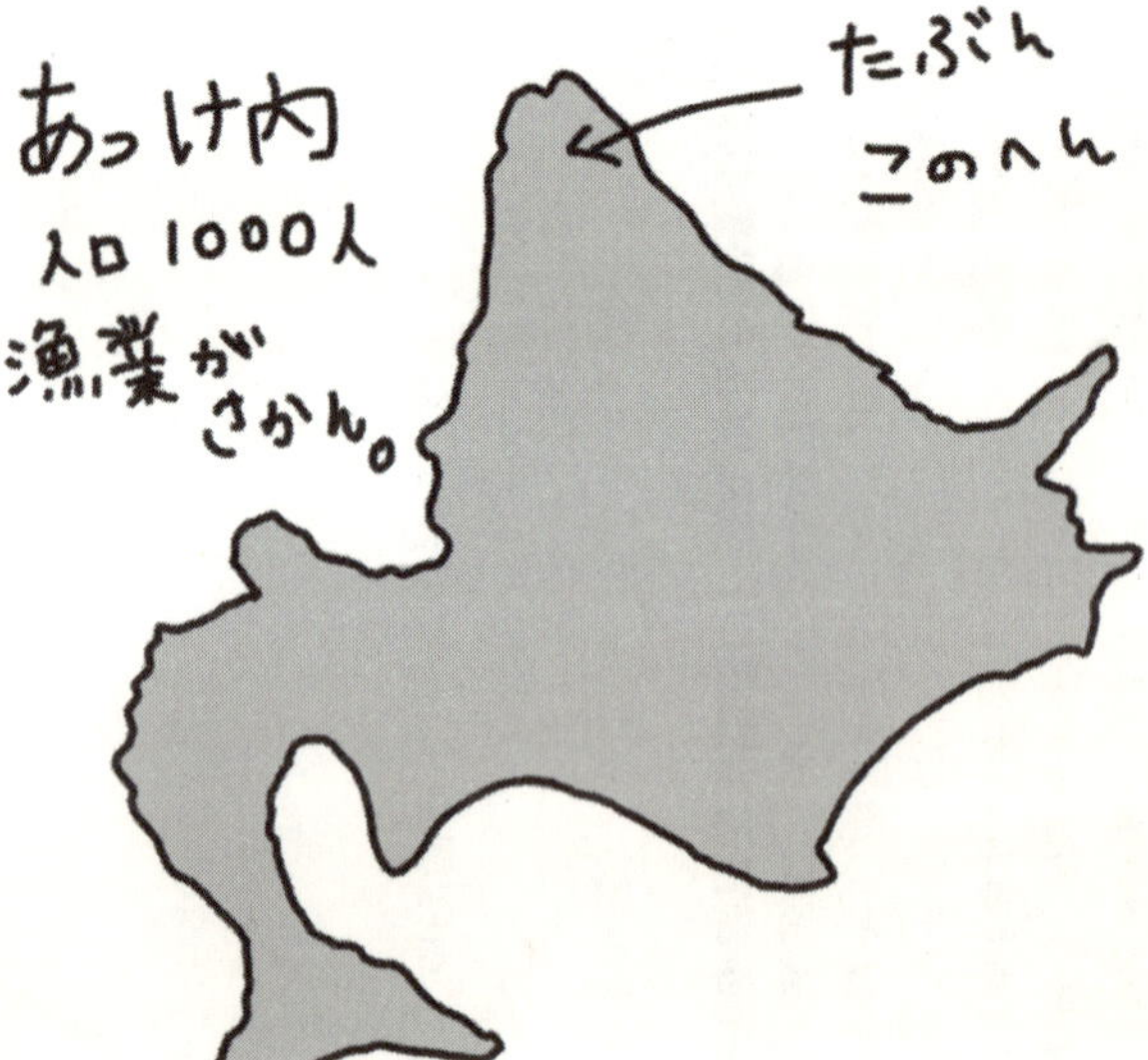
あっけ内
人口 1000人
漁業がさかん。
たぶん
このへん

あの会社の株主総会、
あれだけの不祥事を起こしておきながら、
ほとんど質問も出ず、四十分程度で
あっけなく終わってしまった。

**【意味】**
あまりに簡単過ぎてもの足りない。
物事の過程が予想外に簡単だったり、その結果がつまらないものだったりして、飽き足りなく感じるさまをいう。

**【解説】**
「あっけ」はふつう「呆気」と書きますので、「呆気に取られる」などから、「驚きあきれて、ぼうっとするさま」と解し、それが無いとはどういうことかと、首をかしげたくなるのです。

そこで、ちょっと角度を換えて考えてみましょう。二葉亭四迷《ふたばていしめい》の小説『其面影《そのおもかげ》』に「話もせぬ中《うち》に最《も》う来て了《しま》った。余り飽気《あつけ》なかったので、……」〈三二〉とある「飽気」です。これは**「十分満足する気持ち」ですから、それがないということで意味が通る**と思います。

ほかに、「いたいけ（幼気）ない」「あじけない」などと同じく、「呆気」に意味を強めつつ形容詞化する接尾語の「ない」が付いたと考えることも可能かと思いますが、前説の方が無理がなくてよいでしょう。

# あっけらかん

［Akke-rakan］

どこからこんなことばが出てきたのだろう。
まったくの擬態語《ぎたいご》なのか、
あるいは他のことばから転じたものなのか？

同期の村田が地方の支店に
飛ばされたと聞いて、
さぞ落ち込んでいるだろうと
慰めに行ったら、あいつ、
あっけらかんとしてて、
こっちが拍子抜けしちゃったよ。

**【意味】**

口をあけたようにぽかんとしているさま。
緊張を欠いてぼんやりしているさま。
また、物事にこだわらず、平気な顔をするさま。

**【解説】**

正直なところ、現在この語の由来《ゆらい》について確かなことはわかっていません。ですから、一応わかる範囲のことを述べるにとどめます。

明治二七年（一八九四）に出た泉鏡花《いずみきょうか》の小説『義血侠血《ぎけつきょうけつ》』の中で、「呆然惘然」に「アケラカン」のルビ（ふりがな）が見えます。また、『日本国語大辞典』には、類語**「あけらけん」「あけらこん」「あけらひょん」「あけらほん」**などの項目があり、それぞれ江戸時代以降の用例が紹介されています。

当然、意味の中心は「あけら」にあるわけですが、これが「口をぽかんとあける」意から、動詞「明《あ》く」（「明ける」の古い形）と関連があろうといえる程度で、その形になった過程はよくわかりません。「あっけらかん」は「あけらかん」に促音《そくおん》「っ」を挿入して、語調を強めたものです。

なお、一風変わった語源説として、**「呆気羅漢《あっけらかん》」**（口を開いて呆気にとられたような表情をしている羅漢さま）からとするものがあります。

# 後釜《あとがま》に座《すわ》る

［Atogama-ni-Suwaru］

「釜」ということばを用いるのはなぜだろう。
また、「後釜」とは、どんな釜をいうのだろうか？

うーん
しりが痛い
そして熱い

失礼ね。わたしは、
財産を目当てに、
専務の亡くなった奥さんの後釜に
座ろうとしているわけじゃ
ありませんよ。

【意味】
ある地位についていた人の後を受けて、その任につく。特に、妻を亡くしたり、離婚したりした男性と結婚して、その後妻になる。

**【解説】**
「竈《かまど》」は「釜処《かまど》」（釜を据え置くところ）の意味ですが、昔はどこの家でも煮炊《にたき》にこれを用いました。その際、前の釜で煮ていたものを下ろした後、**残り火があるうちに代わりにかける釜を「後釜」という**のです。

ところで、なぜ「釜」なのかということですが、**「何をおいても、まず腹ごしらえ」**と言われるように、私たちの生活で最も大切なのが食べることで、「釜」がその食べ物を作るのに欠かせぬ器具であるところから、この語を用いたのだろうと思います。

特に江戸時代、一家の生計を取りしきる人「主婦」の座を象徴する「竈将軍《かまどしょうぐん》」ということばが作られたことを思えば、「座る」の語感と相俟《あいま》って、この句が**「後妻として一家の生計を握る座を占める」**意にふさわしい表現であることがおわかりになると思うのです。

# 油《あぶら》を売《う》る

［Abura-o-Uru］

無駄話をすることと、
油を売ることと、
どういう関係があるのだろう？

あの子、ちょっと銀行に
行って来ると言ったきり、
一時間もたつのにまだ戻ってこない。
きっとどこかで油を
売っているに違いない。

**【意味】**

仕事中に人と無駄話などをして怠《なま》ける。特に、勤め先の用事で外出しながら、無駄な時間をつぶして遅く帰ることをいう。

**【解説】**

江戸時代の「油売り」（主に行灯《あんどん》などに使う灯油を商《あきな》う）は量《はか》り売り方式で、粘液性のある油を桝《ます》で量り、漏斗《じょうご》（狭口の容器に液体を入れるための用具）を使って客の瓶などに注ぎ入れるのに、ずいぶん時間がかかりました。また、婦人用の髪油を商う者は、客の女性の気を引くために、人のうわさや世間話など、長々と語り合いながら商売をするのがふつうでした。そういうところから、この句は、雑談しながらだらだらと仕事をする意味に転用されるようになったと言われます。

また、行灯や軒灯《ちょうちん》をともすころになって油切れに気付く客が多く、**油売りといえば夕方からが稼《かせ》ぎ時で、日中はぶらぶら過ごしていました。**そのため、「油を売る」がぶらぶらと無為《むい》に時間を過ごす意を持つにいたったと解する考えもあります。

# 案《あん》配《ばい》(塩梅)

［Ambai］

辞書を見ると、「あんばい」には
「案配」「按排」「塩梅」など、
いくつも漢字が出ている。
特に「塩」を「あん」と読むのが納得できない。

①班長たちが集まって、
作業の手順を案配することになった。
②どうも最近、腰の案配がよくない。
年なのかなあ？

**【意味】**

①（動詞「～する」の形で）
物事をほどよく処理する。
特に、ある限られた範囲で物をうまく並べたり、
組み合わせたりする。
②（名詞として）
物の良し悪しの具合。調子。状態。また、味加減。

**【解説】**

「案配」は当用漢字（現在は「常用漢字」）による書き換えで、以前は「按排」と書きました。

この語は確かに問題の残る厄介《やっかい》な語ですが、私は、もと**「按排」「塩梅」の二語があり、それが室町時代末期から江戸時代にかけて、混ざり合って一語になった**と考えています。

「按排」は、いくつかの物をうまく並べたり組み合わせたりすること、「塩梅」はもと「えんばい」と読み、**塩と梅酢でうまく味を整えること**、これが本義だったと思いますが、室町時代末期にポルトガル人宣教師の手で刊行された『日葡辞書《にっぽじしょ》』に「Ambai, yembai（アムバイ、または、エムバイ。塩梅）Reôrino caguen（料理の加減）……」の記述が見え、当時二つの語が混淆《こんこう》しつつあった状況をうかがわせます。

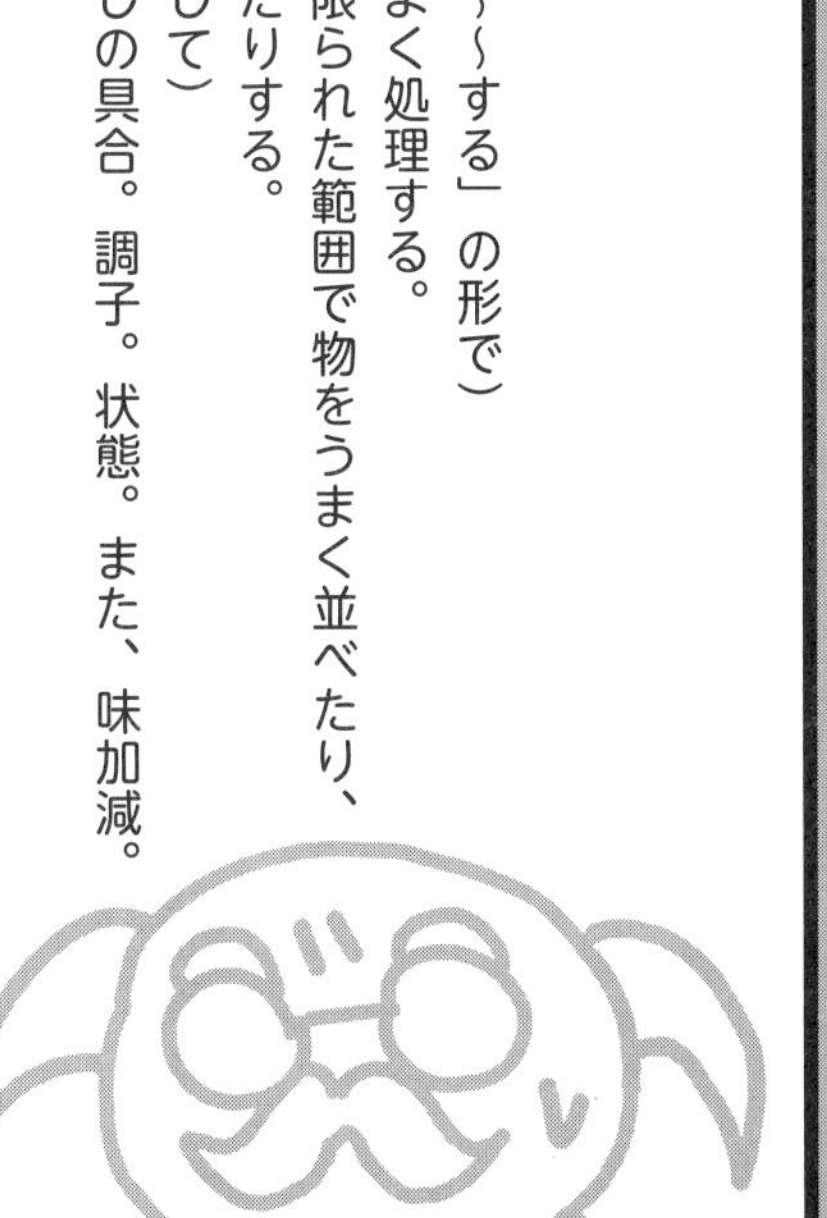

# イカモノ食《ぐ》い

［Ikamono-gui］

「イカモノ」がわからない。
あるいはあの変な形をした
「烏賊《いか》」を最初に食べた勇気の
ある人のことを言っているのかもしれないが。
しかしそれだったら、
「蛸《たこ》モノ食い」でもいいはずだが。

①彼と東南アジアに
行ったんだけど、
彼はイカモノ食いだから、
なんでも食べちゃうんだ。
②彼女、なんであんな男と
付き合っているのかしら。
もしかしたら、彼女、
イカモノ食いかもね。

**【意味】**

①ふつう人が食べないような物を、好んで食べること。また、その人。悪食家《あくじきか》。

②ふつうの人が嫌うような物を好んだり、人と異なる特殊な方面のことに興味を抱いたりすること。また、その人。悪趣味。

**【解説】**

「イカモノ」は、漢字「如何物」を当てることもありますが、成り立ちから考えれば、「イカガモノ」または「イカサマモノ」の省略形と思われます。

そこで「イカガモノ」という語形について考えますと、「イカガ」は、心中に疑いの念が深く残るさまをいい、「イカガモノ」は、そういう疑わしい物の意になります。

また、「イカサマモノ」を見ますと、江戸時代、これはいかにも本当らしく見える偽物、いかがわしい代物《しろもの》を指すことばでした。

かくして、①「**人間の食べ物として疑わしい物を食べること（人）**」の意味になり、次いで「〜食い」という形に、「初物食い」「珍し物食い」など「〜を好むこと（人）」の用法が派生して、②の意味にも使われるようになったのです。

# 一《いち》か八《ばち》か

［Ichika-Bachika］

「一」はなんとなくわかるが、
「八」がわからない。
「九」ではいけないのだろうか。
しかし考えてみると、「七転び八起き」とか、
「七転八倒」など、「八」が出てくる日本語が多い。
「八」にはなにか意味があるのだろうか？

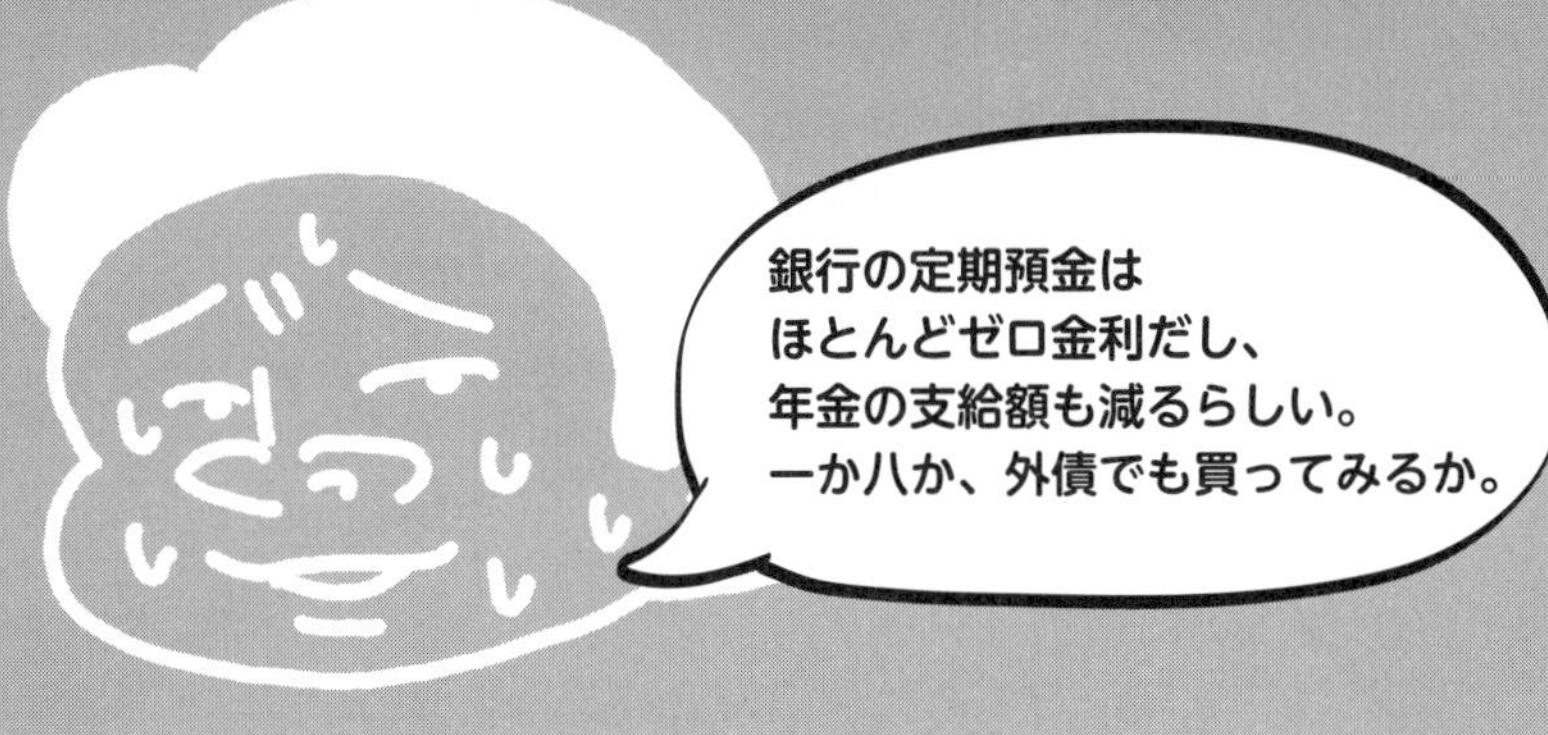
銀行の定期預金は
ほとんどゼロ金利だし、
年金の支給額も減るらしい。
一か八か、外債でも買ってみるか。

【意味】

思い切って、結果の良し悪しをまったく予想し得ないまま、運を天に任せてやってみるさまをいう。

【解説】

この句は、江戸時代にさいころ賭博《とばく》の隠語から生じたものとされています。語源としては、「一か罰《ばち》か」で、さいころの「一」の目が出るか、外れてダメに終わるかの意とする説、「丁か半か」の**「丁」の字の第一画、「半」の字の第一・二画を取ったもの**で、二個のさいの目の合計が「丁」（偶数）であるか、「半」（奇数）であるかの意とする説の二つが考えられています。

出自がそういうことばだけあって、この句にはどこか捨《す》て鉢《ばち》的なニュアンスがあり、半《なか》ば失敗するのを覚悟の上で、敢えて突っ込んでいくような響きがあります。

なぜ「一」と「八」とが選ばれたかを考えるに、「一」はすべての数の基本であることによるのは言うまでもありません。次にそれと組む数ですが、こういう慣用句においては、「つべこべ言う」「ためつすがめつ」のように、脚韻《きゃくいん》を踏む（語呂合わせのために末尾の音を揃《そろ》える）のがふつうですから、其の条件に適う数は「七《しち》」と「八《はち》」しかなく、「七」が発音上「一」と紛れやすい事情も影響して「八」が選ばれたと思います。

日本人は昔から、縁起がよいと好む数が「八」で、「八百万神《やおよろずのかみ》」「江戸八百八町《はっぴゃくやちょう》」「四国八十八か所」「近江《おうみ》八景」など、多くのことばが作られています。

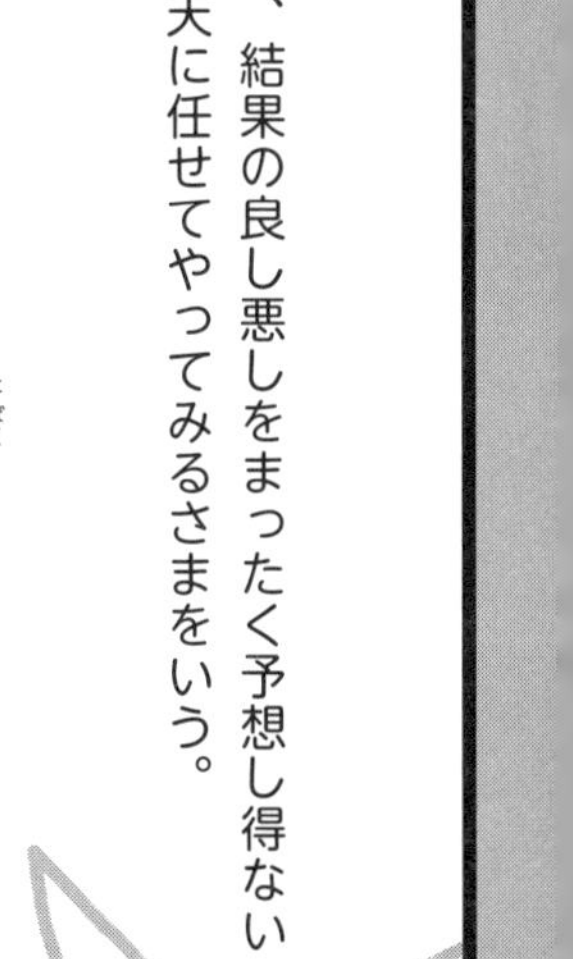

# 命《いのち》からがら

［Inochi-Karagara］

「命」はわかるが「からがら」がわからない。
「からがら」などという日本語は知らないし、
いったいどこから出てきたことばなのだろう。

夜道で暴漢に襲われた彼は、
カバンもコートも投げ捨てて、
命からがらその場を
のがれたのだった。

**【意味】**
生命の危険を感じながら、何とか命だけは失わずに、やっとの思いで難をのがれるさまをいう。

**【解説】**

この「から」は、もと形容詞「辛《つら》し」（「辛い」の古い形で、「〜〜しづらい」「やっと〜〜する」の意）の語幹（活用語の活用しない部分）から出たものです。日本語の形容詞は、「長《なが》の別れ」「おお、寒《さむ》!」など、語幹だけで使われることがあり、また**「近々《ちかぢか》」「黒々《くろぐろ》」のように、それを重ねて意味を強める用法**もあります。

ここの「辛々《からがら》」は、それが「命」をうけて、「辛《かろ》うじて」（やっとのことで）の意を添える接尾語に転じたものと考えられます。

しかし、現在では、このような語源意識を感じる人はほとんどなく、表記も「からがら」とかな書きすることになっています。

# ウケに入《い》る

［Uke-ni-Iru］

ウケとはなんだろう。

「営業三課の清水君は得意先のうけがよい」

などと言うから、人から受ける評判、
人気のことだろうか？

この「うけ」と関係があるのだろうか？

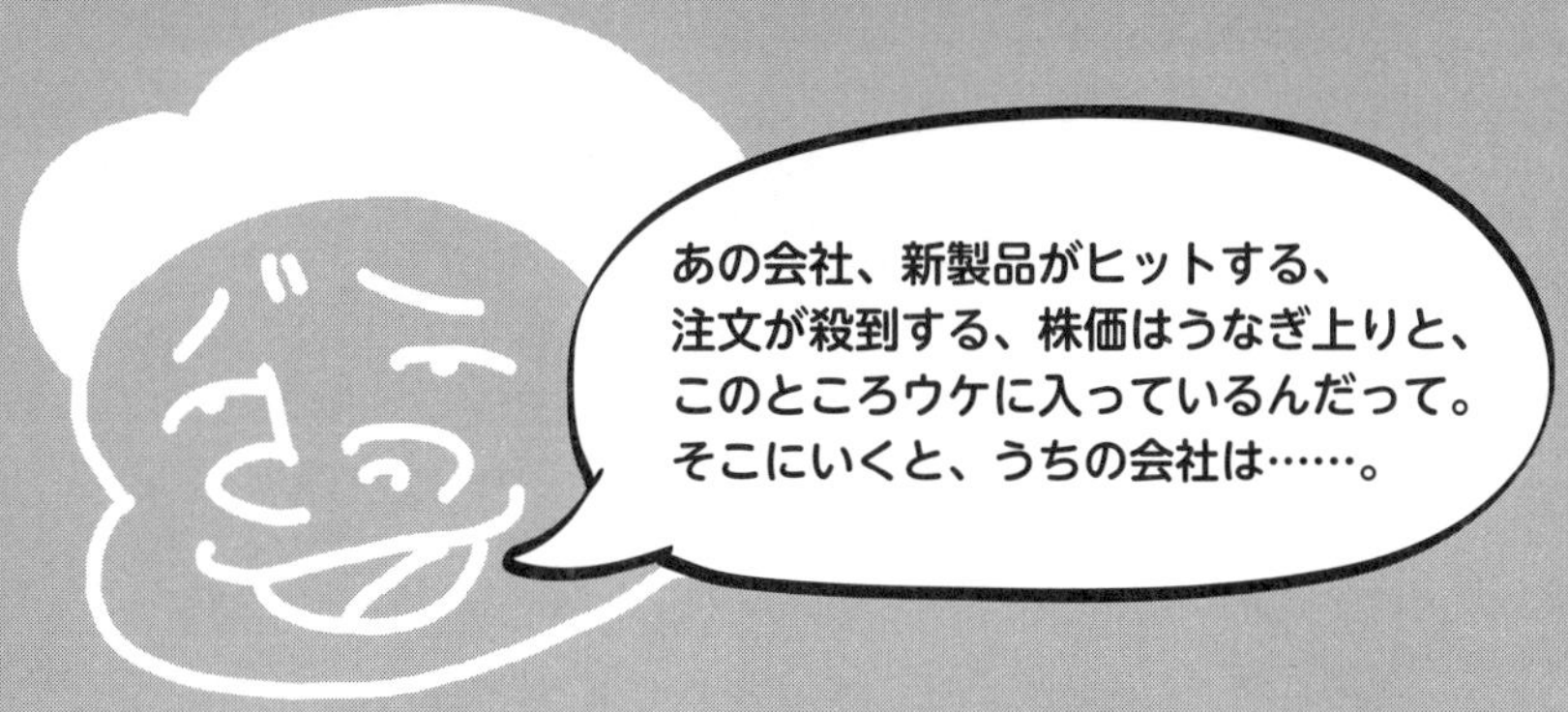
あの会社、新製品がヒットする、
注文が殺到する、株価はうなぎ上りと、
このところウケに入っているんだって。
そこにいくと、うちの会社は……。

**【意味】**

幸運に恵まれて、よいことばかり続く。やること、なすこと、みんなうまくいって、調子づいている。

**【解説】**

この「ウケ」は「人のうけがよい」などというときのものとは違います。ですから「受け」と書いてはいけません。

この「ウケ」はもと**陰陽道《おんみょうどう》で使われたことばで、「有卦《うけ》」と書き、「無卦《むけ》」に対するもの**です。陰陽道では生まれた年によって、木《き》・火《ひ》・土《つち》・金《かね》・水《みず》の五つの性に分け、それを十二支（子《ね》・丑《うし》・寅《とら》・卯《う》・辰《たつ》・巳《み》・午《うま》・未《ひつじ》・申《さる》・酉《とり》・戌《いぬ》・亥《い》）と組み合わせて、人の生涯を「有卦」七年、「無卦」五年の周期に配分します。すると「有卦」の年は、木性の人が酉年から卯年まで、火性の人が子年から午年まで、土性の人が午年から子年まで、金性の人が卯年から酉年まで、水性の人が午年から子年までのそれぞれ七年間となり、それ以外が「無卦」の年となるのです。

江戸時代にはこうしたことが半ば信じられていたようで、井原西鶴《いはらさいかく》の浮世草子『好《こう》色《しょく》一代男《いちだいおとこ》』に「明後日よち金性《かねしゃう》の者は有卦《うけ》に入《いり》まする年《とし》の七《なな》は仕合《しあわせ》」〈巻二・二〉と出ています。

今ではその語源を知る人もごく少なくなり、漢字で「有卦」と書けば、ほとんどの人が迷ってしまうだろうと思います。

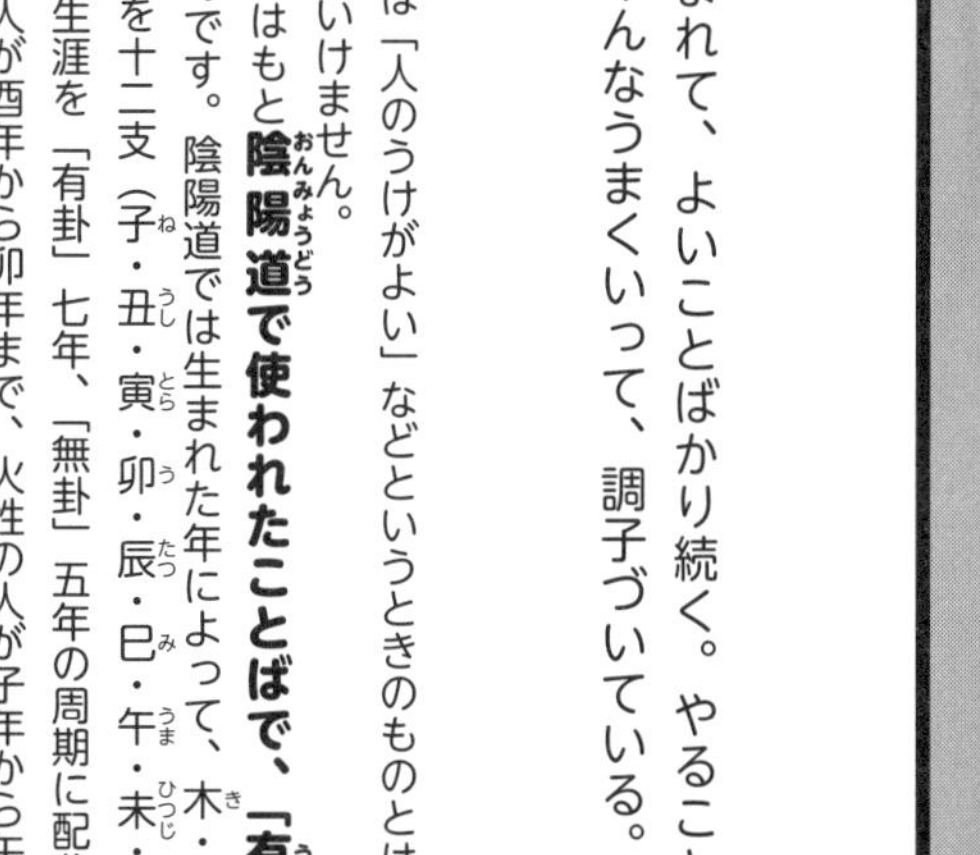

# 胡散《うさん》臭《くさ》い

［Usan-Kusai］

「胡散」と書いて、
どうして「うさん」と読むのだろう。
字は胡椒《こしょう》に似ているが、「胡散」とはどんなもので、
どういう匂《にお》いがするんだろう。

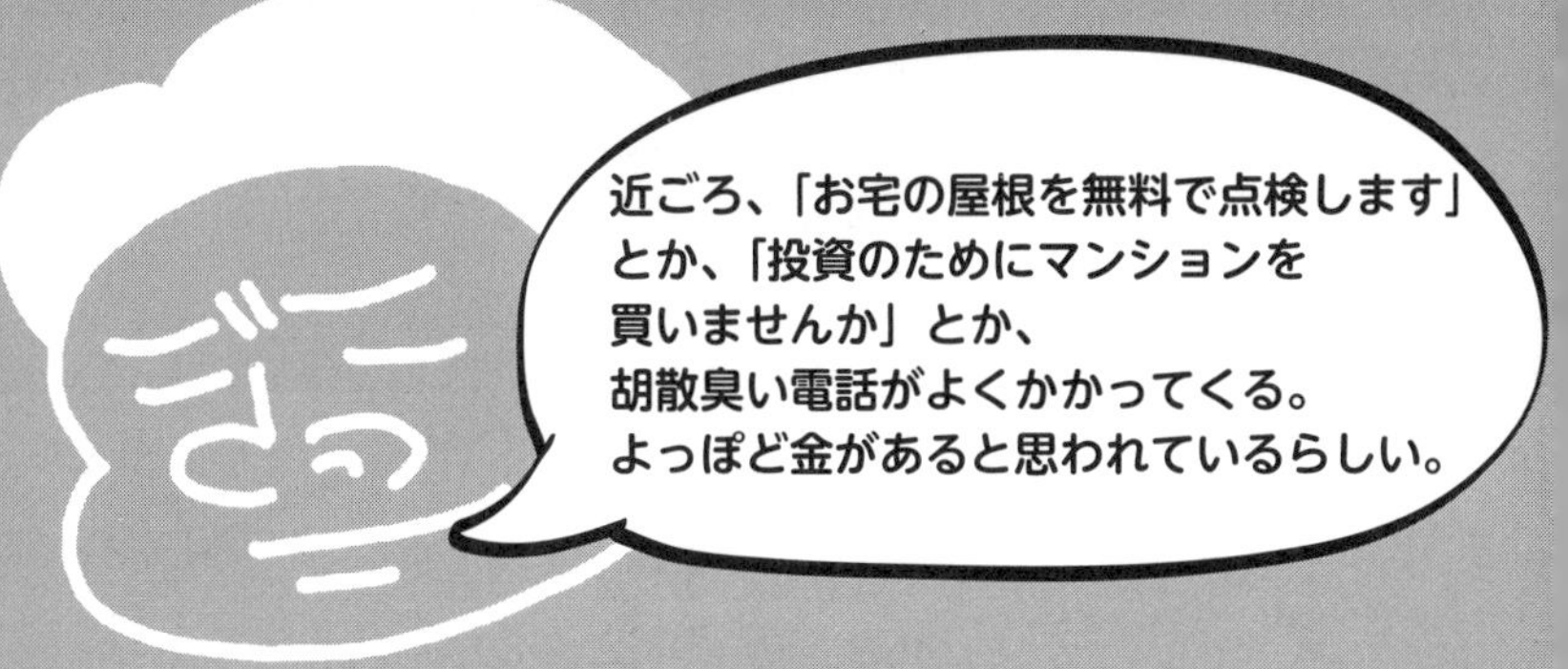
近ごろ、「お宅の屋根を無料で点検します」
とか、「投資のためにマンションを
買いませんか」とか、
胡散臭い電話がよくかかってくる。
よっぽど金があると思われているらしい。

【意味】

様子が何となく怪しい。外から見たところ、態度などがどこか疑わしくて、油断できない感じだ。


【解説】

「胡」は確かに「胡弓《こきゅう》」「胡麻《ごま》」のように「こ（ご）」と読まれることの多い字ですが、唐音《とうおん》（平安末期以後江戸時代まで、禅僧や商人などによって持ちこまれた、宋《そう》・元《げん》・明《みん》・清《しん》などの漢字音）では「う」と読みます。

「胡散」は、『日葡辞書』に「Vsanna.（ウサンナ）《訳》疑われるような（こと）、また、怪しく思われる（こと）」とあります。また、井原西鶴の浮世草子『好色一代男』に「『何をか申事《まうすこと》ぞ。胡散なるはとのかいめ（＝インチキ詐欺師《さぎし》）』と、何でもなう聞《き》き捨《すて》しを」〈巻四・一〉とありますように、江戸時代までは「胡散な（者）」のような形で、形容動詞として使われましたが、今では下に「臭い」が付いた「胡散臭い」の形で、もっぱら使われるようになっています。

ところでこの「臭い」ですが、これは複合形容詞の下部の構成要素となる、いわゆる「無臭のくさい」で、**「陰気臭い」「面倒臭い」などと同じく「〜の傾向がある」「〜な感じがする」の意**を表しています。

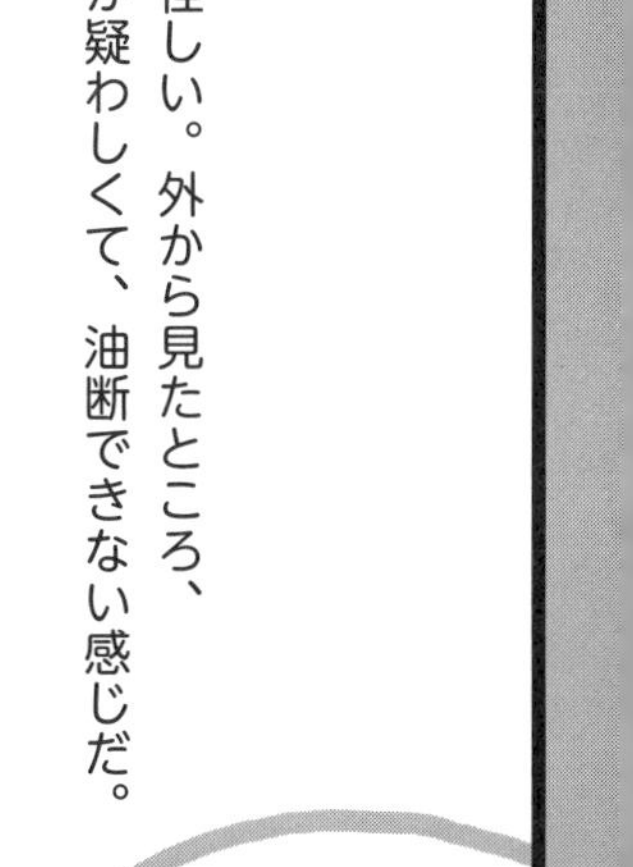

# 有象無象《うぞうむぞう》

［Uzo-Muzo］

「象」は、動物園にいる、
あの「象」のことなのか。
その「象」が、有ったり無かったり
ということなのか？

いくら総会を開いてみんなで
決めると言ったって、
ただわけのわからない
有象無象が集まってワイワイ
騒いでいるだけじゃないか。

**【意味】**

世の中にある、種々雑多なつまらないもの。多くは、世間のどこにでもいる平凡な人間を見下げていうときに用いる。

**【解説】**

これはもと**仏教語で、「有相無相《うぞうむぞう》」と同じく、宇宙の中に存在する、有形無形すべてのもの**（「相」「象」はともに「かたち」の意）を意味しました。『日葡辞書』には「Vsŏmusŏ.（ウサウムサウ）《訳》形体の有るものと無いものと」と出ています。

それが江戸時代以降、一般語化して、他人のことを**「そこいらにいるつまらない連中」**と見下していうことばになったのです。

# 海千山千《うみせんやません》

［Umisen-Yamasen］

「海」「山」はわかるが、「千」がわからない。
数が多いことを「千」と言ったのかもしれないが、
「千の海と千の山」だとしても、意味がわからない。

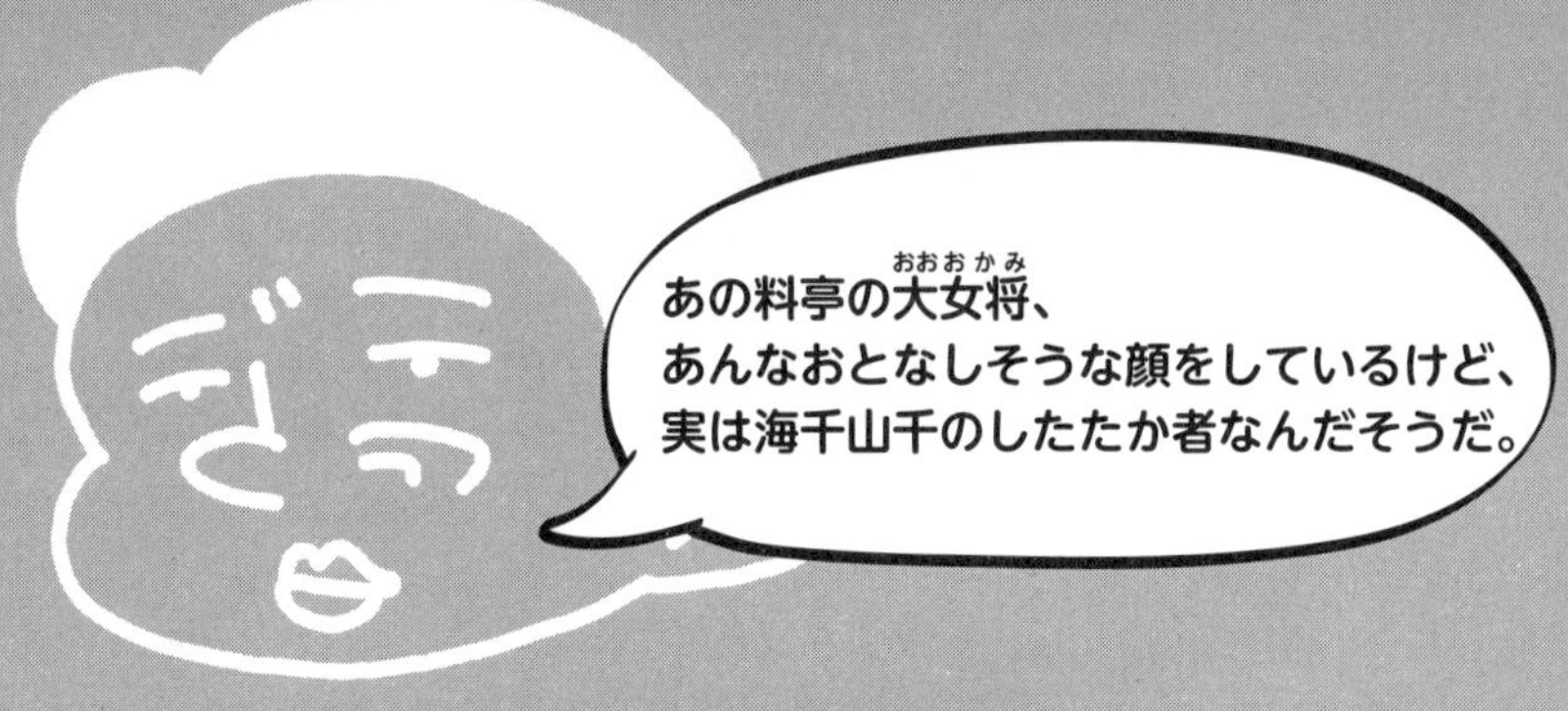
あの料亭の大女将《おおおかみ》、
あんなおとなしそうな顔をしているけど、
実は海千山千のしたたか者なんだそうだ。

**【意味】**

世の中でさまざまな経験を積み、物事の表裏をよく心得ていること。また、その人。それを「したたか者」「遣《や》り手」として、警戒する気持ちで使うことが多い。

**【解説】**

江戸時代、民間に語り継がれた俗説に、**大海に千年、次いで深山《しんざん》に千年棲《す》み続けた蛇は、竜となって天に昇る**といわれていたことがもとになっています。深山の代わりに大河を当てる話も行われましたので、「海千川（河）千」という語もあります。**昔は略さずに「海に千年、山に千年」**ということが多かったのですが、今では略した形がふつうになり、さらに「彼らは海千だから注意しなければ……」のような言い方も現れています。

# ウヤムヤにする

［Uyamuya-ni-Suru］

「ウヤムヤ」というのは
擬態語のような気もするが、
いったいどういう性格の語なのだろうか？

うやむ屋
今日はここでいいか

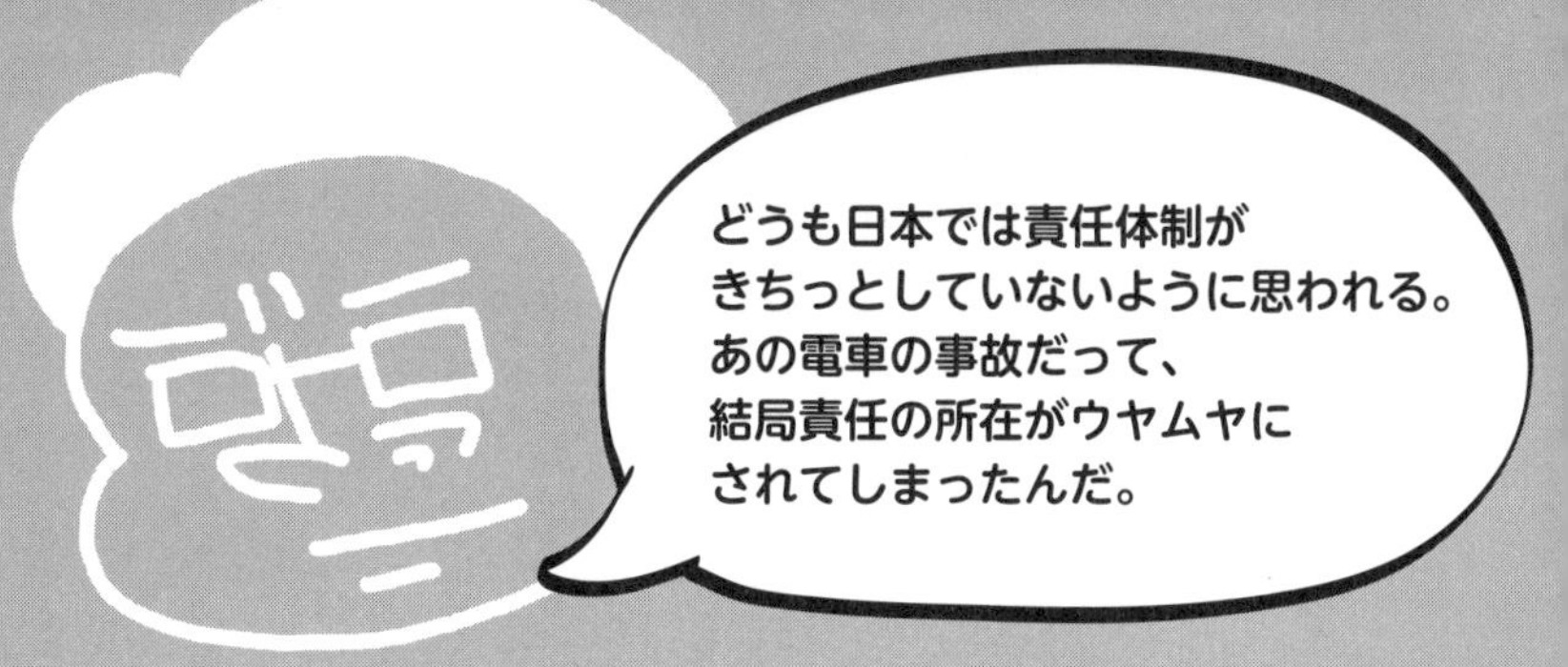
どうも日本では責任体制が
きちっとしていないように思われる。
あの電車の事故だって、
結局責任の所在がウヤムヤに
されてしまったんだ。

【意味】
あるかないかわからないようにする。物事をあいまいな状態におく。どうなっているのか、はっきりしない状態に（わざと）することをいう。

【解説】
「ウヤムヤ」は、漢字で書けば**「有耶無耶」**となります。「耶」は漢文で使う疑問の終尾詞ですから、文字通りの**「あるかないか」がもとの意味**です。そして表記も、江戸時代から明治期までは漢字書きがふつうでした。幸田《こうだ》露伴《ろはん》の『いさなとり』には「遂には胸の有耶無耶払いたさの強飲……」〈三四〉の例が見えます。

ところが、その後しだいに原語意識が薄れ、なかば擬態語ととらえて、かな書きする人が現れ、「耶」が常用漢字表に入っていないこともあって、今ではかな書きが一般になっています。

「ウヤムヤ」は今、物事の明確でないさま、区別のはっきりしないさま、迷いや悩みで心の晴れないさまなどを表しますが、「～にする」（他動詞）のほか、「～になる」（自動詞）の形で用いられるのがほとんどです。

# 上前《うわまえ》を撥《は》ねる

［Uwamae-o-Haneru］

「上」や「前」を撥ねるというが、
「下」や「後」ではだめなのか？

主婦たちにアルバイトを紹介して、
賃金の上前を撥ねるという
悪い手口が横行している。

**【意味】**

人の取り分の一部を横取りする。

取り次いで人に渡すべき代金や賃金の一部を、不当に自分のものとして差し引くことをいう。

**【解説】**

「国語辞典」の「上前」の項には、「和服の前を合わせたとき、上側になる身頃」というような語釈が出ていますが、この句の場合はそれでなく、「上米《うわまい》」から転じたものなのです。

**「上米」は、江戸時代、諸国から年貢として都へ送られる米が寺社の所領を通過するとき、一定の割合で納めるのをいいましたが、後に、旅人や貨物などが決められた場所を通るときの通行税を意味するようになり、**さらに現在の意味に用いられるとともに、「上前」の表記・発音が固定化されるに至ったのです。そして、「撥ねる」は「強くはじき飛ばす」意から転じて、「強引にかすめとる」意になったと思われます。

なお、類句として「頭を撥ねる」「ピンを撥ねる」「ピン撥ねする」などがほぼ同意に使われています。

# 蘊蓄《うんちく》を傾《かたむ》ける

[Unchiku-o-Katamukeru]

「蘊蓄」というものは傾けて使うものなのか。
いったいどんな形をしているのだろう。

あの人、ワインのこととなると、
なかなかうるさい。
フランス仕込みの薀蓄を傾けて、
肝心の料理が冷めてしまうんだよ。

**【意味】**

長年の勉学・研究によって蓄えた知識を出し尽くす。その知識が深く並々のものでないことを感じさせる。

**【解説】**

まず「薀蓄」という漢字ですが、「漢和辞典」に「薀」は「つむ」、「蓄」は「たくわえる」とあります。すなわち**「薀蓄」は長年かかって積みたくわえた深い学識のこと**です。形のあるものではありません。

では、それを「傾ける」というのはどうすることでしょうか。「傾注」「傾倒」などからわかりますように、動詞「傾ける」には、**心や力をある一方向に集中する**意の使い方があります。ここはその意味で、長年かかって蓄積した学識のすべてを、ある一方面に注ぎ込むことをいうのです。

# うんともすんとも言《い》わない

［Untomo-Suntomo-Iwanai］

「うん」はなんとなくわかるが、
「すん」がよくわからない。
話をしていて、「うん」と言ってうなずく人はいるが、
「すん」と言う人がいるのだろうか。

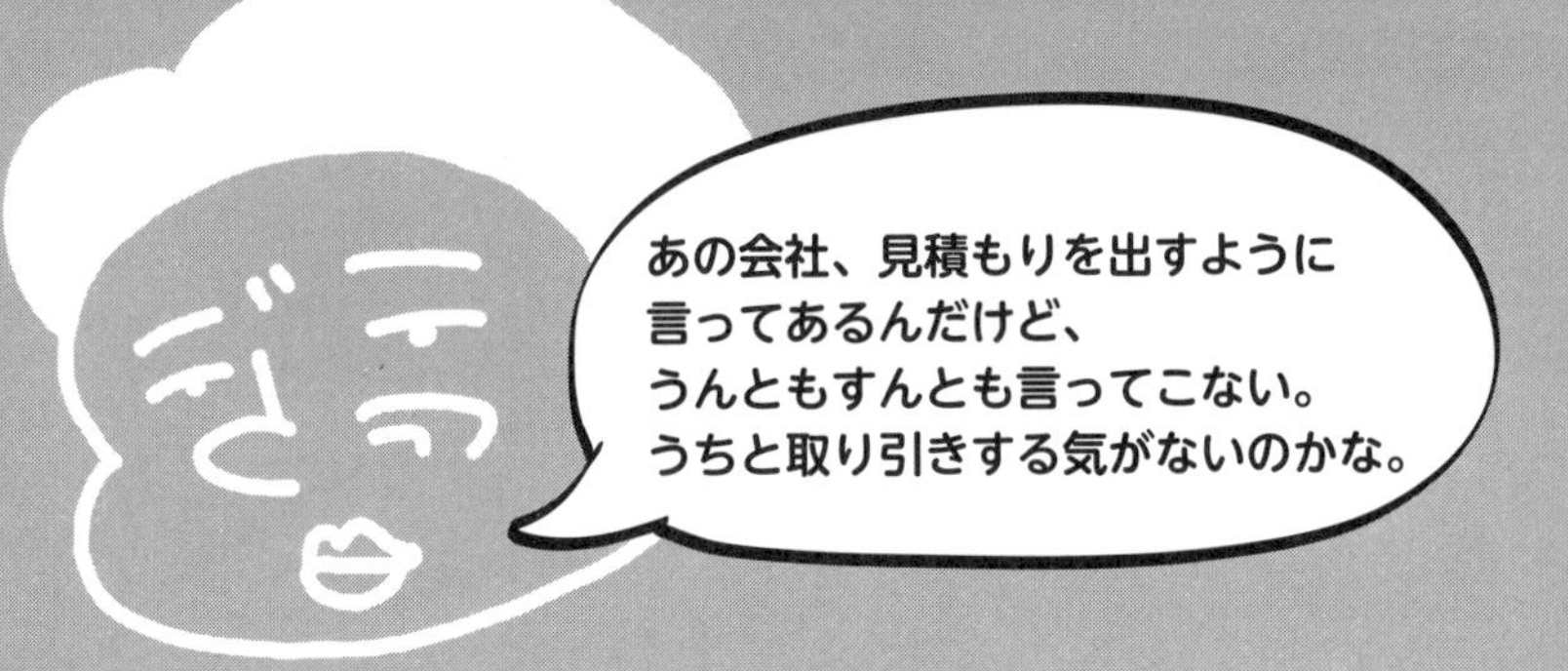
あの会社、見積もりを出すように
言ってあるんだけど、
うんともすんとも言ってこない。
うちと取り引きする気がないのかな。

**【意味】**

いいともいやだとも言わない。何の返事もない。
こちらからあれこれと働きかけても、
相手がそれにまったく反応を示さないさまをいう。

**【解説】**

「うん」が、軽くうなずきながら鼻へ抜けるように出す低い声、いわば「生返事《なまへんじ》」のようなものを表し、「すん」は、それと語呂合わせで重ねて句意を強めたものですが、なぜ「すん」なのか、いくつかの説があるものの、どれもこじつけの感があり、ただ、**江戸時代に流行した「ウンスンカルタ」**（=南蛮渡来のカルタを日本化したもの）の**「ウン」（=ポルトガル語で一の意）・「スン」（=ポルトガル語で最高点の意）**に通わせたとする説がやや注目される程度です。

# 得《え》たり賢《かしこ》し

［Etari-Kashikoshi］

まさか「得《とく》した人は賢い人だ」
ということではないだろう。
それならば、どうしてこういう
言い方ができたのだろうか。

たぶん薬局チェーンのことだったと思う
ETARI KASHIKOSHI
エタリカシコシ
いつも安い!
1000
99円
エタリカシコシ

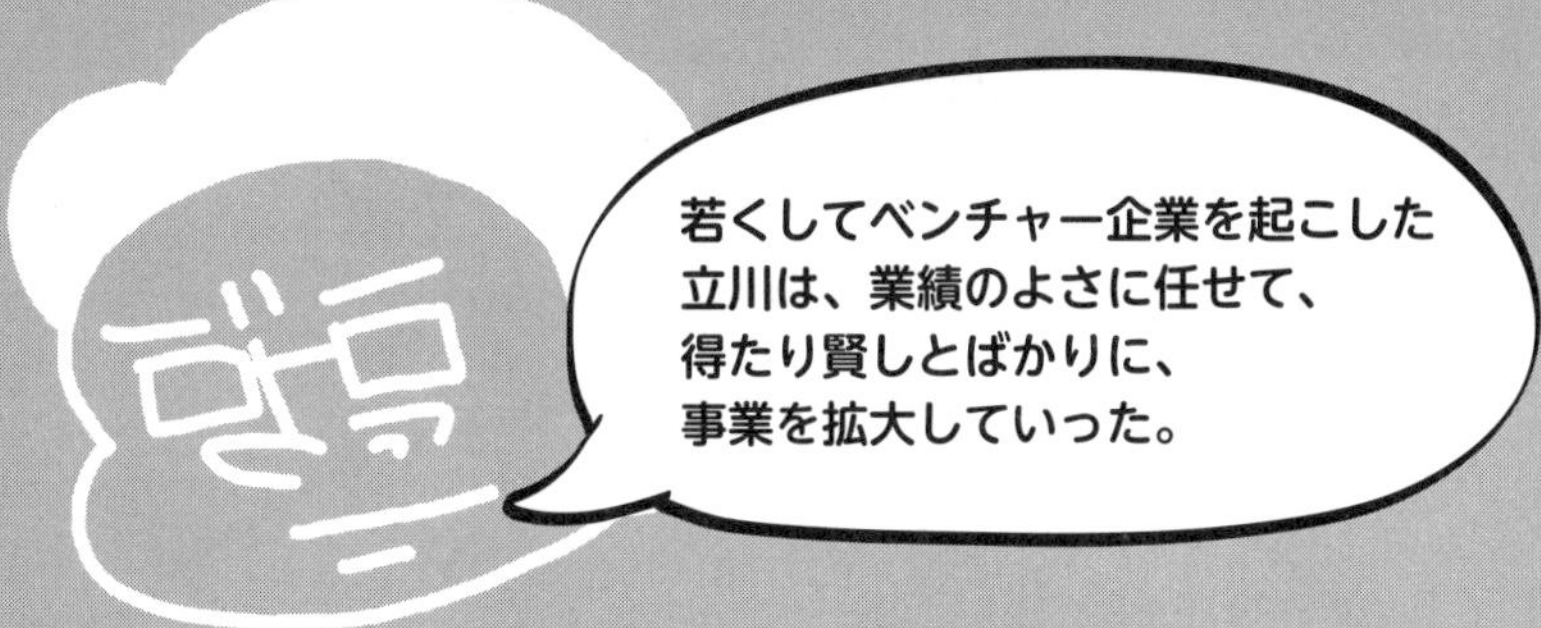
若くしてベンチャー企業を起こした
立川は、業績のよさに任せて、
得たり賢しとばかりに、
事業を拡大していった。

**【意味】**

しめた！ 万歳、うまく行ったぞ。
物事が思い通りに運んだときに、
満足気に発することば。

**【解説】**

「得たり」は、動詞「得《う》」（「得る」の古い形）の連用形に、完了の助動詞「たり」が付き、「手に入れた（うまく行った！）」の意となり、それが半ば**叫びのような感じで発せられたもの**です。

「賢し」は形容詞「賢い」の古い形ですが、本来「畏《かしこ》し」と通じ、人知を超えた存在に対する「おそれ」を表します。そしてこの場合、あまりにうまく行き過ぎることへの「おそれ」を内在する言い方になったのではないかと思います。

なお、類似の言い方に「得たり、おう」「得たりや、おう」があります。「得たり」（「や」は詠嘆の終助詞）の後に感動詞「おう」を添えたもので、意味はほとんど変わりません。

# 大盤《おおばん》振《ぶ》る舞《ま》い

［Obam-Burumai］

「大盤」の「盤」がわからない。
将棋盤というときの「盤」と
同じなのだろうか？

いつもより
よけいに回してるから
寄ってってー

鈴木のやつ、普段はけちなくせに、
昨日はみんなを集めて大盤振る舞いだった。
きっと競馬で大穴でも当てたんだろう。

**【意味】**

派手にもてなしをすること。盛大な宴席を設けたり、気前よく豪華な品物を贈ったりすることをいう。

**【解説】**

この語の「おおばん」は、今ふつう「大盤」の字を当てていますが、**実はもと「椀《おう》飯《ばん》」（歴史的仮名遣いでは「わうばん」）から転じたもの**なのです。**「椀飯」はお椀《わん》に盛った飯の意です**が、平安時代以降、貴族や武士が催す饗《きょう》応《おう》の宴を指すことが多くなりました。さらに時代が下って江戸期には、貴族や武士をはじめ一族の主たる人が、正月に族《やから》や家来筋の者をおおぜい集めて行う新年の宴席をいうようになりました、そこで、ご馳走を盛った食器を載せる大きな台盤を意味し、発音が似ている「大盤」（歴史的仮名遣いでは「おほばん」）と表記が混同するようになったのです。

現代では、原語意識をもつ人が皆無に近くなりましたから、「椀飯振る舞い」などと書くと、思わぬ誤解を招くかもしれませんね。

# おけらになる

［Okera-ni-Naru］

「おけら」は昆虫の名前だが、
それがなんで「無一文」と結びつくのだろう。
そういえば、京都に「おけら参り」という
行事があるが、なにか関連があるのだろうか？

まいった、まいった。
最終レースに有り金
全部ぶちこんだんだが、
結局全部外れて、
おけらになっちまったぜ。

**【意味】**
無一文になる。素寒貧《すかんぴん》になる。（隠語に近い俗語として）
勝負事などに負けて、
所持金がまったくなくなることをいう。

**【解説】**

「おけら」の「お」は、軽く上に乗せた接頭語でしょうから「けら」について考えましょう。

これは大きくみればバッタの仲間でケラ科に属する昆虫です。この虫の特長は地面の下に潜るのがうまく、ミミズや地下にいる昆虫を食べたり、作物の根をかじったりすることです。漢字では「螻蛄」と書きますが、今ではかな書きがふつうになっています、
さて、この虫と「一文無し」とのつながりですが、これは確実という語源説は今のところ見当りませんが、一説に、**ケラが二本の前肢《まえあし》を挙げた格好を、「お手上げ」の象徴と見るものがあります。**

なお、京都の「おけら参り」との関連ですが、これはまったくありません。しかし、せっかくの機会ですから、手短にご説明しておきましょう。

その「おけら」（歴史的仮名遣いでは「をけら」）は漢字では「朮」と書くキク科の植物で、根は健胃剤などに使われています。大晦日の夜、京都祇園《ぎおん》の八坂神社《やさかじんじゃ》に参って、これを混ぜて焚《た》いた篝火《かがりび》から火縄に移した火をもらって帰り、それで雑煮《ぞうに》を作って元旦を祝うという習慣です。

# お座《ざ》なり

［Ozanari］

「お座」は座ることと関係があるのか。
そして「なり」の意味は？
また、「なおざり」とひびきが似ているが……。

あの男、どうせもうすぐ
定年だと思って、
仕事がお座なりになっている。
困ったものだ。

**【意味】**

一時しのぎのいい加減なことをするさま。心を込めて何かをするのではなく、通り一遍のやり方で済まそうとする、誠意のない態度をいう。


**【解説】**

「お座」は座敷のことで、「なり」は「身なり」「弓なりに曲がる」などと使い、「形・姿」の意味です。そこで**「お座なり」の本来の意味はお座敷の形**となり、そこから、表向きの形だけ、表面だけの取り繕《つくろ》いのさまをいう用法が生まれたと考えられます。

なお、**一見「なおざり」と似ているようにも思われ**ますが、まったく別のことばです。「なおざり」の意味が、「物事をおろそか（いい加減）にするさま」と近いので、紛《まぎ》らわしいことは否定し得ません。

# お為《ため》ごかし

［Otamegokashi］

「お為」はなんとなくわかるが、
「ごかし」というのはどういう意味か？
また、ことば全体としても何だかわかりにくい。

おかめっぽい
女性を
ごかすこと（ごかすってなんだ？）

町内会の役員選挙が近くなると、
お為ごかしに独居老人宅を
回る人が増えるそうだ。
そこまでして、
役員になりたいものかねえ。

**【意味】**

いかにも人のためにしているように見せて、実は自分の利益のために何かをすること。表面だけの親切や口先だけの好意など、自分をよく見せようとする言動などをもいう。

**【解説】**

**「ごかし」は、動詞「転《こか》す」の連用形「こかし」が濁ったもの**で、「親切ごかし」のように、体言に付いて表面上それを装いながら、実は**自分のためにする意**を表します。「お為」はいうまでもなく**「あなたの御為」**の意です。

# お茶《ちゃ》を濁《にご》す

［Ocha-o-Nigosu］

お茶を濁したりして、
いったい何をしようというのだろう？

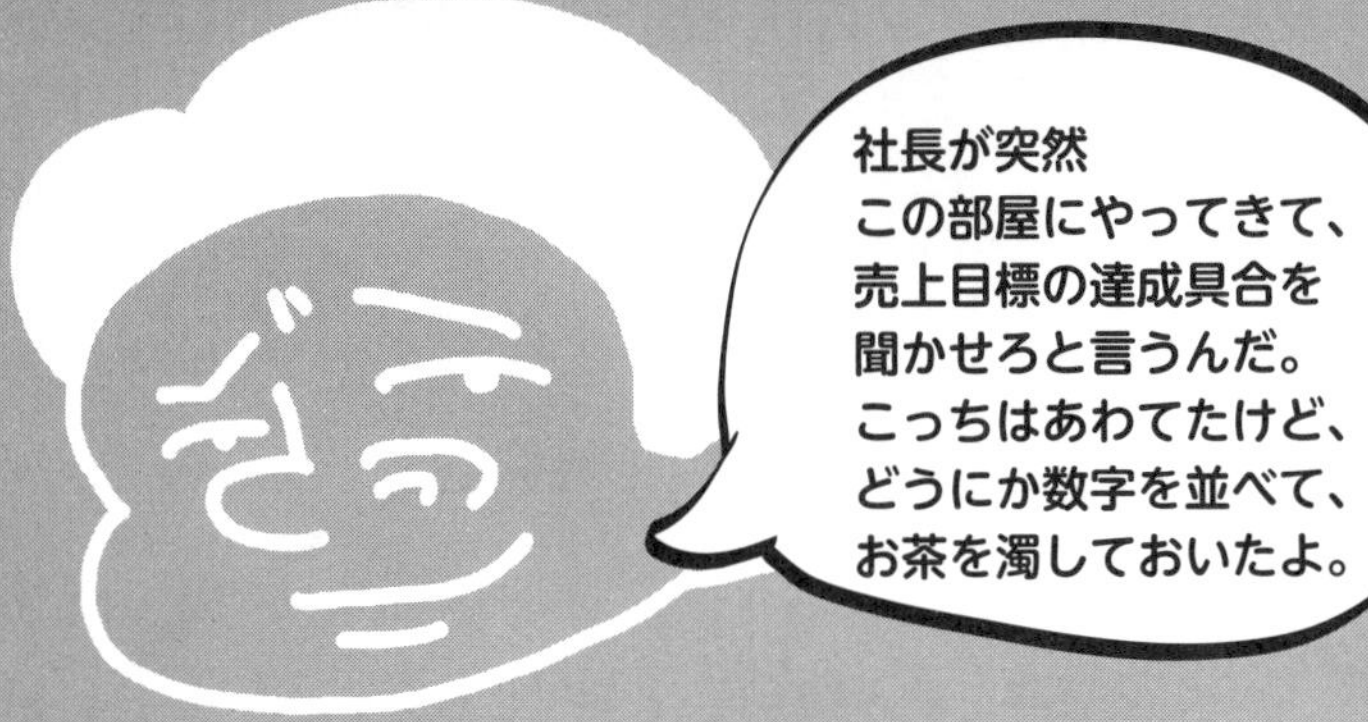
社長が突然
この部屋にやってきて、
売上目標の達成具合を
聞かせろと言うんだ。
こっちはあわてたけど、
どうにか数字を並べて、
お茶を濁しておいたよ。

**【意味】**

いい加減にしてその場を取《と》り繕《つくろ》う。能力や技量に劣る者が、表面だけは何とか繕って、その場をしのぐさまをいう。

**【解説】**

茶の湯の席で、まだ**十分お手前を心得ていない人がお茶をたてると、茶碗の中のお湯を濁した程度で終わる**というのが原義で、そこから、未熟な人が何とか表面だけ取り繕う意が生じたのですが、最近では、能力は持ちながら、熱意がなくていい加減に済ますことにも使う人が増えてきました。

# おてんば

［Otemba］

漢字では「お転婆」と書くらしいが、
なんでお婆さんが転ぶと、
「おてんば」になるのだろう？

危険
この先
おてん場
入るな！
どんな場所なんだ

オリンピックでメダルを取ったあの子、
そういえば、
子供の頃からおてんばだったな。

**【意味】**

やや慎みに欠けるが、
明るく活発で若さにあふれる女性。

**【解説】**

このことばのひびきには、確かにちょっと心を引くところがあり、語源説もいくつかあるのですが、まだ定説となっているものはありません。

江戸時代には、遠くへ行く旅人は宿場から宿場へと馬を乗り継いでいくのがふつうでしたが、その馬を**「伝馬《てんま》」**といい、旅人を背に宿駅《しゅくえき》間を忙しく往復するその姿から連想したものとする説、天空を自由に駆け回る**「天馬」**からとする説、**「馴らしにくい」の意のオランダ語「Ontembaar」からと考える説**などです。断定はできませんが、私は今のところ、一応「伝馬」からの変化と考えておきたいと思います（「ま行」と「ば行」の交替は例がたくさんあります）。

なお、江戸時代には、浄瑠璃《じょうるり》『鎌倉三代記《かまくらさんだいき》』に「二つ名の有るてんばかか、薬茶碗《くすりぢゃわん》できゅっと呑《の》む」〈第七〉とありますように、「お」を伴わない例、かな書きの例、若い女性以外（時には男も）を指す例なども見られ、「転婆」の字を当てる根拠を見出すことは困難です。やはり単なる当て字と考えるほかないように思われます。

なお、現代の社会では、ことば遣いや行儀が少々悪くても、こうした活発で明るい娘が、人から好感をもって迎えられるようです。

# お鉢《はち》が回《まわ》る

［Ohachi-ga-Mawaru］

鉢を回すのは何のためか。
「托鉢」ということばがあるから、
あるいは仏事の作法からか？

また忘年会の幹事のお鉢が回ってきたよ。うるさいやつが多いから、面倒だな。

**【意味】**

物事の順番が回ってくる。

現代では、したくない役目など、好ましくないものの順番が巡ってくるときにいうことが多い。

**【解説】**

ここでいう「お鉢」は「飯櫃《めしびつ》」のことで、**おおぜいの人が一堂に会して食事をするとき、飯櫃がやっと自分の前に回ってきた**というのが本来の意味です。

そこから転じて、何かの順番が自分に回ってくるのをいうようになるのですが、それでも江戸時代の用例では、弥次郎兵衛《やじろべえ》・喜多八《きたはち》の珍道中で知られる、十返舎一九《じっぺんしゃいっく》の滑稽本『東海道中膝栗毛《とうかいどうちゅうひざくりげ》』に「ひとりねにお鉢の回らざるも、飯盛《めしもり》（＝下級の遊女）の杓子《しゃくし》あたり悪きゆゑにや」〈初編〉とありますように、何か**よいことの順番が回ってくるのをいうのがふつうでした。**

ところが、今ではそれが逆転して、望ましくないものの順番がきたときにいう例が多くなっているのです。

# お目《め》もじする

［Omemoji-Suru］

漢字では「お目文字」を当てるそうだが、
なんで「文字」ということばが出てくるのだろう？

今回の不祥事につきましては、
近日中にお目もじの上、
ご説明いたしたいと存じます。

**【意味】**

お目にかかる。目上の人にお会いする。

**【解説】**

これは、**室町時代以後、宮中の女官（女房）などが用いた「女房詞《にょうぼうことば》」のなかの「文字詞《もじことば》」に由来するもの**です。

そこでまず、「女房詞」と「文字詞」について、そのあらましを説明しておきましょう。

「女房詞」では卑近な日常生活の語彙《ごい》、特に食べ物や女性の性に関することばは、それとはっきり指すことを避け、おぼろに言う方法が行われていました。たとえば、「九《く》献《こん》」（酒）、「白物《しろもの》」（塩）、「かちん」（餅）、「一文字《ひともじ》」（ネギ）、「差し合ひ」（女性の生理）などという類《たぐい》です。また、「文字詞」といわれるものもよく行われました。これは語頭の一音だけ残してあと「文字」と入れて済ませる方法です。たとえば、「こ文字」（鯉）、「た文字」（蛸《たこ》）、「か文字」（髪・鬘《かつら》）などです。

「目もじ」はその系統の語の名残《なごり》と考えられますが、いま一般に「お（ご）～する」は、「お迎えする」「ご招待する」のように謙譲表現（動作を受ける相手を敬う言い方）ですから、この句も「お目にかかる」の意になります。

なお、現代共通語では、「女房詞」や「文字詞」の痕跡《こんせき》がほとんど見られなくなっていますが、京都近辺で年配層の婦人と話しますと、「おすもじ」（寿司）、「おくもじ」（野菜の茎の漬物）、「お揚げさん」（揚げ豆腐）、「おまん」（饅頭《まんじゅう》）など、その名残に触れてゆかしく感じることがあります。

# 嵩《かさ》に懸《か》かる

[Kasa-ni-Kakaru]

「嵩」ということばをなぜ使うのか？
背後の権威を頼る意の「笠《かさ》に着る」を
言い違えたものかとも思うが……。

カサさせば？
ほっといてくれ！
カサに雨がかかる!!

パートから本社員に採用された夏子は、
リストラされた夫の秋男に向かって、
「あなたはどうする気なの？」と、
嵩に懸かって攻め立てた。

**【意味】**
勢いに乗じて攻めたてる。
自分の有利な立場を利用して、
高圧的に出るさまをいう。

**【解説】**

「嵩」は「川の水嵩が増す」「綿入れの服は嵩が高い」など、**物の大きさ、分量、体積をいう語**ですが、それから転じて、「嵩のある人」などの形で、**貫禄、器量の意を示す**ことがあります。この句では「嵩」がその意で用いられていると考えられます。

『保元物語《ほうげんものがたり》』に「『……あますな、もらすな。……頸《くび》ねぢ切《きり》、八割《やつざき》にさいてすてん』と、かさにかゝりて攻めければ」〈上・白河殿攻め落す事〉とあるような古い例は「勢いに乗って攻めたてる」意ですが、江戸時代以降は、ほとんど現代と同じく、立場を利用して高圧的に振る舞う意に用いられています。

なお、これと混同しやすい「笠に着る」は、背後にある他人の力を頼んで、大きな態度をとることです。

# 片腹痛《かたはらいた》い

［Katahara-Itai］

「片腹」が痛いというが、
なぜ片方だけなのか。

肩も腹も
どっちも
いたい

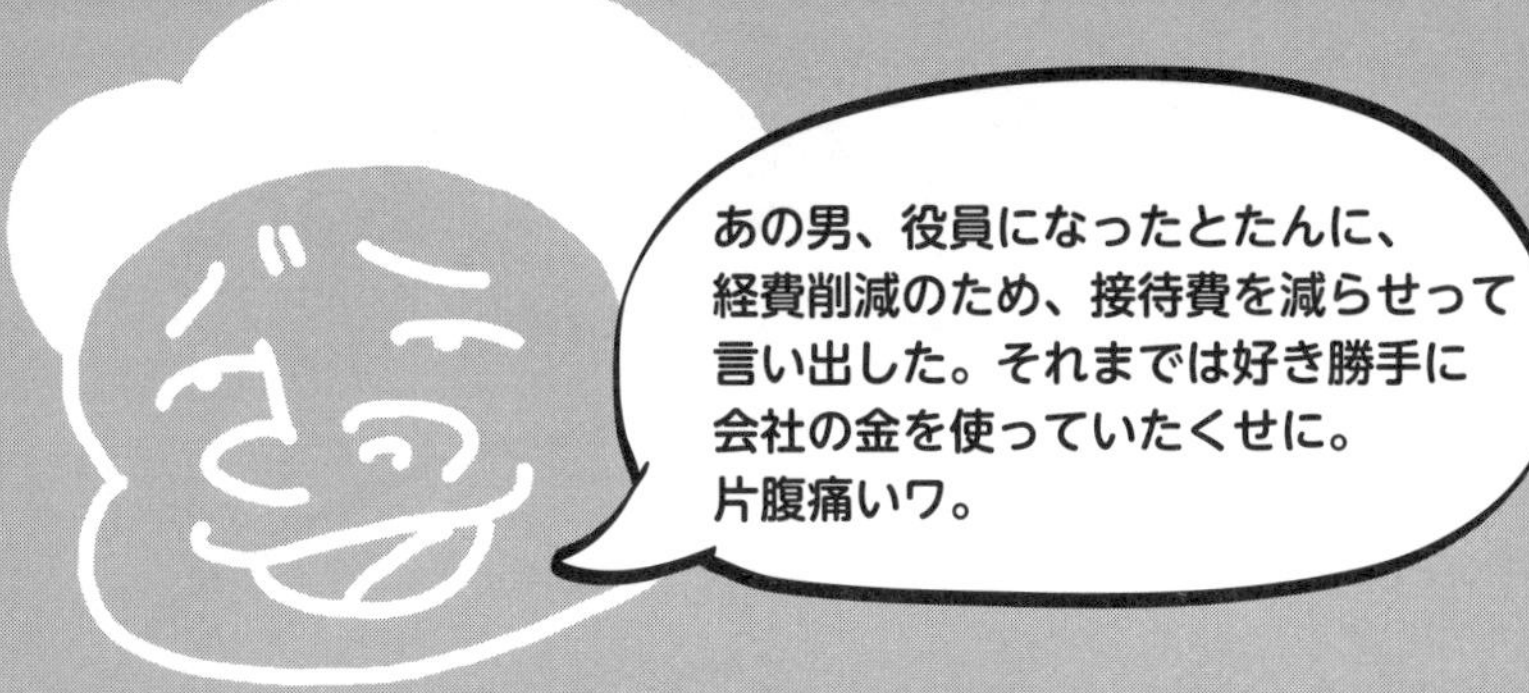
あの男、役員になったとたんに、
経費削減のため、接待費を減らせって
言い出した。それまでは好き勝手に
会社の金を使っていたくせに。
片腹痛いワ。

**【意味】**

おかしくてたまらない。滑稽《こっけい》すぎて側でじっと見ておれない。

相手の態度や言動が、あまりに身の程をわきまえず、常識に欠けているさまを軽蔑して、笑い飛ばすことをいう。

**【解説】**

これは、もと**「傍《かた》ら痛《いた》し」**から出たことばです。

「傍ら痛し」は古く平安時代からある語ですが、そのころはかな表記と同じく発音も「カタハライタシ」でした。そこで「傍ら」が誤って「片腹」と意識されるようになり、意味もしだいに変わっていったのです。

「傍ら痛し」の「痛し」は、「つらい」「苦しい」の意で、「傍ら痛し」は、**「高い身分の方のお側にいて、その方のお目にとまるのがつらい」**、「側の人の目が恥ずかしい」、といった意味で、『枕草子《まくらのそうし》』や『源氏物語《げんじものがたり》』などの用例はそのように解釈されます。

人間というものは、あまり面白がって笑いすぎると、脇腹が痛くなるものですが、この語も「片腹痛し」ととらえ、「片腹＝脇腹」と意識されるようになって、側で見ていて見苦しく滑稽だ、側で見ていられないほどひどいざまだ、と相手を嘲笑する用法が生じてくるのです。『日葡辞書』に「Catafara itai.（カタハライタイ）《訳》私はおかしくて片方の横腹が痛い、すなわち、笑うべきこと、嘲《あざけ》るべきことであるの意」とあり、当時、今日と同様の意味に使われていたことがわかります。

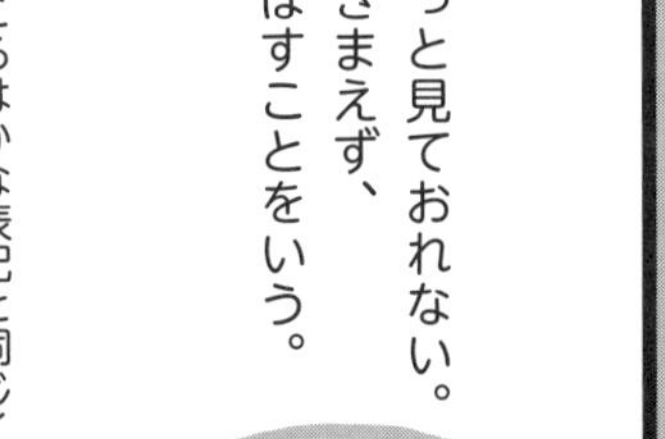

# 合点《がってん》がいかない

［Gatten-ga-Ikanai］

「合点」ってどんな点なのだろう。
また、その読み方は「がってん」か「がてん」か？

ガテン
何も建てたくない
いきたくない
今日はもういい

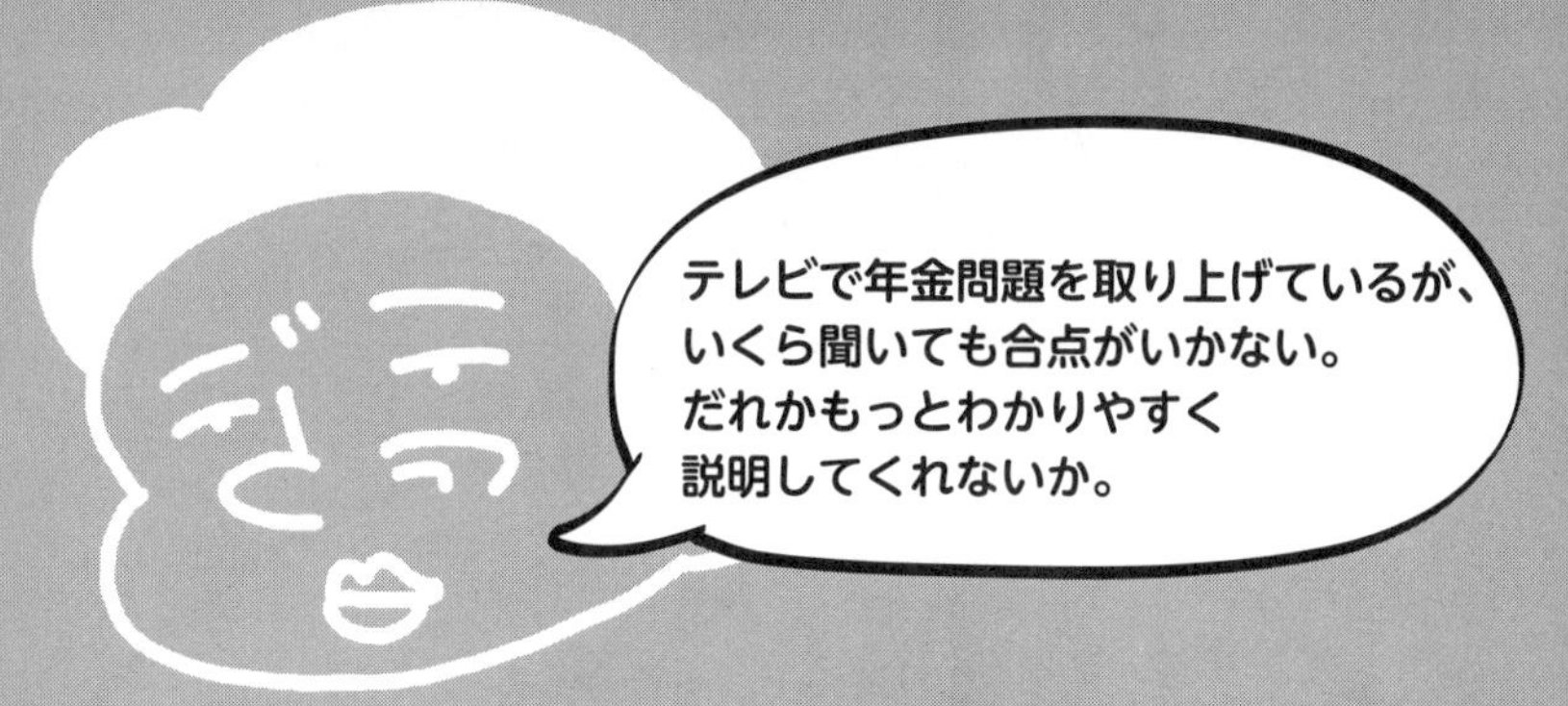
テレビで年金問題を取り上げているが、
いくら聞いても合点がいかない。
だれかもっとわかりやすく
説明してくれないか。

**【意味】**

納得がいかない。承知できない。
人の話や説明などがすっと心に落ちず、
同意する気になれないさまをいう。

**【解説】**

**「合点」というのは、昔、和歌や俳諧《はいかい》で、選に当たる人が、良いと認める作品の上に付けたしるし**です。また、「回状」（今でいう回覧板）を見終わった人が自分の名前の上に付けたしるしも、同じく「合点」と呼んでいました。

そこから、「合点」は「よし」「OK」「了解」の意に広く用いられるようになりました。狂言『煎者《せんじもの》』に「いつもよう参るに、当年はなぜに参らぬぞ。……さてさて合点の行かぬ」とあるなど、「合点が（の）いかない（ぬ）」の形をとる例が多いのですが、「合点が（の）いく」のほか「合点する」「合点じゃ（だ）」などの形も現れ、果ては、人からちょっとしたことを頼まれたときなど、**「合点、承知介《しょうちのすけ》」**（＝よし、引き受けた）とおどける言い方すら見かけるようになっています。

読み方はもと「がってん」ですが、江戸時代以降「がてん」と読むことが増え、今ではそう読むのがふつうといえそうです、けれども強調したり、元気よく言ったりするときは「がってん」になりますし、必ずしもどちらか一方にという性質のものではありません。

# かてて加《くわ》えて

［Katete-Kuwaete］

「加えて」はわかるが、
「かてて」が何のことかわからない。

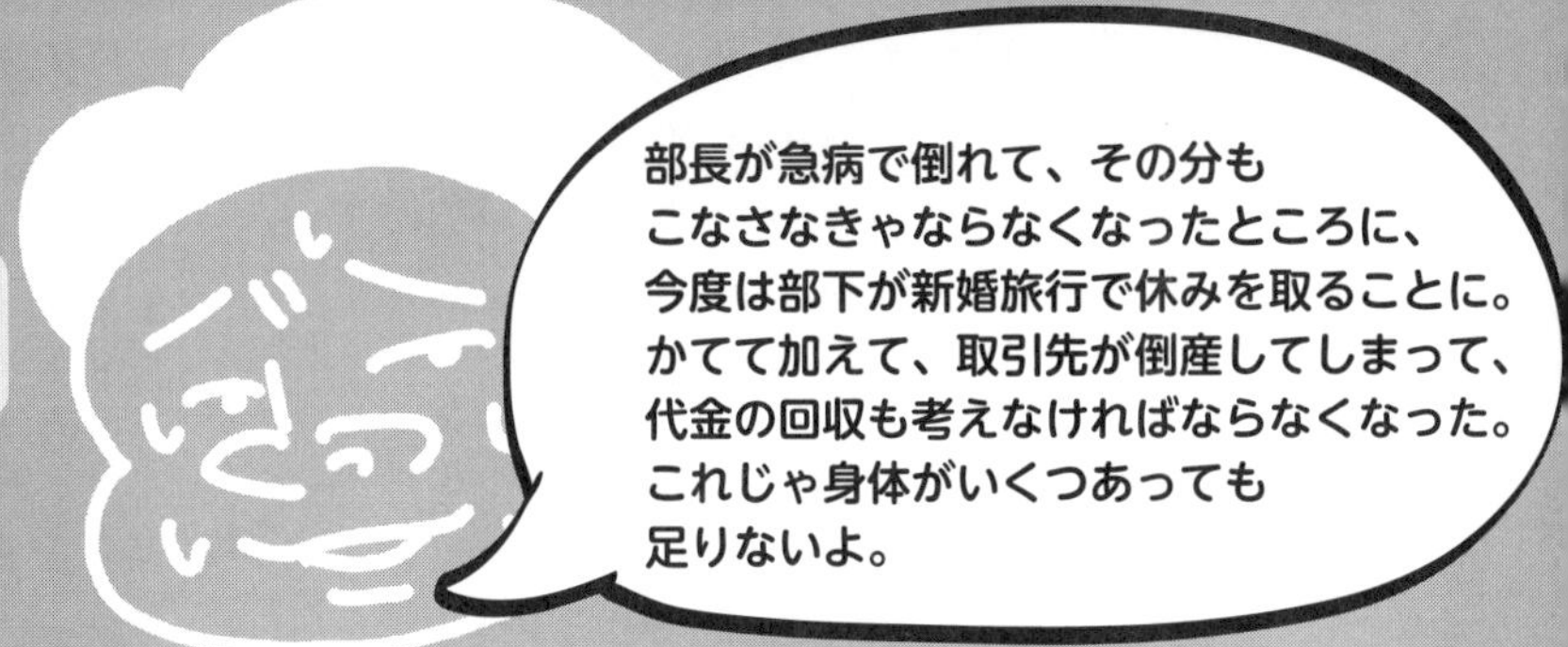
部長が急病で倒れて、その分も
こなさなきゃならなくなったところに、
今度は部下が新婚旅行で休みを取ることに。
かてて加えて、取引先が倒産してしまって、
代金の回収も考えなければならなくなった。
これじゃ身体がいくつあっても
足りないよ。

**【意味】**
さらにその上に。特に、好ましくないことがいくつも重なるようなときにいう。

**【解説】**
ほんとに、この**「かてて」は説明に困る厄介なことばなのです。**しかし、泣き言を言っていても仕方がありません。辛抱して少し聞いてください。

**「かてて」の「かて」は、動詞「糅《か》つ」（「糅てる」の古い形）の連用形です。この動詞は「細かく刻んで混ぜ合わす」**という意味で、平安末期の古辞書などに出ていますが、実際の用例はなかなか見当たりません。

ただ、ちょっとわかりにくいものですが、『万葉集《まんようしゅう》』に「醤酢《ひしほす》に　蒜《ひる》搗《つ》き合《か》てて　鯛願ふ　吾《われ》にな見せそ　水葱《なぎ》の羹《あつもの》（＝酢味噌のなかにノビル（野蒜）を細かく刻んで入れ、それを搗き混ぜてあえ物を作り、ここに鯛があればと望んでいる私に見せないでおくれ、ナギ（水葱＝沢辺に生える水草）を加えた吸い物を。）〈巻十六・三八二九〉の歌があります。

「かてて加えて」は、細かく刻んだものを混ぜ合わせ、その上にまた（何かを）加えて、の意から、いま使われているような意味が生じたと考えられます。この形は江戸時代から現れ、式亭三馬《しきていさんば》の滑稽本『浮世風呂《うきよぶろ》』に「お医者さまばかりが頼りだものを、のや（＝「なあ」の意）、それにかてて加へて妹のお糠《ぬか》が屋敷から病気で下る」〈二編・下〉と出ています。

# 〜〜かねない

［--kanenai］

これは「〜〜かねる」を
否定した形だと思うのだが……？

金ないのに
すいませんでした
こまるよ
今回だけだよ

そういう言い方をしては、
相手に誤解を与えかねないよ。

**【意味】**

～しないとは言いきれない。～するのを防ぎきれない。困った事態になる恐れが多分にあるという気持ちを含めていう。

**【解説】**

「(～し)かねる」は、「防ぎかねる」「承知しかねる」など、動詞の連用形に下接して「～することができない（難しい）」の意を表し、それを否定した形の「～かねない」は、右に述べたように、「国際紛争を招きかねない」など、**望ましくない事態になる恐れがある**という意味合いで用いられるのです。

私はかつてある案内カウンターで、「こちらでは十分な説明をいたしかねません」と応対されたことがありますが、こういう使い方はありませんので、お互いに気を付けたいものです。

# かまとと

［Kamatoto］

どこからこういう言い方が生まれたのか、
語源的なことがまったくわからない。

彼女、ポルノ映画を見るの
初めてだって？
そりゃぁ、かまととも
いいところだねぇ。

**【意味】**

よく知っていながら、知らないふりを装うこと。
また、その人。特に、若い女性が、
男女間の性的なことなどを知っていながら、
初《うぶ》でよく知らないように見せかけること。
また、そういう女性。
主に気楽な会話などに用いる俗語的な表現。

**【解説】**

「かま」は「蒲鉾《かま》」の略、「とと」は、上方《かみがた》（京・大坂）で「魚」を意味する女性語「おとと」のことです。

江戸時代末期ごろにできた語で、ある女性が**「蒲鉾って、あれおとと（魚）からできているの？」**のように言ったことに由来すると伝えられており、世俗のこと、殊に台所回りのことに疎《うと》いのが、良家の女性として慎《つつ》ましいとする昔風の考えに根ざしたことばの名残《なごり》です。

# カンカンガクガク

［Kankan-Gakugaku］

「カンカン」は擬声語で、
どなるような大声で、
自分の意見をガンガン言い立てるさま、
「ガクガク」は擬態語で、
興奮のあまりガクガク震えながら言うさま、
それがもとだと思うがどんなものだろう。
また「ケンケンゴウゴウ」と
どこがどう違うのだろう？

食品会社の取締役会では、
新商品を焼きソバにするか、
冷やし中華にするかで、
カンカンガクガクの論議が
深夜まで続けられた。

**【意味】**

自分の正しいと考えるところを互いに堂々と主張して、大いに論じ合うさま。たとえ意見が正反対であっても、互いの信念に基づく発言だから、そこにおのずと秩序が保たれ、品位を失わないのが特徴である。


**【解説】**

**「カンカンガクガク」は擬声語や擬態語ではありません。立派な漢語で、「侃侃諤諤」と書くのが正しい**のですが、この字が親しみにくく、カナ書きされることが多いために、誤解されやすい語の一つになっています。

「漢和辞典」を引くと、「侃」は「強い。強く正しい」、「諤」は「直言する。遠慮なく言う」と出ています。「侃侃諤諤」が、「自己の正しいと信じるところを堂々と主張するさま」であることは明らかです。

次に、混同しやすい「ケンケンゴウゴウ」との関係を少し見ておきましょう。

この方は漢字では「喧喧囂囂」と書きます。「喧」も「囂」も「やかましい、騒がしい」の意で、多くの人が口々に勝手なことを言って騒ぎ立てるさまをいいます。深い考えもなく、ただワイワイ、ガヤガヤ騒ぐだけですから、そこに秩序や品位を見るのは無理というほかありません。両者は意味も性格も異なるまったくの別語なのです。

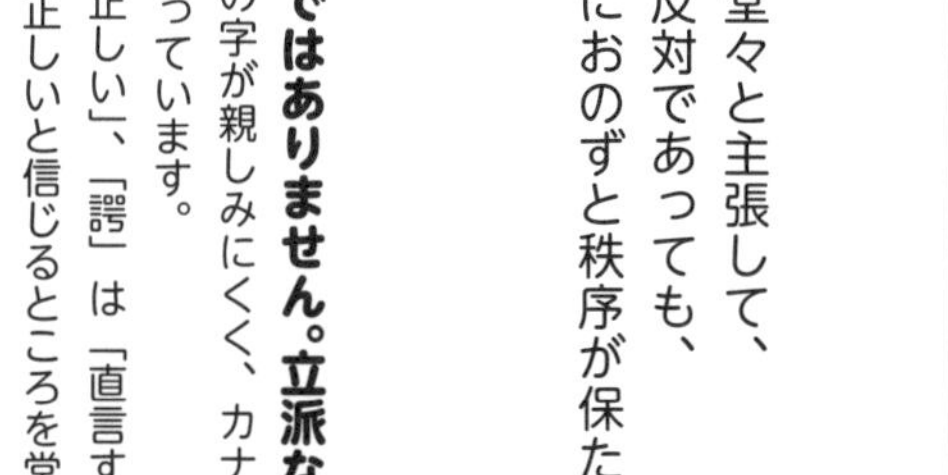

# 閑古鳥《かんこどり》が鳴《な》く

［Kankodori-ga-Naku］

「閑古鳥」なんていう鳥が
ほんとうにいるのだろうか？
いるとすればどんな鳥で
どういう声で鳴くのだろうか？

無料案内所
この街ははじめてかい？

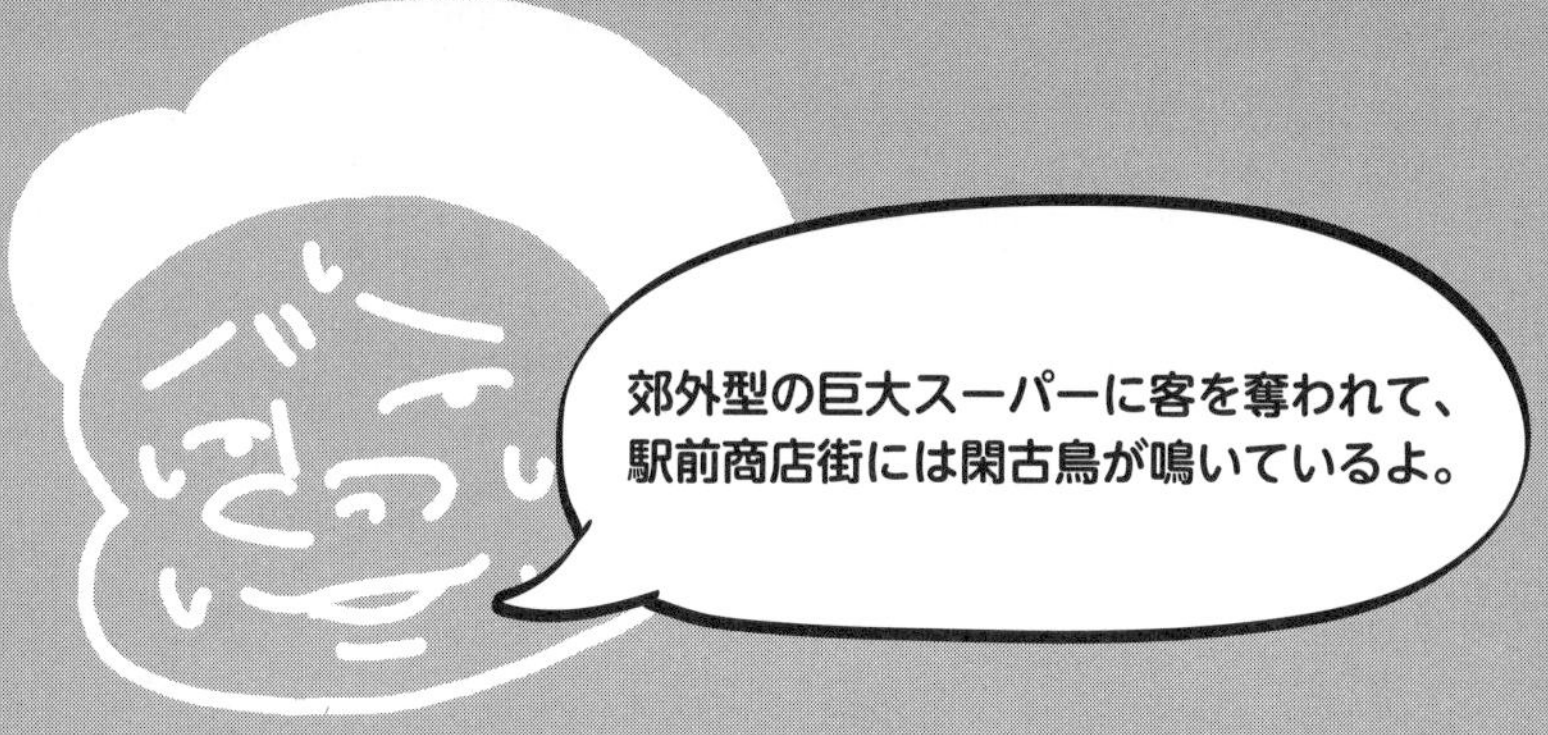
郊外型の巨大スーパーに客を奪われて、
駅前商店街には閑古鳥が鳴いているよ。

**【意味】**

客の訪れがなく、ひっそりとしている。商店・興行場などから客足が消えて、さっぱりはやらなくなっているさまをいう。

**【解説】**

**「閑古鳥」というのは、ホトトギス科の野鳥カッコウ（郭公）の異称です。**

「かっこう」と鳴くその声は、古くから寂しげに聞かれたようで、松尾芭蕉《まつおばしょう》の『嵯峨《さが》日《にっ》記《き》』に「憂き我を　さびしがらせよ　閑古鳥」の句が残されています。

江戸時代には「閑古鳥が歌う」という言い方も見えますが、今ではもっぱら「閑古鳥が鳴く」の形で右に挙げた意味に用いられています。

# 間髪《かんはつ》を入れず

［Kanhatsu-o-Irezu］

「間髪」がわからない。
辞書を引いても、この言葉は出てこない。
また「入れず」とあるが、どこに入れないのだろう？

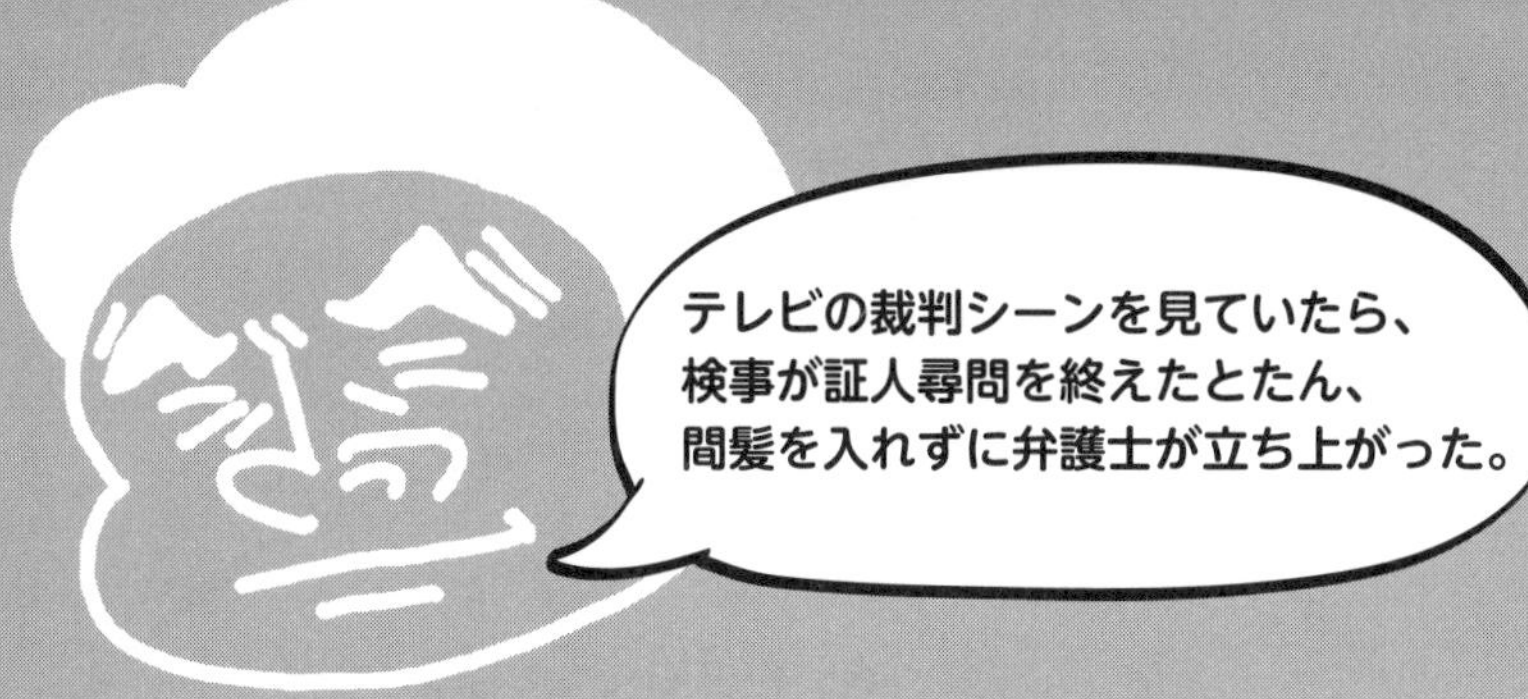
テレビの裁判シーンを見ていたら、
検事が証人尋問を終えたとたん、
間髪を入れずに弁護士が立ち上がった。

**【意味】**

すかさずすぐに。わずかの間隔もおかずに。

**【解説】**

テレビで国会中継を聞いていても、かなり高名な方の講演を聞きにいっても、響いてくるのは、いつも「カンパツを……」という歯切れのよいことばです。「かんはつを……」などという間延びした言い方は聞いたことがないとおっしゃる方もきっとおいでになるでしょう。

しかし、みなさんが「国語辞典」でお確かめになったとおり、「間髪」という熟語はなく、「カンパツ」という読み方もないのでした。

この句、実は「髪の毛一本入れるほどの、わずかな隙間《すきま》さえおかないで」という意味で、**「間《かん》、髪《はつ》を入れず」と読むのが正しい**のです。

ところが、「間髪を入れず」の歯切れのよさと緊迫感が人の心を捕らえたためか、誤用と知らずにそれを使う人がほんとうに多くなりました。「悪貨は良貨を駆逐する」というイギリスの格言がありましたが、ことばの世界にも時にはこういう現象が生じることがあり、「綺羅星のごとく」などと同類と考えられます。

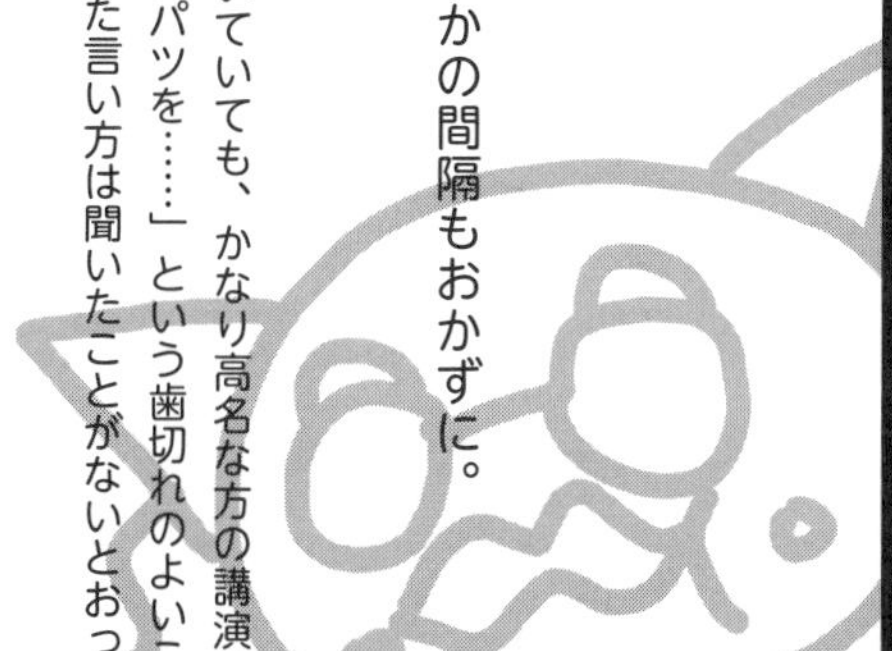

# 着《き》たきり雀《すずめ》

［Kitakiri-Suzume］

なぜここに「雀」が出てくるのだろうか？
「舌切り雀」といい、なぜか悪いことの
象徴のように「雀」が出てくる。
「雀」に気の毒な気もするが。

大家さん
すいません
ちょっと今
持ち
合わせ
なくて

自宅が全焼し、寒空の下《もと》、彼ら一家は着たきり雀で放り出されたのだった。

【意味】

他に着る物がなく、いつも同じ衣服を着ていること。また、その人。着のみ着のまま。貧しかったり、災害に遭《あ》ったりして、着替えの衣服をまったく持たないさまをいう。

【解説】

「きり」は、「上を見たらきりがない」など、「限り（際限）」の意の名詞から転じた副助詞で、「〜たきり」の形で、「〜（し）たまま」「〜（し）ただけ」「〜（し）たのを最後に」といった意味を表します。したがって、「着たきり」は、「（今）着ているだけ」という意味です。ところで、下に「雀」を付けるのは、そういう状態にある人のことを、**おとぎ話の「舌切り」との語呂《ごろ》合わせで、ちょっとしゃれて言おうとしたため**です。

# きっぷがよい

［Kippu-ga-Yoi］

「きっぷ」がわからない。
どういう漢字を当てるのだろう？

なにしろ江戸っ子なんだ、
あの店の大将。
きっぷがいいことで
有名なんだよ。

**【意味】**

度量があって気前がいい。細かいことにこだわらない、さっぱりした気性を持つさまをいう。

**【解説】**

「きっぷ」は**「気風《きふう》」の語調を強めるために、間に促音「っ」を挿入し、後続の音が半濁音に変化したもの**で、「やはり」が「やっぱり」に変わったのと同じ現象です。

江戸末期から明治にかけて、江戸（東京）を中心に、「気《き》っ風《ぶ》のよさで……」などの形でもよく使われました。しかし「気っ風」はやはり関東語で、関西では「気立て」「気《き》性《しょう》」などが主流だったことは確かです。

# 木《き》で鼻《はな》を括《くく》る

［Ki-de-Hana-o-Kukuru］

木で鼻を括るなんてことが
ほんとにできるはずもない。
こんな表現がいったいどこから
生まれたのだろうか？

パック旅行で泊まったホテルの
サービスはひどい。
フロントマンに何を聞いても、
木で鼻を括ったような
応対ぶりだった。

**【意味】**

無愛想な受け答えをするさま、冷たくあしらうさま。人から何かを頼まれたり、相談を受けたりしたとき、まともに取り合わないような態度を見せることをいう。

**【解説】**

「木で鼻を括る」という言い方がどこから出てきたかという説明は、実はちょっと厄介なのですが、ゆっくりお話いたしましょう。この句の「括る」は、現代語でふつうに使う「紐《ひも》などを周りに巻きつけて強く縛る」という意味ではなく、**「強く（荒っぽく）こする」意の動詞「こくる」から変化したもの**です。「こくる」は、後で例を示しますように、中世から近世にかけて用例が見られます。

ちょっと痒《かゆ》みを感じたりして鼻をこするときに、木の枝や棒をそのまま用いたのではうまくいくはずがなく、快感も得られません。このことばはそこから出たものです。ところが「こくる」がそれほどよく使われる語でなかったがために、それを誤って「くくる」と言う人が現れ、そちらの方がしだいに慣習化され定着したのが、今の「木で鼻を括る」という句なのです。

『日葡辞書』に「cocuru.（コクル）《訳》強く摩擦する、あるいは、こする」とあり、また、小林一茶《こばやしいっさ》には「木で鼻を　こくったやうな　西隣」という句があり、もとの姿をうかがわせます。

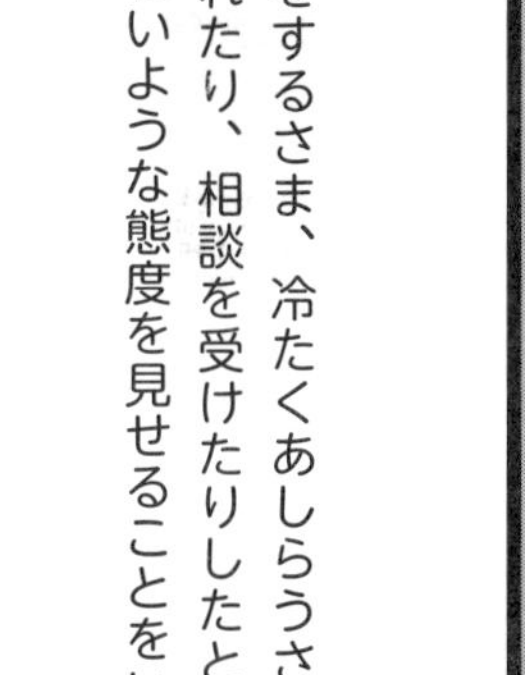

# 気《き》の置《お》けない(人)

[Ki-no-Okenai]

「気の置ける人」と「気の置けない人」、
どっちが良い方の人なのだろう？

美子《よしこ》さんはとても気の置けない人だから、
困ったこと何でも相談するといいわ。

**【意味】**

遠慮のいらない。気兼ねしなくてよい。
相手に気を使わなくてもよいさまをいう。

**【解説】**

これは世間でよく使われていながら、文化庁の調査でも、正反対の意味に解する人の多かった、要注意語句の一つです。そこで、まず**「気の（が）置ける」ですが、これは、相手に何となく気兼ねする、気詰まりな感じがするさまをいいます。**「気が許せる」「信用が置ける」意ではありません。

「気の置けない（人）」はそれを否定した形で、相手として気兼ねなく付き合える（人）、気詰まりでなく、何でも話せるような（人）を意味します。

繰り返しますが、「気の（が）置けない」は、信用が置けない、気が許せない、の意ではありませんので、「玲子さんはほんとに気の置けない人だわ」と評する友人の声を聞いて、ゆめゆめ玲子さんの性格を疑ったりなさいませんように……。

# きびすを返《かえ》す

［Kibisu-o-Kaesu］

「きびす」とは、「かかと」のことなのか？
どこに違いがあるのか？
「かかとを返す」ではおかしいのか？

あのラーメン屋、構えが豪華すぎて
ラーメン屋らしくなく、
せっかく店の前まで来ながら、
きびすを返す人が多いそうだ。

**【意味】**

引き返す。後戻りする。

**【解説】**

この句が、**「かかとの向きを逆にする」意から生じた**ことは明らかですし、「きびす」が「かかと」（足の裏の後部。体重を受け、人体を支えるところ）を意味することは、議論の余地がありません。ここで少し考えておきたいのは、両語の歴史と地域差に関することです。

「きびす」の最も古い形は「くびす」で、平安初期の漢和辞書『新撰字鏡《しんせんじきょう》』に「跟　踵也　久比比須」とありますから、そのころまではそう言っていたことは確かです。その後「くびす」を経て「きびす」と変化したもので、平安中期以後、その用例が見えるようになります。一方「かかと」の例は江戸時代に入るまで見当たらないようです。

ところで、江戸中期に『物類称呼《ぶつるいしょうこ》』という珍しい方言辞書が作られましたが、その中に**「跟きびす　くびす　関西にて、きびすと云《いふ》　関東にて、かゝとと云」**〈巻一〉とありますから、「かかと」はこのころから江戸を中心に関東地方で使われ出したことがわかります。

現代の共通語では「かかと」が主流で、「きびす」は慣用句の中で用いられる程度ですが、関西、殊に京都あたりでは、年配層を中心に「きびす」を使う人も少なくないようです。

# 牛《ぎゅう》耳《じ》る

［Gyu-jiru］

「牛の耳」をいったい
どうするというんだろう？

あの派閥の元会長、
会長の椅子は後進に譲ったが、
今でも背後で派閥を
牛耳っているらしい。

**【意味】**
ある集団や組織の中心となって権力を振るう。集団を力で支配し、自分の思いのままに動かす。

**【解説】**
この語の由来は、遠く中国古代にあります。そこでは、諸侯が同盟を結ぶとき、**盟主がいけにえの牛の耳を裂き、諸侯がその血を順にすすり合う**という慣習がありました。

そのことから、ある集団・組織の中心人物として実権を握ることを意味する「牛耳を執る」ということばが作られ、それが短縮されて一語の動詞になったのが「牛耳る」で、今ではこれがもっぱら使われているのです。

# 綺羅星《きらほし》の如《ごと》く

［Kira-Hoshi-no-Gotoku］

「綺羅星」の「綺羅」とは、
どういう意味なのだろう？
それがなぜ「星」に付くのだろうか？

すごかったよ、
あの映画のプレミアムショー。
芸能人だけじゃなくて、
政治家や各国大使など、
有名人が綺羅星のごとく、
並んでいたんだ。

**【意味】**

きらびやかさが、夜空に輝く星のように、美しい女性や、盛装した紳士たちが、おおぜい集まって居並ぶさまをたとえていう。

**【解説】**

「綺」は綾絹《あやぎぬ》。地模様《じもよう》を織り出した絹布。「羅」はうす絹。透けて見える薄地の絹布。**「綺羅」はそれらで作った豪華な衣装のこと**ですが、転じて、それらを身にまとった貴婦人たちを指す語となり、漢詩や漢文調の文章の中でよく使われました。

やがてそれが着飾った女性の姿だけでなく、豪華な甲冑《かっちゅう》に身を固めた武将の姿をもいうようになり、それらの人たちがおおぜい集まって居並ぶさまを夜空にきらめく星になぞらえたのが「綺羅星《きらほし》」（煌星《きらぼし》）という語で、謡曲『鉢木《はちのき》』に「今度の早討ちに上り集まる兵《つはもの》、煌星のごとく並み居たり」とあるのは、その形成過程を示す好例といえましょう。

以上のように、この句は**本来「綺羅《きら》、星《ほし》の如く」と切って読むべき**なのですが、今ではもとの形を知る人も少なく、「きらぼし……」と読むのがふつうになりつつあります。

なお、最近は、有名人や地位・身分の高い人が顔をそろえるさまに使うことも増えてきたようです。

# くだを巻《ま》く

［Kuda-o-Maku］

「くだ」って何だろう？　酒に酔うと、
なぜそれを巻いたりするのだろうか？

永井君は普段は親切なよい男だが、
酒を飲ませると
くだを巻くので困るんだよ。

**【意味】**
酒に酔って、つまらないことをくどくどと言う。
酒に酔った人が、同僚などを相手にして、
日ごろの不満や泣き言、恨みなどを、
乱れた口調で長々と述べつづけるさまをいう。

**【解説】**
「くだ」については、正直なところ若干の疑問が残りますが、一応、次のように考えたいと思います。

すなわち、「くだくだと」「くだくだしい」などの「くだ」で、もと擬態語なのですが、それを「管《くだ》」に通わせて「巻く」に続けたと考えるのです。その場合、「くだ」は糸車の「つむ（紡錘）」に差し込んで糸を巻き取る軸のことで、**糸車の回転につれて、これがブーンブーンと鳴る、その音が「くだを巻く」声を連想させる**というのです。

なお、この句の用例は江戸時代から見られ、十返舎一九の滑稽本『東海道中膝栗毛』には「酒に酔った人はくだをまくが、茶によった証拠には、ちゃ（ひやかし）ばかりいふがくせでならぬ」〈三編・下〉とあります。

# 口《くち》はばったい

［Kuchi-Habattai］

「はばったい」がよくわからない。
「幅」の字を当ててよいのだろうか？

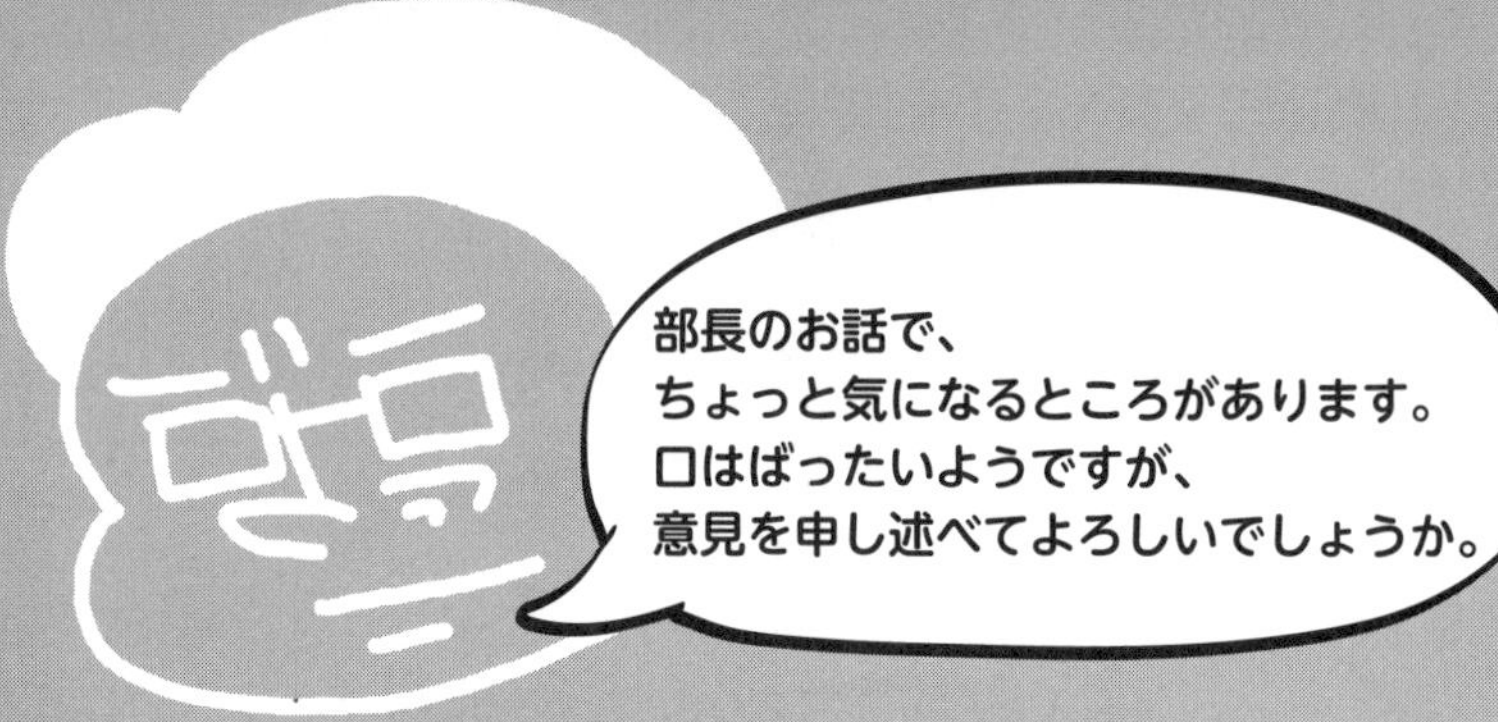
部長のお話で、
ちょっと気になるところがあります。
口はばったいようですが、
意見を申し述べてよろしいでしょうか。

**【意味】**
身分や立場をわきまえずに、大きなことを言うさま。
自己の分際を越えて生意気なものの言い方をするさま。

**【解説】**

「たい」（古くは「たし」）は、もと「甚《はなは》だしい」という意の形容詞「いたし」から頭音「い」が落ちたものですが、それが名詞や動詞連用形など体言性の語に付くと、「ひどく〜〜だ」「〜〜の程度が著しい」意の新たな形容詞を作る接尾語になるのです。

そして、「口幅」にこの「たい」が付いて**「口幅がひどく大きい」（＝大きな口をききすぎる）**意の形容詞「口はばたい」ができ、そこへさらに語調を強めるために促音「っ」が加わって「口はばったい」となったのです。

# 玄人《くろうと》裸足《はだし》

［Kuroto-Hadashi］

玄人が裸足で何をしようとするのか？

山川さんが丹精込めて育てたバラが、
見事な花を開いて人々を
驚かせているそうだが、玄人裸足とは
こういうことをいうのだろう。

**【意味】**

あることについて、専門家でない人が実にうまくやってのけたので、それを見た専門家が恥ずかしくなって、こそこそと逃げ出す有様のたとえ。

**【解説】**

「玄人」は「素人《しろうと》」の対照語で、そのことを専門としている人、専門家をいいます。

この句はその**専門家が素人に負けて、（履物を探す余裕もなく）慌てて逃げ出すという意**から生まれたことばです。

「玄人」「素人」「裸足」などはいわゆる熟字訓で、「常用漢字表」ではこの種の語一一〇語を「付表」として掲げています。

なお、この句を誤解して、時に**「素人裸足」として使う人を見掛けますが、それは明らかな誤り**ですから気を付けましょう。

# ゲキを飛《と》ばす

［Geki-o-Tobasu］

「ゲキ」は漢字では「檄」と書くそうだが、
この字は木偏だから、木の一種なのだろう。
しかし、どんな木なのだろうか？

部長は売上目標の達成のため、
懸命にゲキを飛ばしているのだが、
なぜか周囲はみんなしらけているんだ。

**【意味】**
あることに関する自分の考えを人々に広く知らせて、同意を求める。また、いっしょにその行動に立ち上がるよう訴える。

**【解説】**
文化庁の最近の調査によると、この句の意味を「元気のない者に刺激を与えること」とした人が七四・一パーセント、「自分の主張や考えを広く人々に知らせて同意を求めること」とした人が一四・六パーセントとなって、誤用の多い慣用句の例に挙げられています。「監督が選手たちにゲキを飛ばした」などという表現は、新聞のスポーツ欄にも見かけますから、このように理解する人が増えても致し方のないことかと、いささか残念な気がします。

さて、「檄」ですが、これは、**昔、中国で、人民を招集したり、おふれを伝達したりするために、木札に書いて役所から人民に回された文書（檄文。今の回覧板）のこと**で、急を要する場合は、それを示すために**鶏の羽を付けた**といわれます。「飛ばす」という言い方の由来はそういうところにあると思われます。

出自がそういう語ですから、現代でも単なる一個人としての自己主張ではなく、上司や監督などが、組織やチームの指導者としての自分の考えを、部下や選手たちの前に示して、一同の奮起を促すという使い方が多いのだと思います。

# 怪《け》しからぬ

［Keshikaranu］

ちょっと考えると、「怪しくない」
という風に思えるのだが、そうなると、
意味が反対になってしまう。

急な病気でもないのに
無断欠勤を繰り返すとは、
怪しからぬやつだ。

**【意味】**

言動などが、道義に外れていて許しがたい。

**【解説】**

「怪しからぬ」は「怪しからず」の連体形ですから、この問題は、その辺りから検討したいと思います。

さて、「怪しからず」は、「異様だ・不審だ」という意の古い形容詞「怪《け》し」の未然形「怪しから」に、打消しの助動詞「ず」が付いたものですから、本来ならば「特に変わった様子はない」のような意味になるはずです。ところが、『落窪物語《おちくぼものがたり》』の「いで怪し。まめくだ物や（＝実用本位の菓子だわ）。けしからず。」〈巻之一〉、『枕草子』の「されど、けしからぬやうにもあり、また、おのづから聞きつけて、うらみもぞする、あいなし」〈人のうへいふを腹立つ人こそ〉など、既に平安時代から、**否定形を取りながら、実は「怪し」の意味を強調する用法**が、かなり広く行われていたのです。

なお、当時実際に「怪し」の意味を否定するときには、「怪《け》しうはあらず」という形を用いていました。しかし、この形はその後すっかり姿を消してしまいました。一方、「怪しからぬ」の方は、「ぬ」が撥音便化した「怪しからん」という語形を生じ、現在盛んに使用されているのは、みなさまご承知の通りです。

# けちを付《つ》ける

［Kechi-o-Tsukeru］

「けち」という語は、
どこから来たのだろう？

先輩面《せんぱいづら》して、人の発言に
一々けちを付けるのは
やめてほしい。

【意味】
わざと欠点を見付け出してけなす。
非難する目的で小さな欠点を指摘する。

【解説】
**「けち」は「怪事《けじ》」から音が変化したものとする『大言海』の説が最も穏当**かと思います。「怪事」（「け」は呉音読み）は、異常なこと、不審なことの意から、不吉なこと、縁起の悪いこと、さらに、物惜しみすること、吝嗇《りんしょく》なことへと意味変化したわけで、「けちが付く」「けちを付ける」は、ちょうどその中間段階に位置していると考えられます。

人間というものは業《ごう》の深い存在で、こんな行為をよくしたせいか、「あらを探す」「難癖を付ける」など、類句も多いようです。

# けっこう毛《け》だらけ

［Kekko-Kedarake］

「けっこう」は「結構」のことだろうが、
この語はけっこう広い意味に使われる。
それにしても「毛だらけ」とは、
いったい何なのか？　どこの毛なのだろうか？

売れ残り品をバーゲンに出したら
大盛況だった。
もう、けっこう毛だらけだよ。

**【意味】**

「上出来だ、申し分ない」「満足だ、言うことない」という気持ちを、ちょっとおどけて言う表現。気を許した仲間うちの話しことばで用いられる。

**【解説】**

この「けっこう」は漢字「結構」を当てる語で、確かに意味・用法に注意を要する語です。ざっと見たところでも、〔一〕（名詞として）建物・器物などの構造。組み立て方。〔二〕（形容動詞として）①**すぐれているさま。**②**満足するさま。**③賛成するさま。④「もう結構」と断るさま。〔三〕（副詞として）かなり。相当な程度に。など、なかなか広範囲にわたっています。

しかし、この句に関係するのは、そのうち〔二〕の①・②（特に①）にほぼ限られると言ってよいでしょう。

さて、それと「毛だらけ」のつながりですが、これは「けっこう」の「け」と頭音を揃《そろ》え、下の**「だらけ」（全身それにまみれるさま）**、ここでは**「結構にまみれる意」**に続けるために使ったという以外にないと思います。

なお、この後に「灰だらけ」また「猫、灰だらけ」をつづけることがありますが、これも「毛だらけ」「灰だらけ」と**語呂合わせをしたもの**だと思います。猫は寒がりで囲炉裏《いろり》や炬燵《たつ》などに近寄りがちでしたから、「灰だらけ」とつながったのでしょう。

# ケツの穴《あな》が小《ちい》さい

［Ketsu-no-Ana-ga-Chiisai］

「ケツ」と「尻」とはどう違うのだろう。
また、小心なさまをたとえるのに、
「尻」という部位を用いたのは
なぜだろうか？

ちょっと
小さいかな
小さい

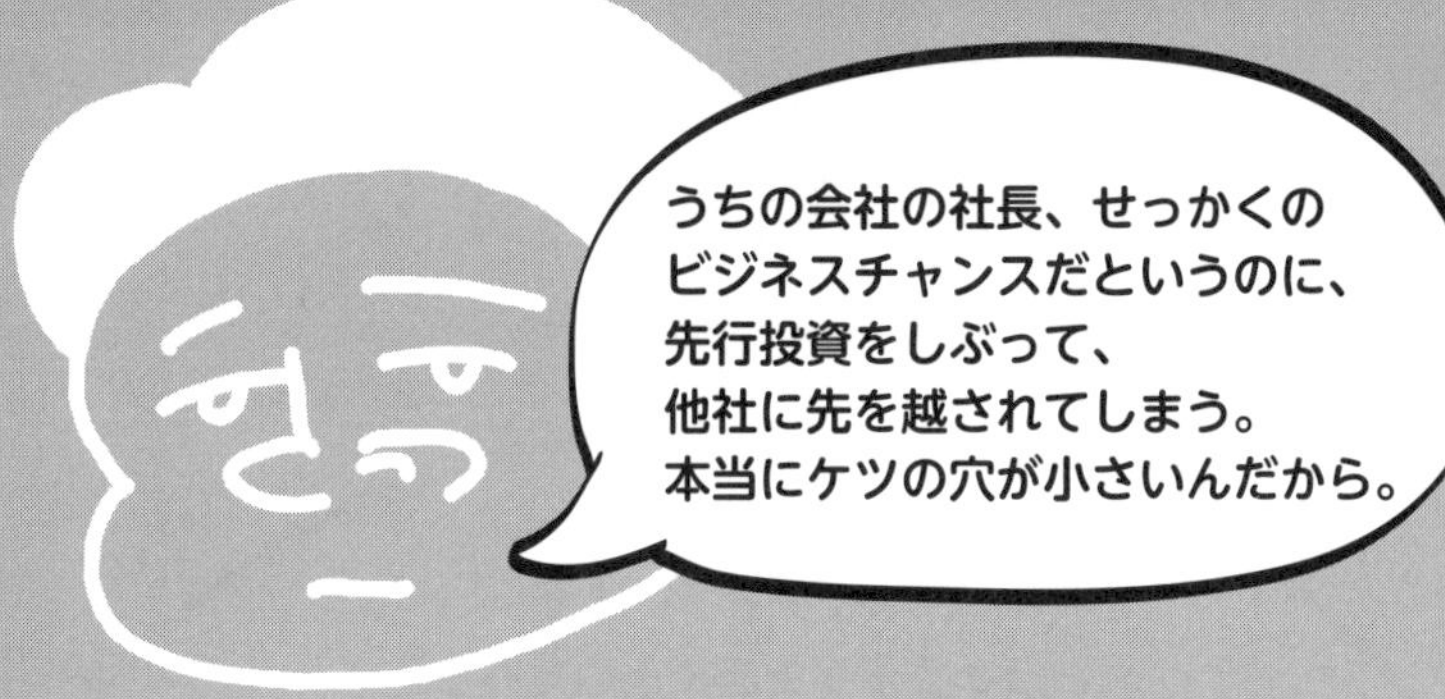
うちの会社の社長、せっかくの
ビジネスチャンスだというのに、
先行投資をしぶって、
他社に先を越されてしまう。
本当にケツの穴が小さいんだから。

【意味】

気が小さくて思い切りが悪い。

けちくさくて小さなことにこだわりがちだ。

自信が持てず人にびくびくしている。

度量が狭く寛容な態度がとれない。

特に、心が狭くて、他人の言動を大らかな気持ちで受け入れられない人のさまを見下し、あざ笑っていうのに多く用いられる。


**【解説】**

「ケツ」ということばは、もともと「穴《けつ》」から転じて「尻」の意に使われるようになったもので、江戸時代、庶民（主として男性）の間に俗語として広まり、**「ケツを割る」「ケツを捲《まく》る」「ケツの毛まで引き抜く」**など、いくつかの慣用句も作られています。


いま、弥次・喜多の珍道中記、十返舎一九の滑稽本『東海道中膝栗毛』を見ますと、「弥次さん見ねへ、おもそふなものをよくかつぐぜ。アノ尻《けつ》をふるざまア」〈初篇〉など、「尻」の字に「けつ」のルビを振った箇所があり、その辺の事情がうかがえます。

「ケツ」が「穴《けつ》」から来た語であれば、「ケツの穴《あな》」は「穴《ケツ》の穴」でおかしくなるはずですが、「ケツ」が「尻」の意になった段階で、「穴」の意識は一応捨てられたわけで、話し手に矛盾を感じさせないものになっていたのでしょう。

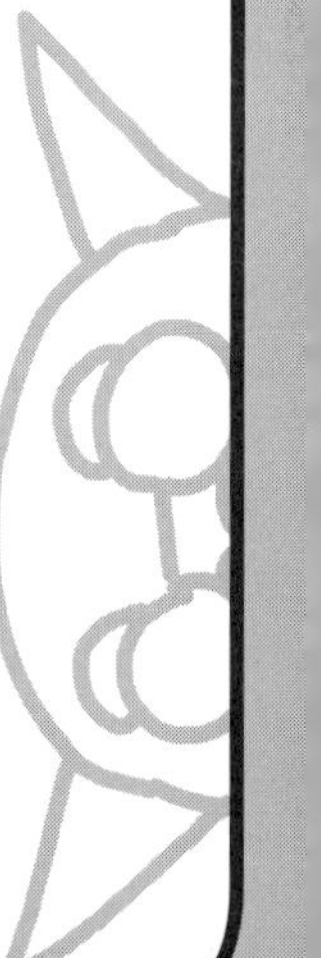

# ゲテモノ食《ぐ》い

［Getemono-Gui］

「ゲテモノ」は、
どういう漢字を当てるのだろう？
どこからできてきたことばなのだろう？

ゲテモノ食いの安さん、
本当になんでも口に入れちゃうんだ。
見てるこっちが気持ち悪くなる。

**【意味】**
一般の人がとうてい口にしそうもない物を好んで食べること。また、その人。さらに、ふつう人が避けようとする物事に特別な関心を寄せること。また、その人。

**【解説】**

「ゲテモノ」は「下手物」の字を当て、「上手物《じょうてもの》」の対《つい》と見るのが通説です。「上手物」は、高級な技術で精巧に仕上げられた工芸品など、品質・価格ともに高い品物をいいます。

そこで「下手物」ですが、**これはもともと、人の手が加えられていない物、素朴で安価な物を意味しました。**ところが、そこからしだいに意味が転じて、疑わしい物、得体《えたい》の知れない物をいうようになったのです。

別の語源説として、「怪顛《げてん》」（=心に驚いて引っくり返ること）や「外典」（=外国の書物）に求めようとするものもあります。

「食い」に「食べる」ことのほか、「好むこと」「関心を寄せること」の意があることは、先に類語「イカモノ食い」の項で述べたとおりです。

# 下《げ》馬《ば》評《ひょう》

［Gebahyo］

「評」は批評・評判のことだろうと思うが、
「下馬」がわからない。「下車」「下船」と同じく、
「馬を下りる」という意味なのか？

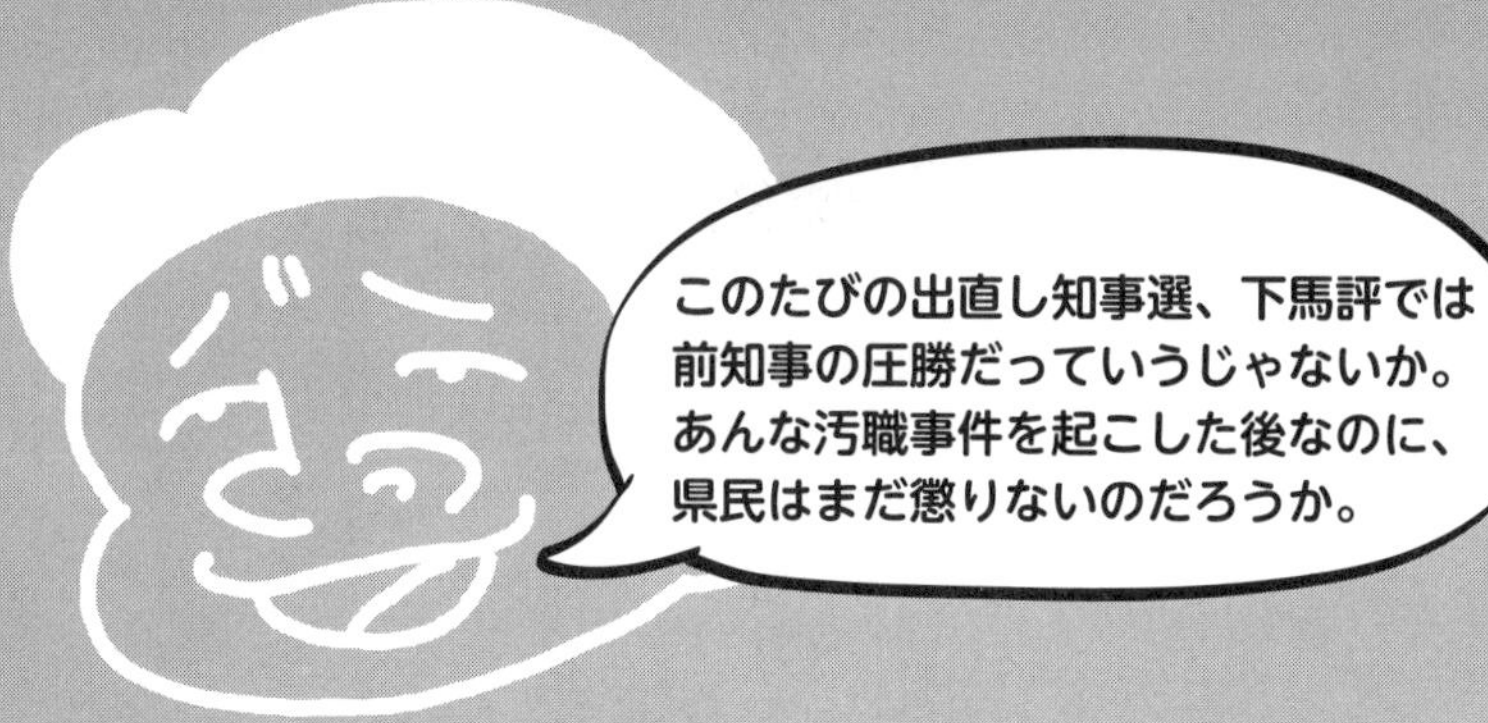
このたびの出直し知事選、下馬評では
前知事の圧勝だっていうじゃないか。
あんな汚職事件を起こした後なのに、
県民はまだ懲りないのだろうか。

**【意味】**

部外者の間で交わされる、興味本位の批評。
下の者が上の者に関して、あれこれと無責任なうわさをすること。
また、世間一般の取《と》り沙汰《ざた》、うわさ。

**【解説】**

今ではごく稀《まれ》になりましたが、古い神社やお寺の門前で、「下馬」「下馬下乗《げじょう》」などと書かれた立札《たてふだ》を見かけることがあります。

返り点・送り仮名を補って「下馬」を漢文式に読むと「馬ヲ下リヨ」となりますが、この立札は「下馬札《げばふだ》」といって、そこから中へ馬や乗り物に乗って入ることを禁じるという表示です。江戸時代には、社寺のほか城門や身分の高い人の邸《やしき》の前などにもこの禁札が出され、車や馬に乗って行った貴族や身分の高い武士たちが内部に入っている間、身分の低い供人（供奴《ともやっこ》）たちは車や馬とともに、その札の前で待っていました。そこを「下馬先《げばさき》」といいましたが、ここで**供の者たちが主人を待つ間に、退屈しのぎにするうわさ話、特に、主人筋にまつわるあれこれの話、**それらを「下馬評」といったのです。

今ではそれが転じて、第三者が口にする無責任な批評、世間の人びとの交わすうわさ話を意味するようになったのです。

# けりを付《つ》ける

［Keri-o-Tsukeru］

「けり」とは何だろう？
漢字で書くと「蹴り」なのだろうか？
しかしそれでは意味が通じないような気がする。

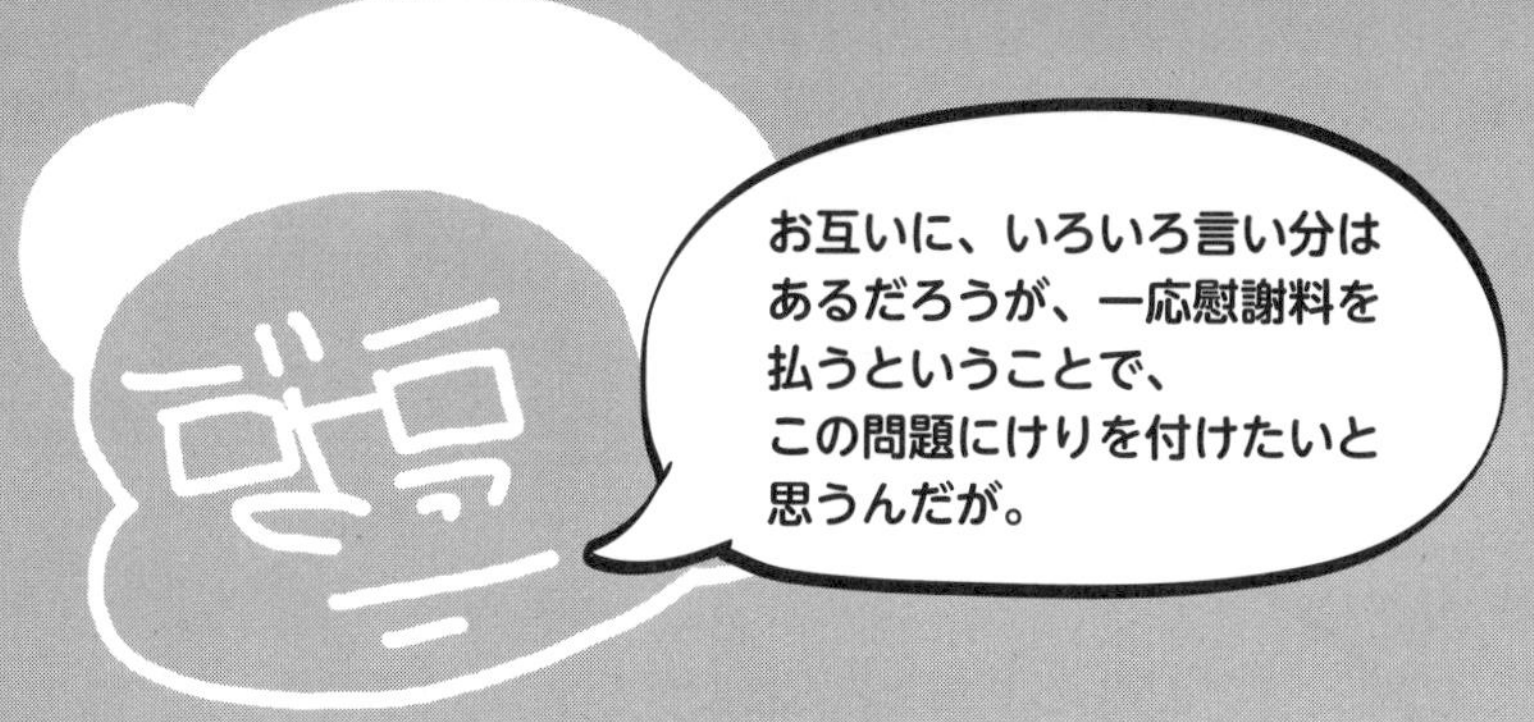
お互いに、いろいろ言い分はあるだろうが、一応慰謝料を払うということで、この問題にけりを付けたいと思うんだが。

**【意味】**

それで終わりにする。物事の結末を付ける。


**【解説】**

明治のころには「鳧《けり》」（＝チドリ科の渡り鳥の名）と漢字書きしたものも見かけますが、これはまったくの当て字です。

「けり」は本来、過去・詠嘆の意を表す古い助動詞ですが、和歌や俳句には、「あひ見ての　後《のち》の心に　比ぶれば　昔はものを　思はざりけり」「行く春を　近江の人と　惜しみけり」のように、この語で終わるものが多かったために、**「けりが付く」**で**「物事が終わる」**意を、**「けりを付ける」**で**「物事を終わらせる」**意を表すようになり、それが一般化して定着したのが今日の用法です。

近代になって、類似の発想から「ピリオドを打つ」が作られています。

# ケレン味《み》がない

［Keremmi-ga-nai］

「ケレン」ってどんな漢字を書くのだろう？
また、それはどんな味がするのだろうか？

彼のケレン味のない言動が、
先輩たちから
好感をもって迎えられた。

**【意味】**

はったりやごまかしがない。
人からよく見てもらおうとするわざとらしさがなく、誠実なさまをいう。

**【解説】**

**漢字では「外連」と書きます。本来、歌舞伎などで、客の俗受けを狙《ねら》ってする、奇抜な演技のこと**で、芸の本筋から外れ、見かけの面白さを求めるものです。そして「味」は当て字で、この場合、「深み」「親切み」などの「み」と同じく、「〜の感じがすること（ところ）」の意の接尾語です。舌に感じる味ではありません。

かくして、この句は、わざとらしく上辺《うわべ》を飾ったりしない、素朴で誠実みのあるさまを意味することになるのです。

# けんもほろろ

［Kem-mo-Hororo］

「けん」とか「ほろろ」とか、
いったい何のことだろう？

一郎君のお母さんに
ＰＴＡのお手伝いを頼んだら、
けんもほろろに断られちゃったわ。

**【意味】**

無愛想にあしらうさま。人からの問い合わせや依頼などに対し、何の思いやりもせず冷たく撥《は》ねつけるさまをいう。

**【解説】**

「けん」も「ほろろ」も雉《きじ》（キジ科の野鳥、ピンと張った長い尾をもつ）の鳴き声とする説、**「けん」は雉の鳴き声、「ほろろ」はそれが急に飛び立つときの羽音とする説、**「けん」に「剣突《けんつ》く」「突《つ》っ慳貪《けんどん》」の意を通わせたものと考える説などがあります。

キジの雄が、繁殖期に雌を求めて「ケン、ケン」と鳴くことはよく知られています。「ほろろ」は、『古今和歌集』に「春の野の　しげき草葉の　つまごひに　とび立《たつ》きじの　ほろゝとぞなく」〈雑体・一〇三三〉とあり、『日葡辞書』に「Eroro.（ホロロ）《訳》雉がはばたいて立てるやかましい音」とあることを考え合わせ、**私は、キジの鳴き声というより、それが勢いよく飛び立つときの、「パララ」といった感じの羽音と見るのが適当**かと思います。

この語は江戸時代から用例が見え、浄瑠璃『摂州合邦辻《せっしゅうがっぽうがつじ》』に「『……けがにもかかりにも尼の、坊主のと言ひ出してもくださんすな』と。けんもほろゝに寄せ付けず……」〈合邦内の段〉と出ています。

# 業《ごう》を煮《に》やす

［Go-o-Niyasu］

「業」をなぜ「ごう」と読むのか。
また、「業」は煮たり焼いたり
するものなのだろうか？

いくら注意しても聞かない生徒に、
業を煮やした教師の気持ちはわかるが、
やはり体罰を加えるのは許せない。

**【意味】**

物事が思い通りにならなくて、大いに腹を立てる。

**【解説】**

「ごう」は「業」の呉音読みです。この語はもと仏教語ですが、仏教語には「修行《しゅぎょう》」「読経《どきょう》」「建立《こんりゅう》」など、一般に呉音で読むものが多くあります。

さて、**「業」は、人間の理性ではどうにも制御できない感情、主に怒りや煩悶《はんもん》のこと。**「煮やす」の例が文献に現れることは稀ですが、『日葡辞書』に「Niyaxi, su, aita.（ニヤシ、ス、イタ）《訳》火にかけてわき立たせる。また、煮えさせる。《注》比喩 Xinyuo niyasu.（瞋恚《シンイ》ヲ煮ヤス）激しく怒る」とあり、類句として「瞋恚を煮やす」が存在したことが知られます。

# コケにする

［Koke-ni-Suru］

「コケ」とは何だろう。
「コケの一念」という言葉もあるが、
関係があるのか？

お前もコケにしてやろうか
コケ

あいつ、叔父の専務の権威を笠《かさ》に着て、
人のことをコケにしやがって。
その内、痛い目にあわせてやるからな。

**【意味】**

人をばかにする。他人を愚か者として扱う。

**【解説】**

「（証言拒否で）国会はコケにされている」などとカタカナ書きされた新聞記事を目にして、「コケ」を外来語の略語かと思う人もあるでしょうが、これ実はもと仏教語の「虚《こ》仮《け》」なのです。

「仏教辞典」を見ると、**「虚仮」は、「真実」の反意語**とあり、

①諸々《もろもろ》の事象が空虚で実体性を欠くこと。

②言動などが、真実でないこと。うそ、いつわり。

のような解説を付しています。

やがて、それが一般語に転じて、中味のないこと（人）、愚かな人を意味するようになり、江戸時代以降、「コケにする（される）」の形で、日常語のなかでよく使われるようになったのです。

なお、「コケの一念（一心）」は、「たとえ能力に劣る者でも、一つのことに専心努力すれば立派な仕事ができる」という意味です。

# 沽券《こけん》に関《かか》わる

［Koken-ni-Kakawaru］

「沽券」とはどういう「券」なのだろうか？
「沽」も分からないが。

だまって見ていられない。
これは俺の問題でもあるから
コケん
コケ

小村君、もう少し仕事に責任を
もってくれないと、
紹介者の僕の沽券に関わるじゃないか。

**【意味】**

体面を汚される。プライドに傷が付く。

**【解説】**

漢字では「沽」は「酒を売る」、または一般に「売る」意で、**「沽券」というのは、もと土地・家屋などの売買に際して、契約の成立を証するために、売主から買主に渡される証文のこと**をいいましたが、そこから意味が転じて、「信用」「体面」などをも示すようになったのです。

この句は、「沽券が下がる」「沽券が落ちる」ともいい、明治から戦前ころまではよく使われました。しかし、今では「不動産売買契約書」「権利証」などが「沽券」に代わり、この句も若い世代には縁遠く感じられるようになってきました。

# 姑息《こそく》な(手段)

[Kosoku-na]

なんで姑《しゅうとめ》さんの息が「姑息」になるのだろう？
やっぱり嫁姑《よめしゅうとめ》問題に関係あるのだろうか？

彼らの言うような姑息なやり方で、
このピンチを脱出できるとは思えない。

**【意味】**

一時しのぎの。間に合わせの。
物事の処理に根本的に取り組むのではなく、
その場だけ取り繕って済ませようとするさまをいう。

**【解説】**

まず「漢和辞典」で「姑」を引いてみましょう。「しゅうとめ」などのほか「しばらく」の意味が見えますね。**「姑息」は「しばらく息をつくこと」がもとの意味**です。

明治の女性の紅涙をしぼった、尾崎紅葉《おざきこうよう》の『金色夜叉《こんじきやしゃ》』に「期限内にだに返弁すれば何事もあらじと姑息して、……」〈後篇・六〉とあり、当時は動詞としても使ったようですが、今では形容動詞としての用法しかありません。この語の「こそく」という音から「こそこそ」を連想するのでしょうか、最近の文化庁の調査では、「卑怯」の意に解した人が約七割、**正解の「一時しのぎ」はわずか一二・五パーセント**に過ぎなかったそうです。

なお、類語として、四字熟語「因循《いんじゅん》姑息」(=古いしきたりに従って間に合わせのやり方をするさま)があり、やはり形容動詞として使われます。

# 小股《こまた》の切《き》れ上《あ》がった（女）

［Komata-no-Kireagatta］

「小股」というのは「大股」に
対する語なのだろうか？
股が切れるとは、どういう状態なのか？

か

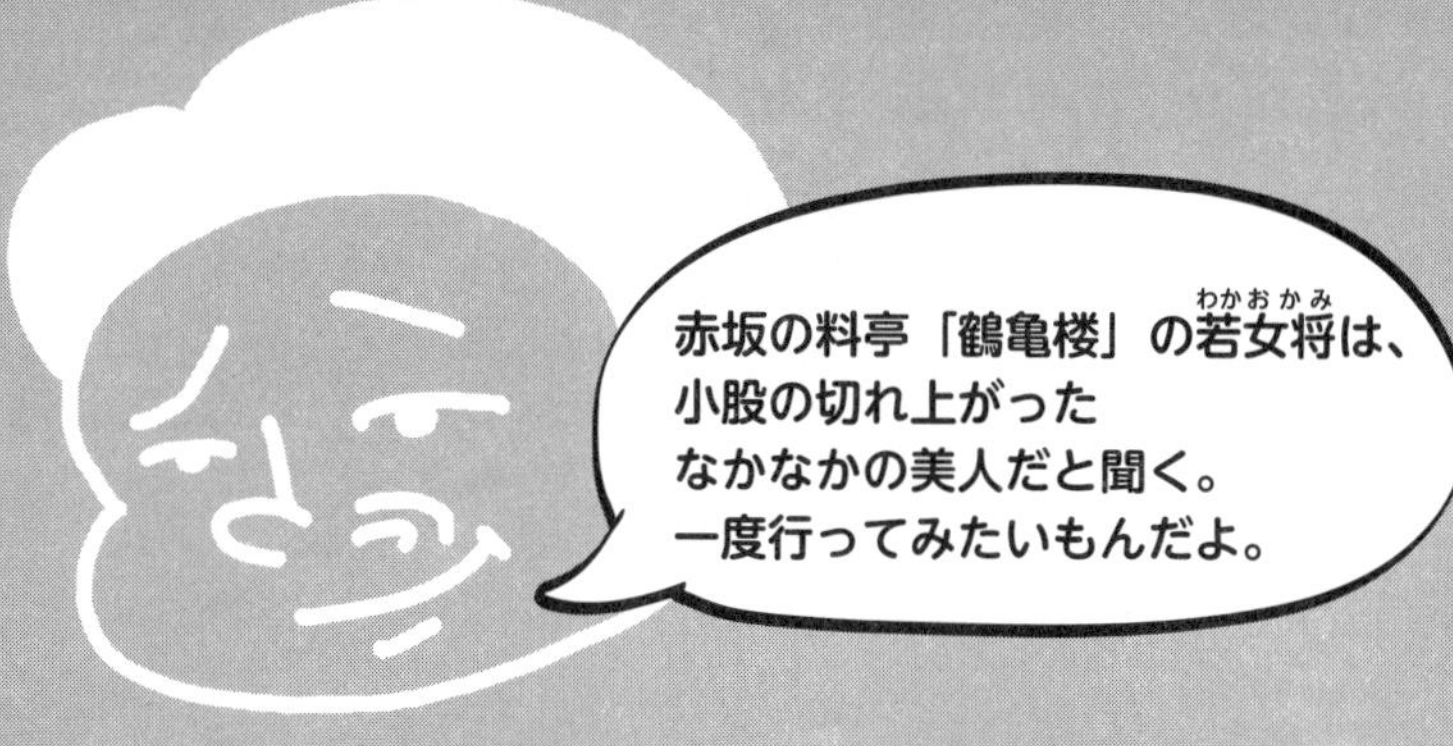
赤坂の料亭「鶴亀楼」の若女将《わかおかみ》は、
小股の切れ上がった
なかなかの美人だと聞く。
一度行ってみたいもんだよ。

**【意味】**

脚が長くすらりとした、小粋《こいき》な女性の姿態を形容していう。

**【解説】**

「小股」の「小」は「小耳に挟む」「小首をかしげる」などの場合と同じく、その部位に関するちょっとした動作などをいうときに軽く添える接頭語で、特に小さいという意はありません。**「切れ上がる」は贅肉《ぜいにく》がなく、すらりと伸びているさま**を表したことばです。江戸時代から明治期にかけてよく使われたことばですが、畳の上に正座する姿勢や、当時の食生活からして、**いわゆる「大根足（脚）」の多かった日本女性のなかで、細身で脚部のすっきりしたこういう女性の姿に、世の男たちがどれほど血を湧《わ》かせたことか、**想像に余るものがあります。

歌舞伎『小袖曾我薊色縫《こそでのそがあざみいろぬい》』に「小股の切り上がった、水気たっぷりといふ銘婦人を生捕りてえものだ」〈三立目〉とあり、時として「小股が（の）切れ（切り）上がった」など、句形に若干の差異が見られますが、意味・用法に変わりはありません。

# 金輪際《こんりんざい》

［Konrinzai］

なぜ「金属製の輪の際」から、
このような意味が生じたのだろうか？

あの証券マンに勧められて買った株、
全部値下がりしちゃったよ。
もう金輪際、
あの男の言うことは聞くもんか。

か

**【意味】**

〔下に「打消し（否定）」の表現を伴って〕
断じて。絶対に。
何かに懲りたり、心に堅く誓ったりして、
「もう決して〜〜（し）ない」と強く言い切るときに用いる。

**【解説】**

「金輪際」は、仏教の世界で使ったことばに由来します。「金」を「こん」と読むのは呉音《ごおん》といって、中国の比較的南方の音がわが国に伝わったものです。**「金輪《こんりん》」は、「水《すい》輪」「風輪《ふうりん》」とともに地下にあって大地を支えている三つの輪の一つ**ですが、この宇宙はまずいちばん下に虚空《こくう》をあらわす「風輪」があり、その上に「水輪」、そして最上層に「金輪」が乗っていると考えられているのです。

さて「金輪際」ですが、これは金輪のいちばん底にあって、水輪と接している部分です。『平家物語《へいけものがたり》』に、ある経文《きょうもん》のことばとして、「閻浮提《えんぶだい》のうちに湖あり、其《その》なかに金輪際より生《お》ひ出《いで》たる水精輪《すいしやうりん》の山あり」〈巻七・北国下向〉とあるのは、このもとの意味です。

それが時代とともに一般の語に転じ、「底の底まで」「最後まで」の意となり、さらに、下に打消しの言い方を伴って、「断じて」「絶対に」の意味を表す副詞の用法をもつようになったのです。

# 逆《さか》ねじを食《く》わせる

［Sakaneji-o-Kuwaseru］

「逆ねじ」って、どんなねじをいうのだろう？
ねじ山が逆に刻んであるのだろうか。

スーパーの店員さんに、

「きのう買ったトマト、
裏側が腐っていたわ」と言ったら、

「確かめて買わない方が悪い」

と逆ねじを食わされてしまった。


**【意味】**

人から非難されたり、抗議されたりしたときに、相手の言い分を逆手に取って、相手を非難したり、攻撃したりする。


**【解説】**

**「逆ねじ」という特別な螺《ね》子があるわけではありません。**どんな螺子でも、螺旋状《らせんじょう》の突起と溝とをうまく噛み合わせて締めるようにできていますが、それを**無理に反対方向に締め上げる意**から生まれたことばで、道理に反することを無理に言い立てるイメージがそこに浮かび上がってくるのです。

# 鯖《さば》を読《よ》む

［Saba-o-Yomu］

なぜ「鯖」が出てくるのか。
「鰺《あじ》」ではだめなのか？

本社からうちの支店の売上げが
少ないって、うるさく言ってくるんだ。
適当に鯖を読んで報告しておいてくれ。

さ

**【意味】**

数を適当にごまかす。物を数えるとき、自分に都合のよいように数をごまかすことをいう。

**【解説】**

「鯖」はサバ科の海水魚で、背の青い魚の代表的存在ですが、日本列島の沿海に群棲《ぐんせい》していますから、昔から漁獲量が多く、刺身・焼き魚・煮魚……と用途が広く、しかも美味ですので、庶民の食卓を賑《にぎ》わすことの多い魚でした。

ところが、**この魚は脂肪分が多く、腐敗しやすいという難点があり、水揚げ港や魚市場では手際よく早く処理することが求められました。**

「読む」は数をかぞえる意です。そして、句意は、上述のような事情から、その数え方が大ざっぱになりやすかったことによると考えるのが妥当でしょう。

他に、「刺鯖《さしさば》」（＝背開きにして串に刺した塩鯖）を二枚ずつ数えることからとする説、小魚を数えるとき早口に言う「いさば読み」から転じたものとする説などがあります。

# 鹿爪《しかつめ》らしい

[Shikatsume-rashii]

「鹿の爪」と何か関係があるのだろうか。

あの名誉会長、
鹿爪らしい顔つきで喋《しゃべ》っているけど、
若い頃は女好きでねえ……。



**【意味】**

形式ばって堅苦しそうだ。表情・態度・物言いなどが堅苦しく、もったいぶった感じであるさまをいう。

**【解説】**

「鹿爪らしい」の用例は、明治初期以降にしか見当たりませんが、それ以前に同意の語「しかつべらし」の例が見えます。

一例として、大田南畝《おおたなんぽ》の噺本《はなしほん》『鯛《たい》の味噌津《みそつ》』の「人の十日であぐる謡《うたひ》を、百日もかゝりて覚え、しかつべらしく人中で謡ひ出《いだ》せば……」〈謡〉を挙げておきます。

これだけでもわかりますように、**この語は「鹿の爪」に由来するものではありません。**恐らく「しかりつべくあるらし」がもとになっていると考えられます。「然《しか》る」は「そうある」意の動詞、「つ」は完了・強調の助動詞、「べし」は当然の意の助動詞ですから、全体で**「そうあるのが当然というようなさま」を意味します。**

その形がしだいに短縮され、「しかつべらし（い）」を経て今の形になったのですが、江戸時代には「しかつべ」を冠した複合語「しかつべ顔」「しかつべ真顔」などの例も見られます。

明治時代には当て字の使用が多く、夏目漱石《なつめそうせき》の『吾輩は猫である』にも「白い小倉の袴《はかま》のゴワゴワするのを御苦労にも鹿爪らしく穿《は》いて居《い》る所は……」〈六〉と見えていますが、もちろん鹿の爪とは何の関係もありません。

# 舌《した》の根《ね》の
# 乾《かわ》かぬうち

［Shita-no-Ne-no-Kawakanuuchi］

「舌の根」は舌の付け根のことだろうが、
そこが乾くことが実際にあるはずがない。
なぜこんな言い方ができたのだろう。

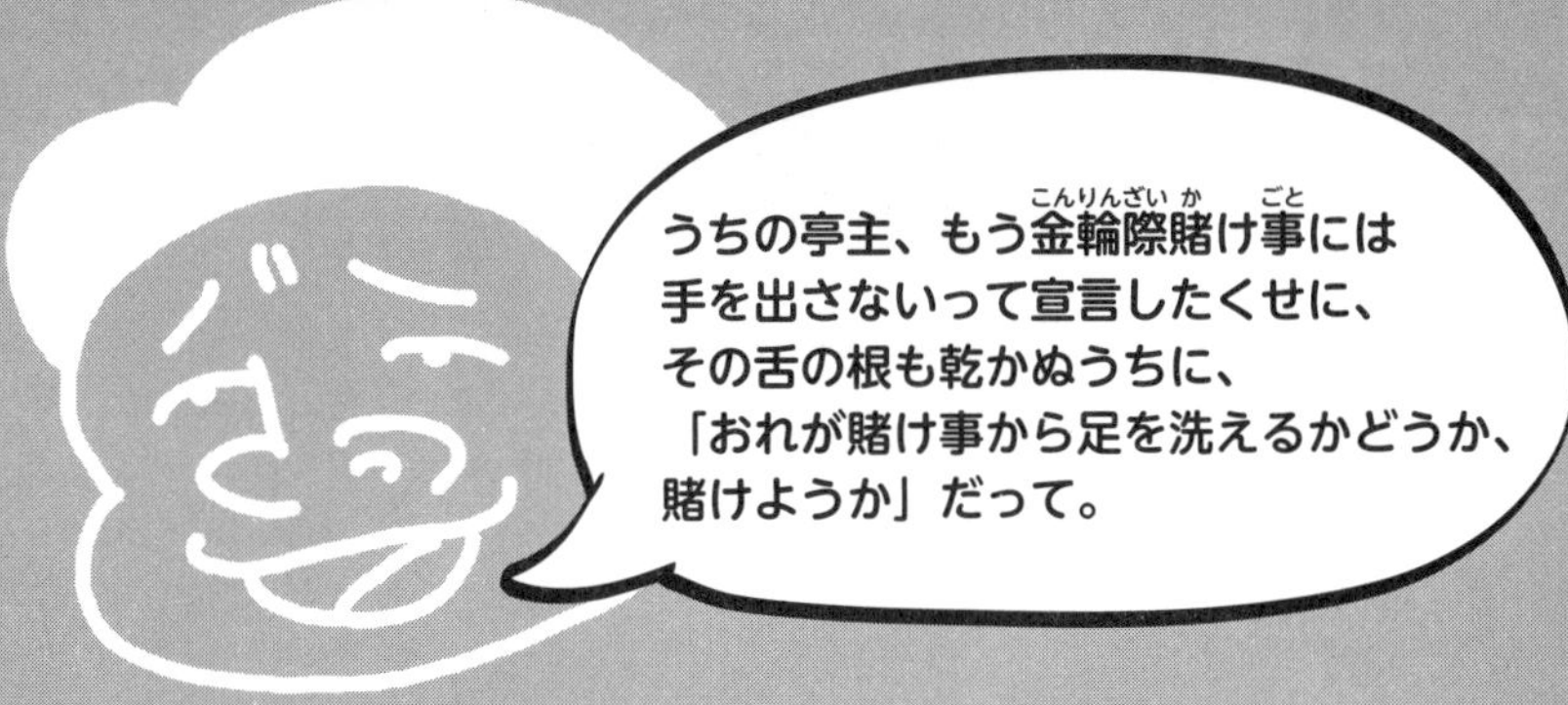

うちの亭主、もう金輪際《こんりんざい》賭《か》け事《ごと》には
手を出さないって宣言したくせに、
その舌の根も乾かぬうちに、
「おれが賭け事から足を洗えるかどうか、
賭けようか」だって。


**【意味】**

言い終わるか否かという間に。
言い終わったかと思うとすぐその後で。
実際の言動が、先に言ったことばと矛盾するときにいう。

**【解説】**

「舌の根」は「舌根《ぜつこん》」ともいわれ、舌の付け根であることは間違いありません。そして、その辺りがいつも唾液で湿っていて乾くことがないのも事実です。

　では、どうしてこんな言い方が生まれたのでしょう？　私は「根」ということばに注目したいと思います。「舌の根」の「根」は比喩的な用法ですが、本来「根」はすべての草木において、地中に長く伸び、水に解けた養分を吸い上げる最も重要な器官です。もしこれが乾けば植物はすべて枯れてしまいます。

　したがって**「舌の根が乾く」というのは、その人の言ったことばが人から忘れ去られることを意味します。**この句は、そうならない前、聞いた人の記憶にはっきりと残っているうちに、の意になるのだと思います。

# 地《じ》団《だん》駄《だ》を踏《ふ》む

［Jidanda-o-Fumu］

「地団駄」って何だろう？
昔の農村あたりで使われた道具かと思って
郷土館へ行ってみたが、空《から》振《ぶ》りだった。

1700年ごろ
考案された
地団駄《じだんだ》により
稲作は
さらに発展
しました

インチキ商法にまんまと
引っ掛かった主婦たちは、
地団駄を踏んでくやしがったが、
すべては後の祭だった。

さ

**【意味】**
足で地面を踏み鳴らす。足をバタバタさせて、地面や床《ゆか》を何度も荒々しく踏みつける。怒ったりくやしがったりしたときの動作で、幼児などによく見られる。また、成人、特に女性の場合、実際にそういう動作をしなくても、怒りやくやしさの激しいさまを比喩的に示すために用いられることがある。

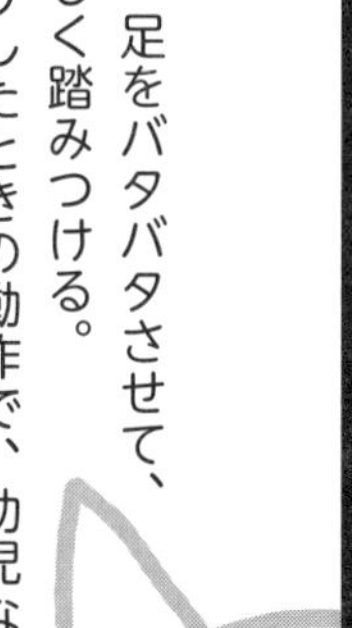

**【解説】**
「地団駄」は「地団太」と書くこともありますが、いずれも当て字です。歴史的仮名遣いでは「ぢだんだ」と書き、「地踏鞴《じたたら》」（歴史的仮名遣いでは「ぢたたら」）から音が変化したものです。

**「地踏鞴」というのは、昔、鍛冶屋などが用いた、足で踏んで炉に空気を送る大型のふいごうのことです。それを力いっぱい踏みつづける徒弟たちの大きな身振りがこの句の出所なのです。**

その「じたたら」が「じだたら」と発音されるようになり、さらに「じだだ」、「じだんだ」と変化して、今の形になったのです。

江島其磧《えしまそせき》の浮世草子『傾城禁短気《けいせいきんたんき》』（一七一一年）の中に、「船底の抜ける程じだんだ踏みて腹を立《たつ》るを、……」〈巻二・三〉とありますので、江戸時代の中ごろには今の形ができていたことがわかります。

# しどけない

［Shidoke-nai］

「しどけ」が「ない」というが、
そもそも「しどけ」って何だろう。

きっと
このへん
しどけ内
人口 700人
酪農がさかん

結婚前の娘が、
しどけない寝巻き姿で
人前に現れるとは……。

**【意味】**
身なりがだらしないさま。
特に、女性の髪型や服装が乱れていて、見苦しいさま。

**【解説】**
「しどけ」は「静気《しずけ》」（歴史的仮名遣いでは「しづけ」）からの転で、「しどけない」には、**もの静かで落ち着いた感じのないさまをいうと解するのが穏当**と思われますが、「四《し》度《ど》解《け》無《な》し」で、年に四回改める機会がある「解由《げゆ》」（＝解由状。昔、国司が交替するとき、新任者が前任者に渡した、事務引継ぎ済の証明書）がなく、区切りがつかないさまからとする説、「四度検無し」で、書物を書き写すとき、四回の点検をせず、綿密さに欠けるさまからとする説など、他の語源を考える人もあります。

# しどろもどろ

［Shidoro-Modoro］

「しどろ」とか「もどろ」とか、
擬態語かとも思うがそうでもなさそうだ。
これらはいったい何なのか。

証人として国会に呼ばれた
Z社社長の答弁は、
しどろもどろのひどいものだった。



**【意味】**

ことば遣いや話の中身がひどく乱れて一貫性に欠けるさま。質問に答えたり、何か説明したりするとき、自信がまったく持てず、どう言ったらよいか、困りきっているときの話しぶりなどをいう。

**【解説】**

古く平安時代から、ひどく乱れたさまをいう形容動詞「しどろ」がありましたが、この「しどろもどろ」はそれを強調した形と考えられます。用例は同じく平安時代から見え、『源氏物語』に「色紙の色あひ花やかなるに、みだれたる草《そう》の歌（＝草仮名《そうがな》でさらさらとつづけ書く和歌）を、筆にまかせてみだれ書い給へるさま、……しどろもどろに愛敬《あいぎょう》づきて見まほしければ」〈梅枝〉とありますが、この例では「愛敬づきて見まほし」（＝魅力があっていつまでも見ていたい気がする）に続き、注釈書は「自由自在に」の注を付しています。要するに、仮名を乱れ書いたさまを情趣があってすばらしいとプラス評価しているのです。

**この語は元来、乱れたさま一般を形容し、必ずしも悪いイメージを伴うものではなかった**のです。

ところが中世以降、足取りの乱れておぼつかないさまに使うことが多くなり。しだいにマイナス評価の語となり、意味も現代のものに固定していったのです。

# 科《しな》を作《つく》る

［Shina-o-Tsukuru］

「しな」には「科」の字を当てるが、
これは本来どういう意味の語なのか。

総務のあの子、応接室に入ると、
いちいち科を作って
お茶を出すんだって。

**【意味】**

女性が、体裁ぶった身ぶりやしぐさを見せる。特に、妙齢の婦人が、男の気を引くために、ちょっと色っぽい表情や態度を示すことをいう。

**【解説】**

「科」や「品」の漢字は、和語「しな」に後から当てたもので、**「しな」は、もと、階段、階級、家柄などを表すことばでした。**ですから、この句も「上品ぶって見せる」意から出たわけですが、江戸時代になると、「女性が男に気のあるところを見せて、艶《つや》っぽく振る舞う」意に用いるようになり、現在に至っています。

# 鎬《しのぎ》を削《けず》る

［Shinogi-o-Kezuru］

「鎬」というものを見たことがない。
いったい何に使うものなのか。

M社とN社は、
育毛剤の市場をめぐって、
いま鎬を削っている最中だ。

**【意味】**

激しく争う。実力にほとんど差のない者同士が、互いに負けまいとして必死に争うさまをいう。

**【解説】**

**「鎬」は、刀剣の刃と峰との間を縦に走る、小高く盛り上がった部分です。**この句は、**武士が一騎打ちするとき、双方の刀が接して、その部分が削り取られるほど激しく争い合うこと**をいい、『曽我物語《そがものがたり》』に「たがひに鎬をけづりあひ、時をうつしてたたかひけるに……」〈巻九・十郎が討死事〉とありますが、今では意味が転じて、「力を尽くして激しく争い合う」ことをいうようになりました。しかし、句の由来からして、実力差の大きな者の間の競争などには用いません。

# 四《し》の五《ご》の言《い》う

［Shi-no-Go-no-Iu］

なぜ「四」と「五」なのか、わからない。
「六」と「七」ではだめなのだろうか？

四の五の言ってないで、
さっさと自分のすることをしろ。



**【意味】**
あれこれと文句を言う。面倒なことを次々と言い立てる。

**【解説】**
この句は、多く「四の五の言わず（に）」と打消しの形で用いられますが、その類似句「四の五のなしに」「四でよし五でよし」などとともに江戸時代から姿を見せます。

井原西鶴の浮世草子『好色一代女』に「それを四の五のいへば、『むつかしい事はござらぬ。さらりといんでもらひまして、女郎かへて見ましょ』といふが、……」〈巻二・二〉の例があります。

さて、なぜ「四」「五」なのか、その理由は明言できませんが、私は、恐らく音数律と関係があろうと思います。日本語では、七音節の語がリズム感があって最も発音しやすいとされていますが、**連続する数を使って「四の五の言わず」のように、七音節で収まるのはこれしかない**（たとえば「三の四の言わず」なら八音節）からだろうということです。

なお、人は得てしてこういう悪癖を持つためか、「つべこべ言う」「ごてごて言う」「ぐちゃぐちゃ言う」「あれこれ言う」など、類句が多く見られます。

# 如才《じょさい》がない

［Josai-ga-nai］

「如才」とは「才の如《ごと》し」の意か。
とすれば、それがないとどうなるのか？

じょさいが内…
さすがにもう苦しい

山本屋の若旦那の如才がないのには、ほとほと感心するよ。

さ

**【意味】**

手抜かりがない。機転《きてん》が利《き》いて、抜け目なく立ちまわる。その要領のよさを半《なか》ば批判的に見ていう表現である。

**【解説】**

「如才」は「在《いま》ス如《ごと》ク」（＝神が前におられるように）から生まれた語で、「（神前でするように）物事を謹んで行う」がもとの意であったとされます。

ところが、室町時代末期ころから、下に打消しの表現を伴って、「落ち度がない」「抜け目がない」の意に用いられるようになり、その流れで今日に至っているのです。漢字の表記は、江戸時代でもほとんど「如在」ですが、江島其磧の浮世草子『傾城禁短気』の「尤女在《もっともじょさい》はあるまいが……」〈三之巻〉、狂訓亭主人《きょうくんていしゅじん》（為永春水《ためながしゅんすい》）の人情本『春色辰巳園《しゅんしょくたつみのその》』の「如才のない子」〈第三編〉のようなものも散見されるようになり、語源意識が薄れたことをうかがわせます。

ともかく、**「如才（在）」のイメージが途中で逆転したことになるのですが、その理由は今のところわかりません。**疑問の残る語というほかないと思います。

# 辛《しん》気《き》臭《くさ》い

［Shinki-Kusai］

「辛気」って何なのか？
いったいどんな匂いがするのか。

病院で薬をもらうだけなのに、
四十分もかかるなんて、
辛気臭うて待ってられへんわ。

**【意味】**
じれったい。待ち遠しい。
他人のぐずぐずした行動に接して、いらいらするさまをいう。

**【解説】**
この語は、次項**「しんどい」とともに、関西語の代表的な形容詞**です。**「辛気」は心がいらいらすること、じれったいこと**で、「臭い」は「胡散臭《うさんくさ》い」の項で述べましたように、悪臭などとは関係なく、「……の感じが濃い」の意を添える形容詞性の接尾語です。

京都・大阪を中心に関西地方では、今日でも「ぐずぐずするな。辛気臭い！」など、日常的によく使われています。

なお、この語を略してか、一部に「辛気い」と言う人も現れていますが、この言い方はまだ市民権を得たものとは言えないでしょう。

# しんどい

［Shindoi］

関西の人がよく口にするが、
どんな由来を持つことばなのだろう。

土井!!?
どうした土井!!
ムクリ
私はもう元の土井ではありません
新・土井!!!

あの先輩ったら、
しんどい仕事みんな僕らに押しつけて、
自分はマージャンに行っちゃったよ。

**【意味】**

きつい。くたびれる。身体が疲れて気力をなくすさま。
比喩的に、仕事などが身に余って、やり遂げるのが難しい。

**【解説】**

「しんどい」は「あぁ、しんど」などの形を含めて、関西人が毎日幾度となく口から発する、それこそ代表の代表と言ってよいことばです。そして、テレビドラマの影響で、最近は全国的にもかなり知られてきた感があります。

**語源的には「心労」から転じた「しんど」に「い」を添えて形容詞化したもの**と考えられ、江戸時代から用例が見えて、並木千柳《なみきせんりゅう》（宗輔《そうすけ》）の浄瑠璃『源平布《げんぺいぬの》引滝《びきのたき》』には「しんどい時は此横木《このぬるで》や紅葉を見て、草臥《くたびれ》を休みゃいの」〈第四〉とあります。

# 推敲《すいこう》する

［Suiko-Suru］

字句を書き改めるのに
なぜこんな字を使うのだろう？

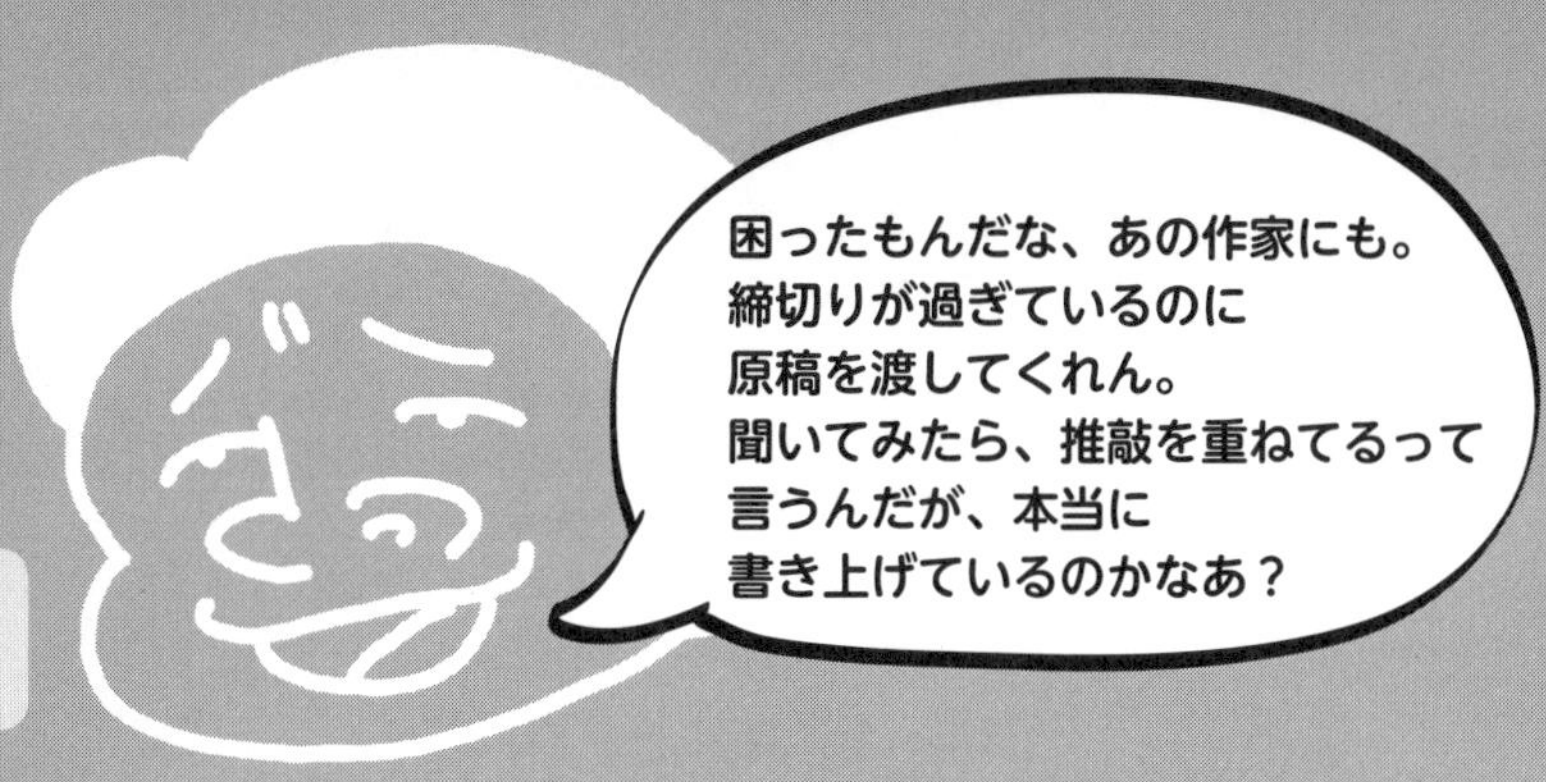
困ったもんだな、あの作家にも。
締切りが過ぎているのに
原稿を渡してくれん。
聞いてみたら、推敲を重ねてるって
言うんだが、本当に
書き上げているのかなあ？



**【意味】**

詩文の字句を練り直す。詩歌や文章を作るときに、あれこれとよりよい字句を考えて、何度も書き改めることをいう。


**【解説】**

これは、中国、唐の詩人の作品やエピソードを集めた『唐詩紀事《とうしきじ》』という書物にある、有名な故事に由来する語で、少し長くなりますが、その話をいたしましょう。

詩人の賈島《かとう》（七七〇～八四三）は、科挙《かきょ》の試験（＝役人の登用試験）を受けるために都へ出てきました。当時の試験には自作の詩も課せられます。彼は、ロバに乗って街路を行きながら、詩句を考えていました。そのうちにふと「僧ハ推《お》ス月下ノ門」という一句を思いついたものの、次の瞬間「推」を「敲《たたく》」に改めたらと迷い出し、ロバの背で「推す」と「敲く」（＝ノックする）のジェスチャーを繰り返すうちに、思わず立派な貴人の列にぶち当たってしまいました。それは大詩人でもある都の長官、韓愈《かんゆ》の行列だったのです。事情を聞いた韓愈は咎《とが》めることもなく、「敲ノ字佳《よ》シ矣」と教えてくれたという話で、中国の大人《たいじん》らしい彼の面目躍如たるものがあります。

半世紀以上前のことになりますが、私は、京都のある定時制高校の教室で、この話を漢文で読み、いたく感動した夜のことを今も忘れることができません。

# 擦《す》った揉《も》んだ

［Sutta-Monda］

「擦った」「揉んだ」は、
擦ったり揉んだりの意味で、
混乱の様子をたとえたのだろうが、
なぜ両方とも終止形にするのかわからない。

町の青年会は、会長派と反会長派に分かれて、擦った揉んだの紛争をつづけた末、遂に会の解散という事態に立ちいたった。

**【意味】**

物事がまとまらなくて、さんざん揉め抜くこと。
人々の利害や意見が対立して、収拾がつかなくなるさま。

**【解説】**

この句は江戸時代から、「擦ったか揉んだか」「擦ったの揉んだの」の形とともに、同様の意味で俗語的に用いられていますが、いま「擦った揉んだ」の語形について考えますのに、同様の構成をとる語として「切った張った」があります。

「切った張った」は、動詞「切る」「張る」の連用形に、それぞれ「たり」の付いた「切りたり」「張りたり」が、促音便化して「切ったり」「張ったり」となり、次にその「り」が省かれたものと考えられます。

ところで「たり」は、もと完了の助動詞ですが、「〜たり〜たり」の形で、「見たり聞いたり」のように、**二つの動作が並び行われる意を表す用法**があります。

この「擦った揉んだ」にもこれとまったく同じことが当てはまるのです。「揉んだ」のところは、「揉みた（り）」が撥音便化したため、後続の「た」が濁音「だ」に変化したという違いがあるだけです。

# 素寒貧《すかんぴん》

［Sukampin］

「すかんぴん」などということばのひびきは、
俗語っぽい感じだが、
どのようにしてできたことばなのか。

あいつ、「宵越しの金は持たぬ」と
粋がっているけど、
ただの素寒貧じゃないか。

【意味】

非常に貧しくて、金品を何一つ持っていないこと。
また、そういう状態にある人。

【解説】

この語は、**江戸時代に入ってから話しことばのなかで俗語的に使われるようになったもの**で、紀海音《きのかいおん》の浄瑠璃『鎌倉三代記』に「われ達も案内《あない》の通り《とほり》（＝お前らも知っている通り）、去年の夏から取付《とりつき》の俄大名《にわかだいみょう》、甚《はなはだ》払底すかんぴん、算用すべい手立《てだて》がおりない（＝支払いすべき手段がない）」〈第三〉とあります。

「素」は、完全にその状態にあるさまを示す接頭語で、「素《す》っ裸《ぱだか》」「素《す》っ頓狂《とんきょう》」のように、促音が挿入されて「すっ」となることもありますが、寒々としたひびきの「寒貧」と相《あい》俟《ま》って、「赤貧」「無一文」などとは異なる庶民性があり、一種のユーモアさえ感じさせる語となっています。

# すっぱ抜《ぬ》く

［Suppa-Nuku］

「すっぱ」ということばの意味が
まったくわからない。

あの選手、アイドルタレントとの交際をすっぱ抜かれたとたんに、打てなくなってしまったな。

**【意味】**

人の秘密を暴露する。人が隠していることを、不意に人前で明らかにする。

**【解説】**

「すっぱ抜く」は、その語感から、刀を勢いよく抜いて「スパッ」と切り捨てることと関連づけることも可能ですが、次のように考える説が注目されます。

狂言『察化《さっか》』に「あれは都に隠れもない、みごいの察化というて、大のすっぱじゃ」とありますが、この「すっぱ」というのは、中世、野盗や詐欺師《さぎし》を指す俗語（隠語）として使われたことばで、戦国時代には、**野武士や野盗から出て、間者《かんじゃ》（＝スパイ）になった者、「忍者」を意味するようになりました。**

忍者は、いつどこから不意に姿を現すか、また消えるかわからないことから、この句の意味が生じたというのです。

なお、漢字では、「素っ破」と書くことが多いのですが、ほかに「素っ波」「透っ波」を当てることもあります。

# 図《ず》に乗《の》る

［Zu-ni-Noru］

ここでいう「図」はどういう図なのか。

このところ売上げが伸びているので、
店長はすっかり図に乗っているね。
そのうち、痛い目に遭わなきゃいいが。

**【意味】**
何事もすべて自分の思い通りになると思ってつけあがる。物事が順調にいくので、得意な気分になり過ぎている。

**【解説】**
この句は、江戸時代からよく使われていますが、**「図」は「意図《いと》」「壮図《そうと》」などと用いる場合と同じく、「考え」「計画」の意で、物事が考え通り、計画に沿って進むこと**をいいました。井原西鶴の浮世草子『日本永代蔵《にほんえいたいぐら》』には「何事しても頭に乗って、今は金銀うめきて、遣へど跡はへらず」（巻二・四〉とあります。このように「頭」（歴史的仮名遣いでは「図」「頭」とも「づ」）を当てたものも見えますが、意味は同じく「事が計画通りに進む」ことでした。

ところが、近代になってそこへ「思い上がる」意が加わり、今の用法となったのです。なお、類語「図に当たる」には、今でも「思い上がる」意は含まれていません。

# ずぶの素人《しろうと》

［Zubu-no-Shiroto］

「ずぶ」って何のことだろう。
「ずぶ」でない素人もいるのだろうか？

ずぶの素人が
株なんかに手を出すから、
大損しちゃうんだ。

**【意味】**
まったくその方面に通じていない人。完全な門外漢。

**【解説】**
「ずぶ」（歴史的仮名遣いでは「づぶ」）は、**「ずぶ濡《ぬ》れ」などの「ずぶ」で、「すっかり」「まったく」の意味**ですが、出自は恐らく擬態語だろうと思います。「素人」は「玄人《くろうと》」（＝その道に通じている人）の対語としてよく使われます。「常用漢字表」の「付表」に「熟字訓」として載っているこの種の語は、一般に漢字書きする習慣になっています。

# 図《ず》星《ぼし》を指《さ》す

［Zuboshi-o-Sasu］

「図星」とはもともとどんな「星」なのか。

役員会の席上、社長から、
「あのうわさのもとは君だろう」と
図星を指され、狼狽したときの
副社長の顔が忘れられない。

**【意味】**

急所をずばりと突く。相手の思惑《おもわく》など肝心なところを遠慮せずにはっきりと指摘する。


**【解説】**

**「図星」は、弓の的《まと》の中央にある黒点のこと**で、この句は本来、矢が的のまん中にずばりと命中することをいいます。そこから転じて、物事の核心をずばりと言い当てる意になったのです。

最近では「太田君の指摘は図星だった」などと略して言う人も出てきました。

# 関《せき》の山《やま》

[Seki-no-Yama]

「関の山」とは、関所のある山のことか。

今日の向こうのピッチャー、
完璧だったよ。
こっちの打者はバットに当てるのが
関の山だった。

**【意味】**

それが精いっぱいであること。これ以上できないという限界。

**【解説】**

**「関」は地名で、三重県鈴鹿《すずか》郡関町のこと、「山」は、そこにある八坂神社の祭礼に出る山車《だし》のこと**です。それがあまり豪華だったので評判になり、「これが限界」という意に使うようになったのです。江戸時代から用例が見え、式亭三馬の滑稽本『浮世風呂』に「おまへかたは大山参《おおやまめへり》に御神酒《おみき》を納《をさめ》に行くか、成田さまへの旅位《くれへ》がせきの山だらう」〈四編・巻之下〉とあります。

# 切羽詰《せっぱつ》まる

［Seppa-Tsumaru］

切れた鳥の羽がどこに詰まるというのだろう。

俺は伊賀の忍《しのび》
せっぱつ丸

どんな切羽詰まった事情があったのか、
石川さん一家は
とうとう夜逃げしたそうだ。

**【意味】**
物事が差し迫って、どうにも逃れられなくなる。ぎりぎりまで追い詰められて、どうにも動きがとれない。

**【解説】**
この句では、まず「切羽」の意味を正しくつかむことが大切です。「切羽」は、鳥や虫の羽のちぎれたものではありません。**刀の「はばき」（＝刀身を固定させる金具）の受け金で、鍔《つば》の両面の柄と鞘《さや》に接する部分に当てがう楕円形の薄い金具のことで、これが詰まると、刀を抜くことができなくなる**ことから、この句が右に述べた意味で使われるようになったのです。類句として「抜き差しならない」があります。

# せわしない(人)

［Sewashi-nai］

「せわしい」と「せわしない」の
違いがよくわからない。

多田君は、いつ見ても
せわしなく走り回っているけど、
その割には営業成績が上がらないな。

**【意味】**

しなければならないことがたくさんあって、時間的なゆとりがない。忙しい。せわしい。
また、(俗語的に)性格がしみったれてこせこせしている。

**【解説】**

語尾に「ない」を伴って「〜ない」の形をとる形容詞には、大きく分けて二種類のものがあります。一つは「仕方ない」「情けない」「遣《や》る瀬《せ》ない」など、名詞に否定の形容詞「ない」が下接してできたもの、いま一つは「あどけない」「えげつない」「切ない」など、意味を強めつつ、性質・状態を表す形容詞を作る接尾語「ない」の付いているものです。この「せわしない」は後者ですから、**「せわしい」の語意を強めた程度で、本質的な違いはありません。**

「せわしない」(古くは「せはしなし」)の用例は中世から見え、『日葡辞書』では「Xeuaxiji.」(セワシイ)と「Xeuaxinai.」(セワシナイ)の両項が併載されていて、後者の解説には「上に同じ」とあり、さらに「Xeuaxij.(セワシイ)」の項に、「Xeuaxewaxij fito.(忙々しい人)しみったれでこせこせしており、その態度のいやらしい人」に導く記述が見られます。

なお、夏目漱石の『明暗《めいあん》』には「彼は下女《げじょ》に俥《くるま》を二台云《い》い付《つ》けるお延の声を、恰《あたか》も自分が急《せ》き立《た》てられでもするように世話《せわ》しなく聞いた」〈三十九〉の漢字書きが見えます。明治のころにはこういうまったくの当て字も珍しいことではありませんでした。

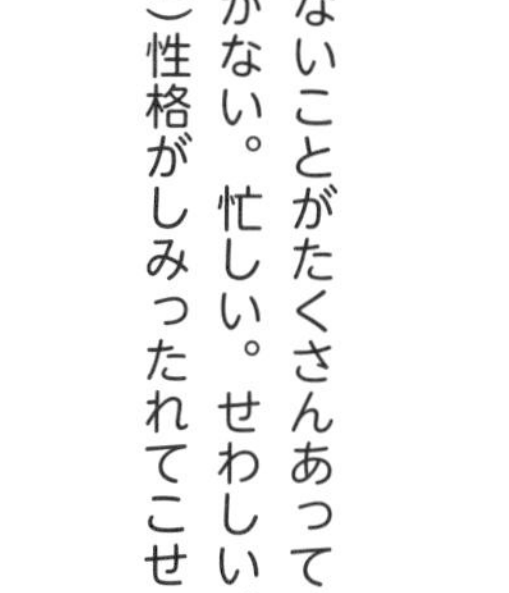

# そつがない

［Sotsu-ga-nai］

「そつ」という語がよくわからない。
「そつ」というのは、
あったりなかったりするものなのか？

彼は要領がよくて、
何をさせてもそつがないけど、
もう一つ、迫力に欠けるね。

**【意味】**

手抜かりがない。落ち度や無駄がない。言動に適切さを心得ていて、過《あやま》ちや過不足などの欠点が見当らないさまを評していう。

**【解説】**

「そつ」の用例は江戸時代から見られ、**初めは「そつがある」の形でも使われました**が、やがて「そつが御座《ご ざ》らぬ」「そつがあるまい」など、否定表現を伴う用法に限られるようになります。

永井荷風《なが い か ふう》の『腕《うで》くらべ』には「(新橋の)老妓を呼《よび》集めて、よろしく頼むぜと云《い》ったようなソツのない仕方」〈十二〉とカタカナ書きしてありますが、この**「そつ」の語源はよくわかりません。**あるいは「ありのまま」の意の「率」からかとも思うのですが……。

# ぞっとしない

［Zotto-Shinaie］

一概に「ぞっとする」を否定した形と言って
片付けられない意味があるようだが……。

敬老会もマンネリ化したのか、今年の出し物はぞっとしないものが多かったよ。

**【意味】**

特に驚いたり心を動かされたりするほど、大したことではない。あまり感心しない。むしろ、いい気持ちがしないという感じが強い。

**【解説】**

確かに、この句にはちょっとひねって考えるべき側面がありますね。

「ぞっと」という擬態語の副詞は、厳しい寒さやただならぬ恐怖のために、体が堅くなって震えるさまをいうのがふつうですが、時として、**あまりの美しさや見事さに思わず引き込まれそうになるさま、感動して身がぞくぞくするさまの形容に使うことがありました。** 為永春水の人情本『春《しゅん》色《しょく》梅《うめ》児《ご》誉美《よみ》』に「……湯あがりすごき桜色、年はたしかに十六七、ぞっとする美しきすがたもはでな……」〈三編・巻之八・十五齣〉とあるなどはその例といえましょう。

そして、「ぞっとしない」(「ぞっとせぬ」とも)は、その意味を打消した形として江戸末期から姿を見せます。「寒さや恐怖を感じない」という意で使うことはありません。夏目漱石の『草枕《くさまくら》』には「親方は、……薄《うす》っ片《ぺら》な赤い石鹸《しゃぼん》を取《と》り卸《お》ろして、水のなかに一寸《ちょっと》浸したと思ったら、夫《それ》なり余《よ》の顔をまんべんなく一応撫《な》で廻《ま》わした。……然《しか》もそれを濡《ぬ》らした水は、幾日前に汲んだ、溜《た》め置《お》きかと考えると、余りぞっとしない。」〈五〉とありますが、これも「いい気持ちがしない」という意味です。

# そっぽを向《む》く

［Soppo-o-Muku］

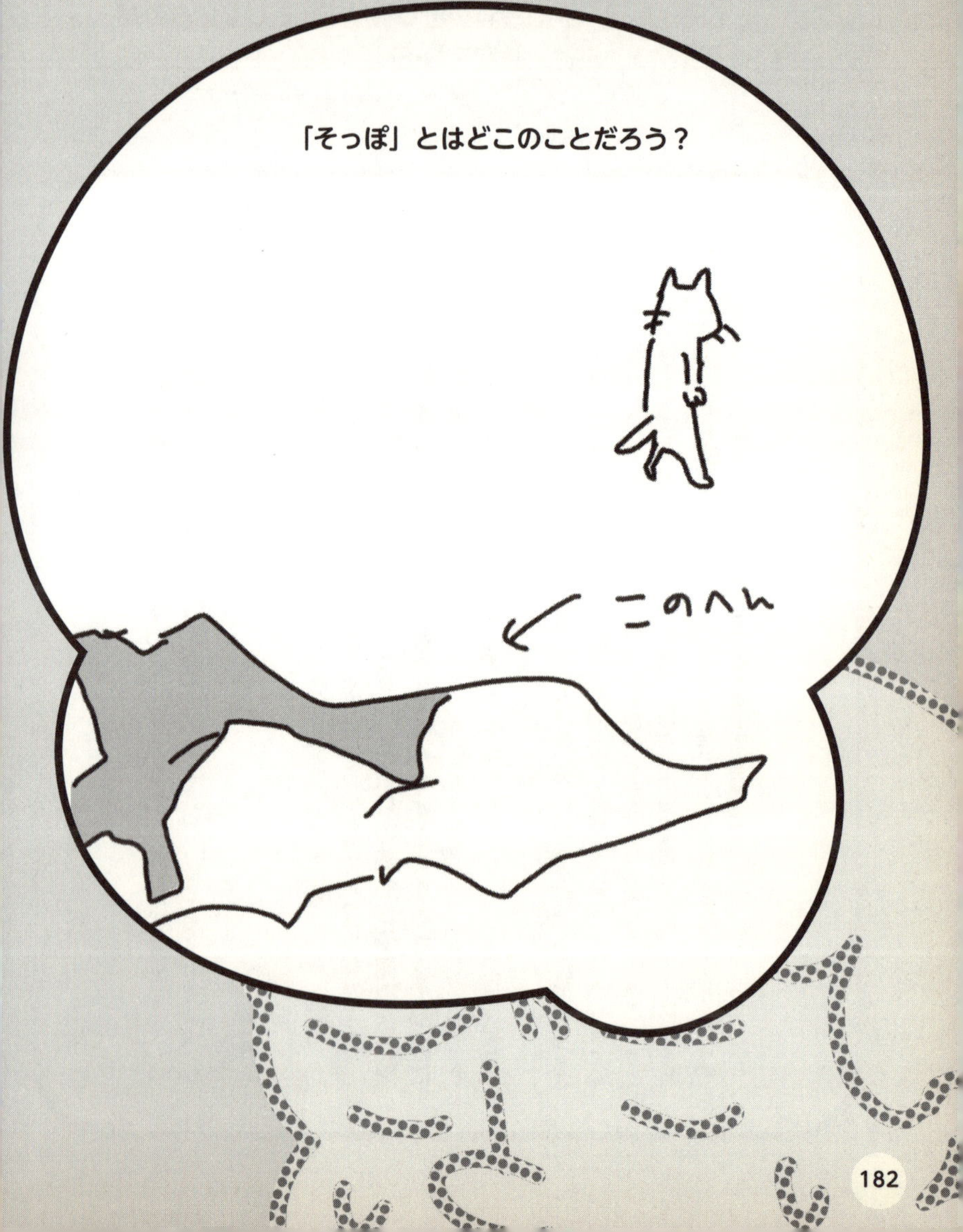
「そっぽ」とはどこのことだろう？
このへん

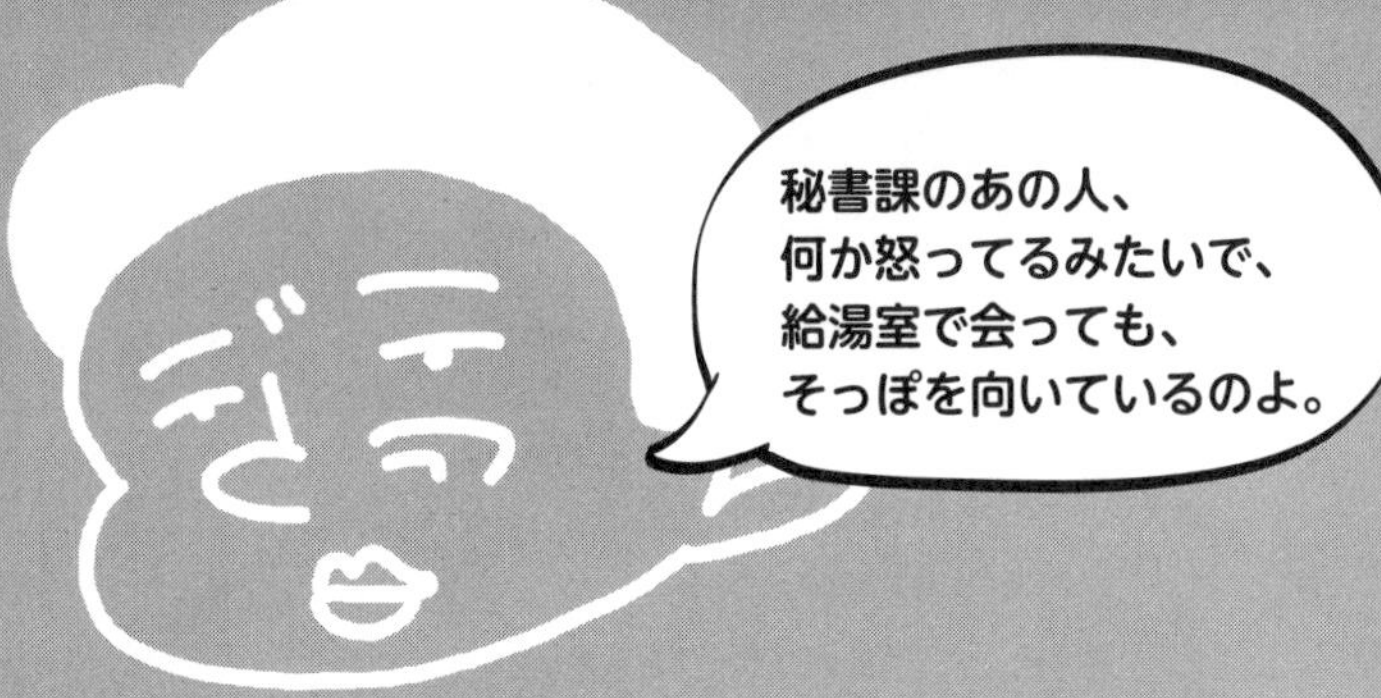
秘書課のあの人、
何か怒ってるみたいで、
給湯室で会っても、
そっぽを向いているのよ。

**【意味】**

わざと他の方を向く。顔をそむけて、知らぬ振りをする。転意して、こちらの言うことを無視して、まったく関心を示さない。

**【解説】**

**「そっぽ」は「外方《そとほう》」から「そっぽう」を経て音が変化したものです。**意味は、「外（他）の方向を見る」意から、「他の方面に心を向ける」意を派生したものですが、現在でも両方の意味で用いられています。

# 袖《そで》にする

［Sode-ni-Suru］

なぜ「袖」ということばを使うのか。
しつこくつきまとう男を、
女が袖でひっぱたくことから来たことばなのか。

経理のあの子、彼氏を
袖にしたって言いふらしてるけど、
実際には彼氏に
振られちゃったみたいよ。

**【意味】**

おろそかに扱う。親しくしてきた人を冷たくあしらう。特に、これまで親しくしてきた異性につれない態度を見せることをいう。

**【解説】**

わが国では『万葉集』の昔から、「袖（を）振る」という表現がしばしば文学の世界に登場します。『万葉集』には、額田王《ぬかたのおおきみ》と大海人皇子《おおあまのみこ》との間に交わされた有名な恋の贈答歌がありますが、そこで王《おおきみ》は「茜《あかね》さす　紫野行き　標野《しめの》行き　野守《のもり》は見ずや　君が袖振る（＝あなたが私に向かって袖を振っていらっしゃるのを、野の番人が見咎《みとが》めないでしょうか）」〈巻一・二〇〉と歌っています。天智帝の妃である自分を慕ってくれる皇子のしぐさを、半ばうれしく思いつつ、はらはらしながら見つめている女性の心理がよく出ています。「袖（を）振る」がこのように親しみや好意の表現であったことからして、これを「袖にする」と結び付けるのはやはり無理でしょう。

さて、「袖」は和服の両脇にあって腕を覆う部分でしたが、そこから派生して、「門」に対する「脇の門」（くぐり戸）、「机」に対する「脇机」のように、正規の位置、正面に堂々と置かれるものでなく、脇に隠されるものを意味するようになり、この句はそこから生じたと考えられます。

この句は江戸時代から用例が多く、近松門左衛門《ちかまつもんざえもん》の浄瑠璃『堀川波鼓《ほりかわなみつづみ》』に「その御心を此《こ》の年月知っていとしき我が夫《つま》を、袖にしての不義ではなし」〈中之巻〉とあります。

# そりが合《あ》わない

［Sori-ga-Awanai］

「そり」がよくわからない。
どんな漢字を当てるのだろうか。

北山と南川は
どうもそりが合わないらしく、
会議の席でも、一方が何か言うと
必ずもう一方が
反対するんだから困るよ。

【意味】
気心が合わない。性格が一致せず、互いに何となく反発し合うような間柄にあるさまをいう。

【解説】

「そり」は漢字では「反り」と書き、物の反り具合をいいますが、ここでは、**刀身（＝刀の本体）と鞘《さや》との反り具合を考えてください。もし、双方の反り具合が少しでも違っていたらどうでしょう。**刀が鞘に納まらなかったり、納まった刀が抜けなかったり……、ともかくトラブルつづきになりますね。

　人と人との場合も同じことで、こういう人同士では、特に取り立てて言うほどの理由がなくても、何となく反発し合うということになりがちです。いわゆる「虫が好かぬ」という仲を指すことばです。

# 醍《だい》醐《ご》味《み》

［Daigomi］

太閤《たいこう》さん（豊臣秀吉《とよとみひでよし》）の花見で知られる
京都の醍醐寺があるから、
「醍醐」は仏教語だろうが、
どんな味がするのだろうか？

京都南座の顔見世《かおみせ》興行を観《み》て、歌舞伎の醍醐味に触れた思いがした。



**【意味】**

その物の持つ本当の味わい。
何にも変えがたいそのもの独自の良さ。

**【解説】**

「醍醐」は、梵語《ぼんご》（古代インド語。サンスクリット）manda の訳で、**牛乳を精製して得たクリーム状の物質をいい、この世で最高の味を持つとされています。**それが仏教の世界で、この世で最も尊い「釈迦《しゃか》の教え」の比喩として使われ、さらに一般語化して、物事のほんとうの面白さ、真髄をいうようになったのです。この熟語はそれに「味」（味わい）が接したものです。

なお、醍醐寺は、平安時代の初期に、醍醐帝の勅願《ちょくがん》によって創建された、真言宗の名《めい》刹《さつ》で、京都市伏見区にあり、秀吉が好んで桜樹を移植し、たびたび観桜の宴を開いたことで知られ、今も桜の名所となっていますが、このことばと直接つながる由来はありません。

# 大根役者《だいこんやくしゃ》

［Daikon-Yakusya］

下手な役者を、なぜ大根にたとえるのだろう？

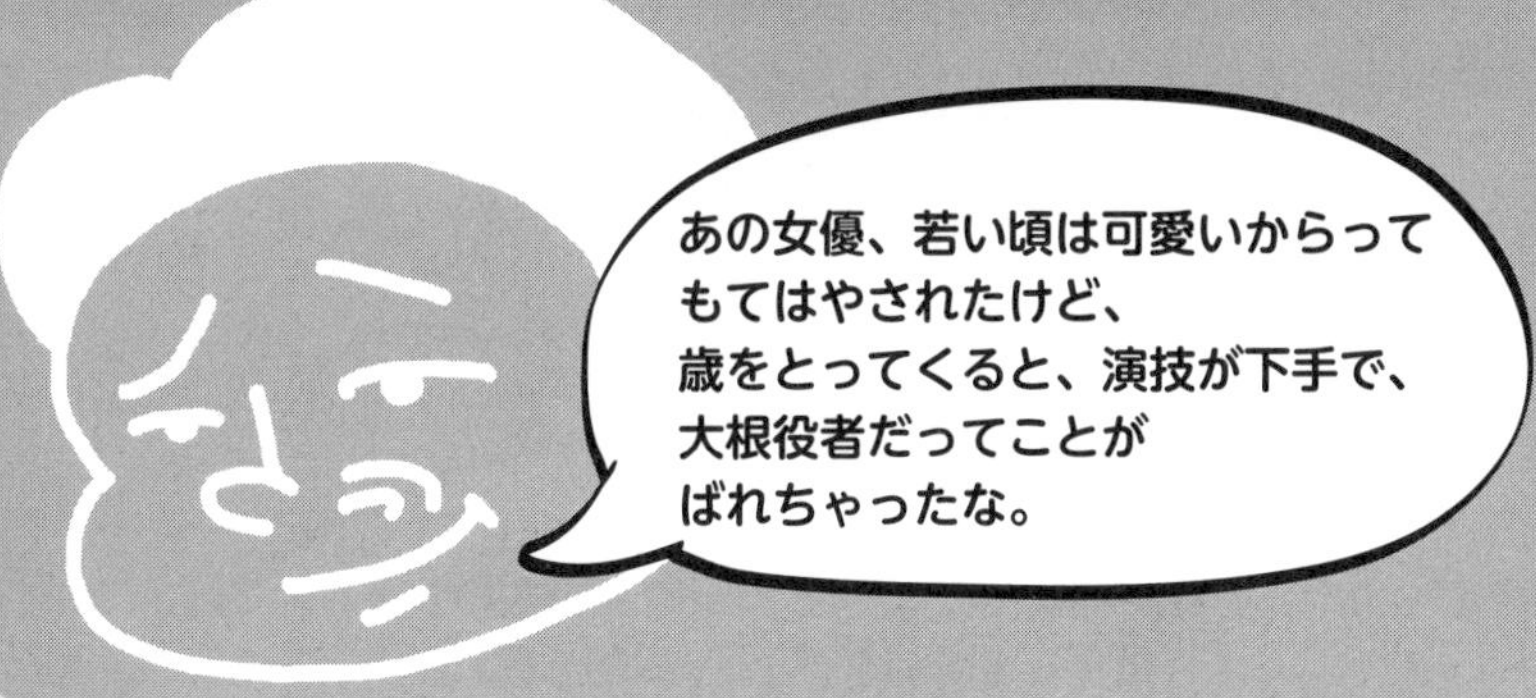
あの女優、若い頃は可愛いからって
もてはやされたけど、
歳をとってくると、演技が下手で、
大根役者だってことが
ばれちゃったな。

た

**【意味】**

下手な舞台俳優。技能の劣る俳優を見下げていう。

**【解説】**

本来、上方《かみがた》（京・大坂）でへたな役者を指して、主に「だいこ」「だいこん」の形で俗語として使われたことばです。

語源としては、大根の白さから「素人《しろうと》」を連想したとする説、**大根はどんな食べ方をしても（腹に）あたらないのを「芸が当たらない」に掛けたとする説、**へたな役者を「馬の脚」（よく馬の脚役にされた）と呼ぶことから「大根足」を連想したとする説など、諸説がありますが、まだ定説といえるものはありません。

# 高《たか》を括《くく》る

［Taka-o-Kukuru］

「高」はこの字を書いてよいものか？
果たしてそれを括ったりできるのか？

確かにこっちのミスなんだけど、
あやまれば済むと思って
高を括っていたら、
さんざん怒られちゃったよ。

【意味】

事態を、その程度だろうと推測して安易に考える。
また、人の実力を大したことはないと軽く見る。

【解説】

**「高」は「金高《きんだか》」「収穫高」のように、ある物や事の総量をいいます。**「彼のすることならたかが知れている」などというのもこの「高」です。「括る」はこの場合、「こぢんまりとまとめる」意に解したいと思います。つまり、全体の量がそれほど多くはなるまいと予想することです。

# 他山《たざん》の石《いし》

［Tazan-no-Ishi］

この石には、どんな謂《い》われがあるのだろう？

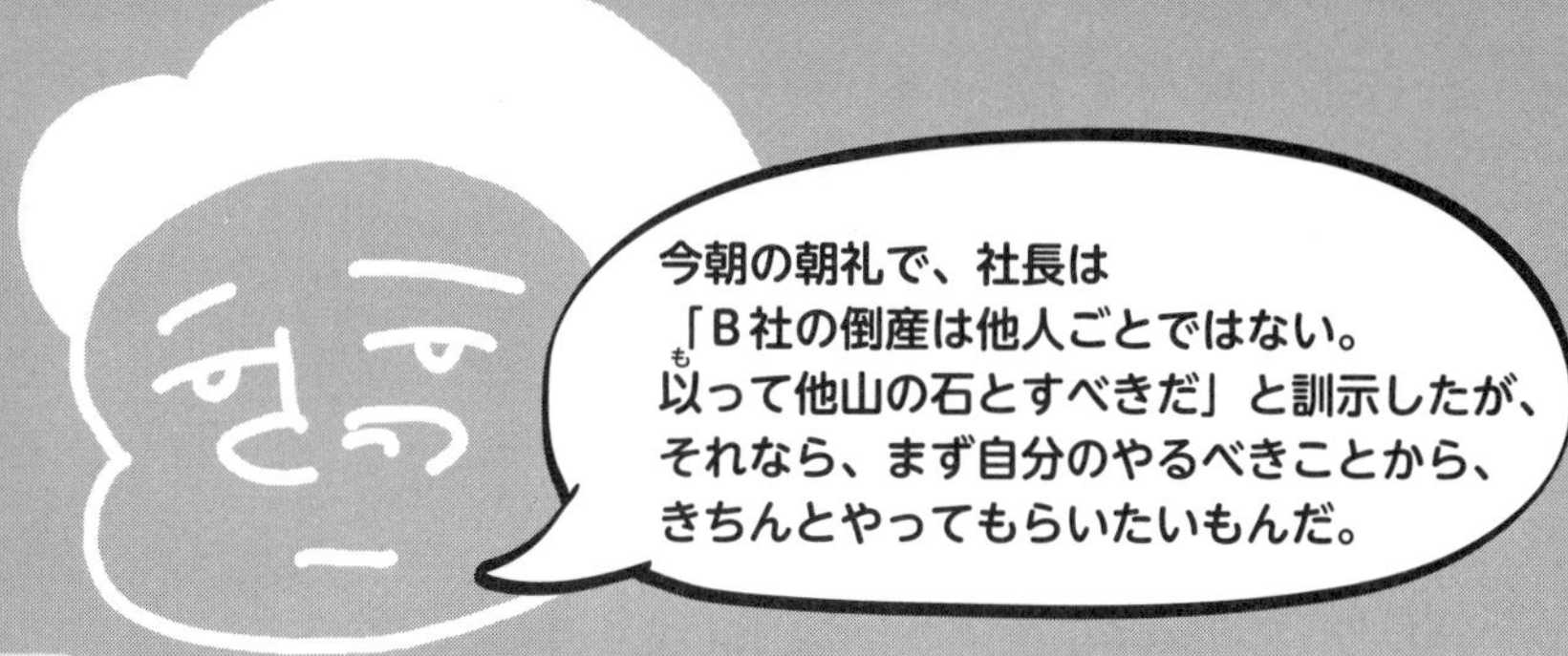
今朝の朝礼で、社長は
「B社の倒産は他人ごとではない。
以《も》って他山の石とすべきだ」と訓示したが、
それなら、まず自分のやるべきことから、
きちんとやってもらいたいもんだ。



**【意味】**

よその山から出たつまらない石。比喩的に、平凡な人間のちょっとした言動。つまらない石ころでも、玉磨きに役立てることができるように、凡人の言行でも、それを自分の言動を改めるための参考にすれば、けっこう役に立つものだというたとえ。

**【解説】**

この句は、中国最古の詩集『詩経《しきょう》』の「鶴鳴《かくめい》」の詩にある「他山の石以《もつ》て玉を攻《みが》く可《べ》し」から出たもので、**つまらない人の行いでも、わが身を修めるために役立てることができる意**としてよく使われました。関連することばとして、「人の振り見てわが振り直せ」「反面教師」などがあります。

ところで、最近「人の忠告を他山の石として無視する」のような言い方で、「関係のないもの」「何の縁もないもの」の意に使おうとする人を見掛けますが、これは誤りです。また、「先生のアドバイス、他山の石とさせていただきます」のように、目上の人の言動に関して使うのはたいへん失礼ですから、注意したいものです。

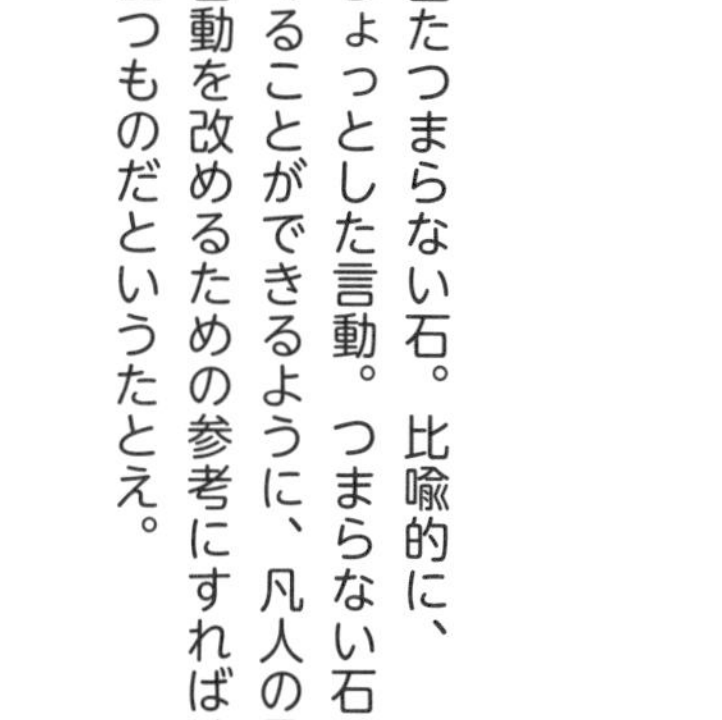

# 多生《たしょう》の縁《えん》

［Tasyou-no-En］

「多生」を「他生」と書いたものもあるが、
意味がどう違うのか？

有ァりがネハ
500エンデース

あなたが、私のこの本を
手にしてくださったのも、
「多生の縁なお浅からず」
というところですね。



【意味】

この世に生まれる前にいた世で結ばれた縁。前世からの因縁《いんねん》。

【解説】

「多生」「他生」について考えるために、まず、『岩波仏教辞典』を引いてみますと、「他生《たしょう》　現世《げんせ》・この世の意の〈今生《こんじょう》〉に対して、それ以外の〈前生《ぜんしょう》〉〈前世〉あるいは〈後生《ごしょう》〉〈来世〉のことをいう。なお〈多生《たしょう》〉は、何度も生まれかわって、多くの生をうけることであるが、現世ではしばしば混用され、**〈他生の縁〉も〈多生の縁〉も、前世からの因縁の意味で用いられている。**『一樹の蔭《かげ》、一河の流れ、皆これ他生の縁ぞかし』〔謡・山姥《やまうば》〕『衆生一人が得道する事は、曠劫《こうごう》多生《たしょう》の御大事、方々の方便を廻らし』〔発心集7〕」とあります。

また、最近刊行された辞書類では、『日本国語大辞典』〔第二版〕の「多生の縁」の項に、「多くの生を経る間に結ばれた因縁。他生（たしょう）の縁。」とあり、一方、「他生の縁」の項は、「(「多生の縁」の誤用から)『たしょう(多生)の縁』に同じ。」と記しています。さらに、『明鏡国語辞典』では「多生」の項に「多生の縁」を紹介し、「他生」は立項しておりません。

以上、私の調査では、実際の用例でも「他生」よりも「多生」の表記が多く、辞書類でもそれに従うものが主流となっています。

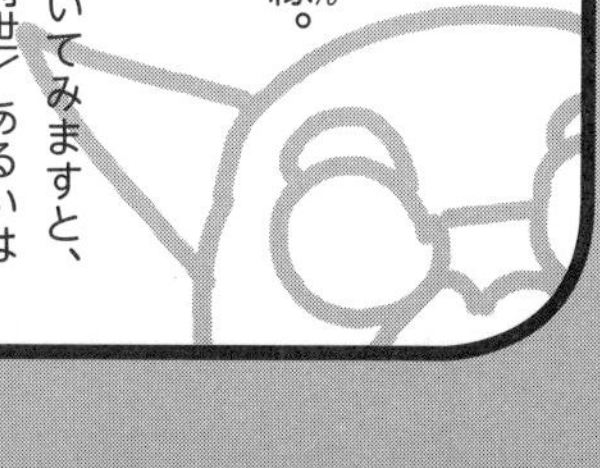

# 駄《だ》々《だ》を捏《こ》ねる

［Dada-o-Koneru］

「駄々」ってどんな物をいうのか？
「捏ねる」とあるから、
団子のような物とも思われるが……。

孫をデパートに連れて行ったら、
高いゲームソフトを買えと
駄々を捏ねるので、
ほとほと困り果てました。



【意味】

わがままを言ってすねる。時に、幼児が親などに甘え、無理な要求を通そうとしてむずかることをいう。

【解説】

「駄々」は、もと「地蹈鞴《じたたら》」（歴史的仮名遣いでは「ぢたたら」）から出て、音が変化したものです。

「地蹈鞴」というのは「地団駄を踏む」の項で述べましたように、**昔、鍛冶屋などが用いた、足で踏んで炉に空気を送る大型のふいごうのこと**です。その「じたたら」が「じだたら」と発音されるようになり、さらに「じだだ」「だだ」と短縮されたものです。

江戸時代の雑俳、川柳などには「だだを踏む」という句も見かけますが、しだいに「地蹈鞴」からという語源意識が薄れるにつれて、「駄々」を「我がまま」「無理難題」ととらえ、「駄々を言う」の用例が目立ってきます。

「捏ねる」は「屁理屈《へりくつ》を捏ねる」など、比喩的に「無理なことをいつまでもしつこく言う」意を表し、「駄々を言う」をいっそう強めた表現と考えられます。

# 矯《た》めつ眇《すが》めつ

［Tametsu-Sugametsu］

「矯めつ」も「眇めつ」も、
聞いたこともないことばだが。

タメツスガメツ
タメツスガメツ
お金もちにな〜れ

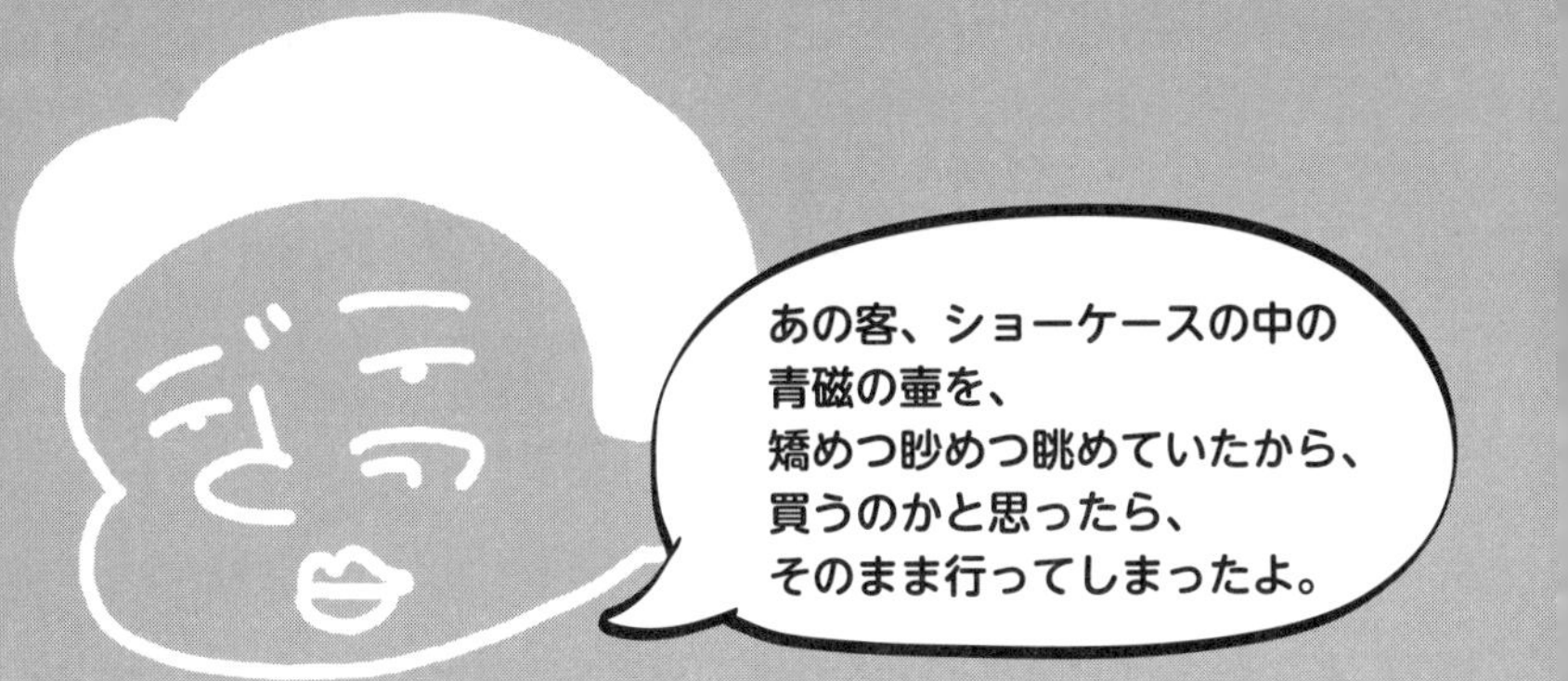
あの客、ショーケースの中の
青磁の壺を、
矯めつ眇めつ眺めていたから、
買うのかと思ったら、
そのまま行ってしまったよ。



**【意味】**
一つの物を、いろいろな方向からよく観察するさま。特に、古美術品・骨董品《こっとうひん》などをさまざまな角度から、何度も熱心に見るようなさまをいう。

**【解説】**
「矯め」は、「物の形を改め正す」意の動詞「矯める」の連用形、「眇め」は、「片目で狙《ねら》いを定めてよく見る」意の動詞「眇める」の連用形です。そして「〜つ〜つ」は、「行きつ戻りつ」など、「〜したり〜したり」の意を表す、ちょっと古風な言い方です。

そこで、この句の意味を直訳的に言えば、**「姿勢を最も良い角度に改めたり、片方の目をつぶって狙いを定めたりして」**というふうになるのです。今やさしく見せるために、「ためつすがめつ」とかな書きして、却《かえ》って何のことかわからなく感じることがありますね。

# 駄《だ》目《め》を押《お》す

［Dame-o-Osu］

「駄目」って、もともと何をいうのだろう？
「浮気をしちゃ駄目」というときの
「駄目」と同じなのか？

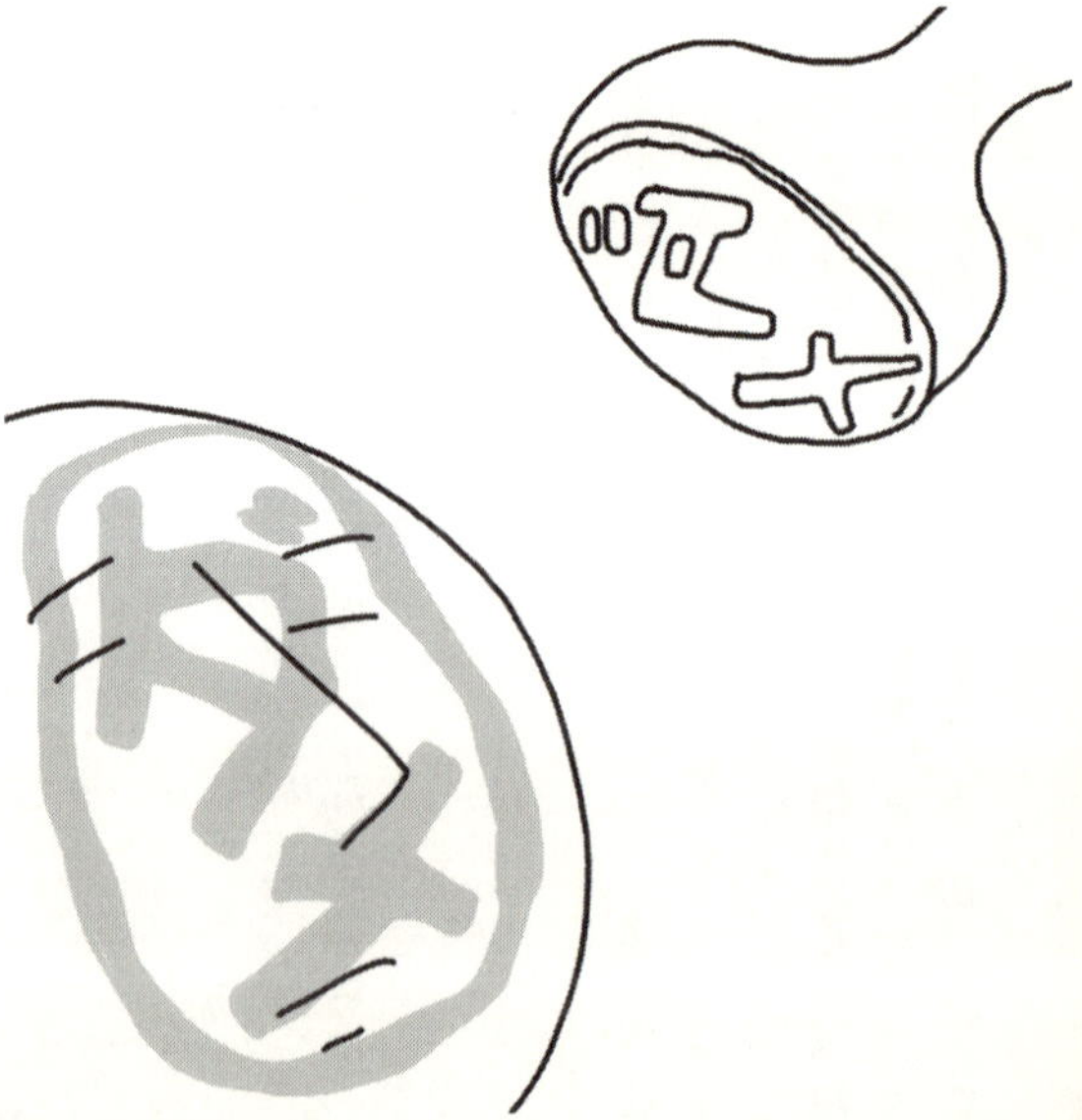

スーパーに行く妻に、
「忘れずにシェービングクリームを
買ってきてくれ」と駄目を押した。



**【意味】**

念のためにもう一度確認する。人に何かを依頼したり、人と約束したりして、確かだと思われることでも、なお念を入れて再確認すること。

**【解説】**

**「駄目」は本来、囲碁で、石の回りや境界にあって、どちらの地にも属さない空間のこと**です。「駄目を押す」はそこへ石を詰めることから、**確かだと思われることに、さらに重ねて念を押す意に用いられます。**「駄目押しする」といってもまったく同じ意味です。

さて、この「駄目」は本来、名詞ですが、江戸時代からそれが形容動詞としても盛んに使われ、用法を拡大していきました。

現在、「あの人に頼んでも駄目だ」(＝無駄だ)、「体が駄目になる」「機械を駄目にする」(＝役に立たない状態になる・する)などと使っているのがそれで、相手の行為を禁止する意の「〜〜しては駄目!」という表現もその延長上にあると考えられます。

# 打々発止《ちょうちょうはっし》

［Chocho-Hasshi］

「打々」とか「発止」とか、
これらはいったいどういうことばなのか？
だいたい「打々」と書いて、
なぜ「ちょうちょう」と読むのか？

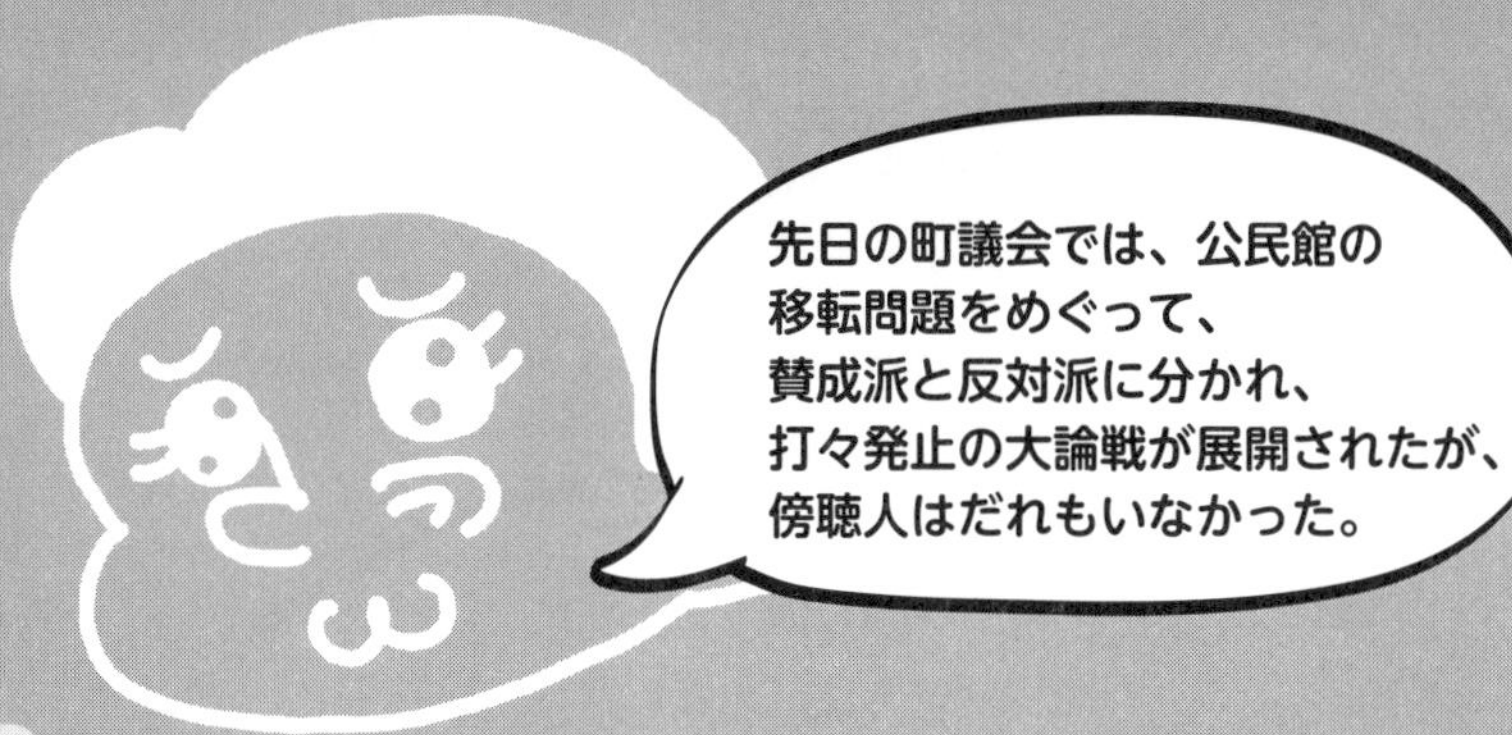
先日の町議会では、公民館の
移転問題をめぐって、
賛成派と反対派に分かれ、
打々発止の大論戦が展開されたが、
傍聴人はだれもいなかった。

**【意味】**
刀剣で激しく打ち合うさま。
転じて、真剣になって、激しく議論を闘わせるさま。

**【解説】**

「打々」（歴史的仮名遣いでは「ちゃうちゃう」）も「発止」も、**ともに擬音語で、刀剣が激しく触れ合う「チャンチャン」「バシッ」という音から来たことば**だと思います。

坪内逍遥《つぼうちしょうよう》の『当世書生気質《とうせいしょせいかたぎ》』に「鉄砲の音はげしく聞《きこ》えて、打々発止と打《うち》あうたる」〈六〉の例が見えています。

# 張本人《ちょうほんにん》

［Chohonnin］

「本人」はわかるが、
「張」が付くのはなぜなのか？

あの人、社長になったとたんに、
経費節減なんて言い出したけど、
あの人がむだ遣いの
張本人だったじゃないか。



**【意味】**

悪事を企て、事件を起こす元になった人。

**【解説】**

まず第一に確認しておきたいのは、**この語の構成が「帳ー本人」でなく、「張本ー人」だということ**です。

「張本」の用例は中世から見え、**「後に何かをするために前もって下地を作っておくこと」**からしだいに転意して、室町末期には『日葡辞書』に「Chŏbon.（チャウボン）《訳》頭、または、長。〈例〉Areua mufonninno chŏbongia.（あれは謀反《むほん》人《にん》の張本ぢゃ）」と記し、別項に「Chŏbonnin.（チャウボンニン）同上」を掲げるように、ほとんど現在と同意に用いられたことがわかります。

ただ読み方は「ぼん」で、「ほん」と清音に読むようになったのは明治以降のことです。

# ちんぷんかんぷん

［Chimpun-Kampun］

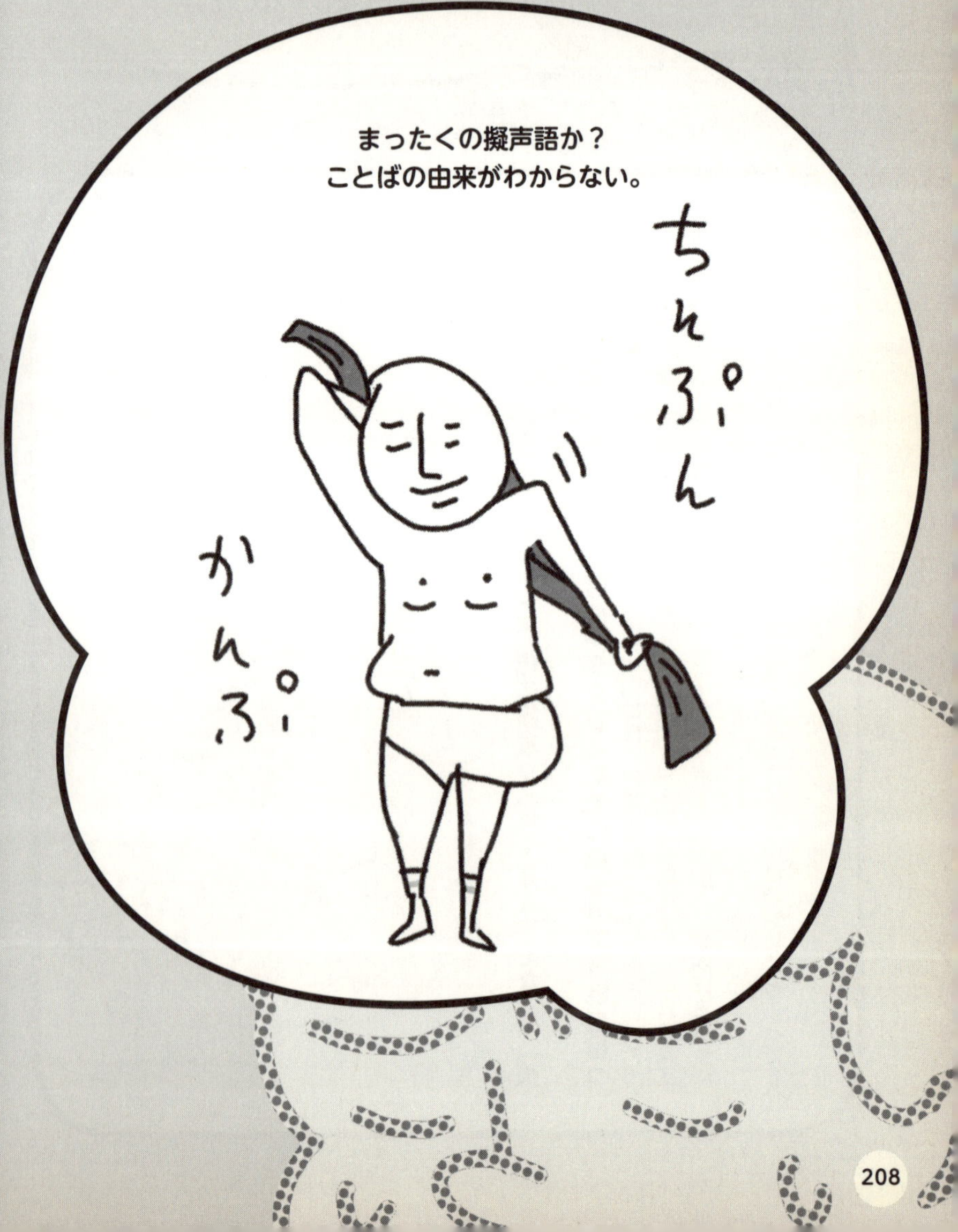

まったくの擬声語か？
ことばの由来がわからない。
ちんぷん
かんぷ

スマートフォンを買おうと思って、
店員にいろいろ説明を聞いたのだが、
ちんぷんかんぷんで、
さっぱりわからなかった。


た

**【意味】**

人の言うことがまったくわからないこと。

知らない外国語や難解な用語を使っているために、音声は聞こえても内容がまったく理解できないさまをいう。

**【解説】**

江戸時代から多くの用例があり、「珍紛漢」「珍糞漢」「陳糞翰」など、いろいろな漢字書きしたものが見えますが、すべて当て字です。

語源的には、**儒学者の用いる難解な漢語を冷笑して言ったものとも、外国人の使う聞き慣れない言葉のひびきからともいわれています。**式亭三馬の滑稽本『浮世風呂』に「言語《げんぎょ》を通《つう》めかさず、妄《みだ》りに陳糞翰《ちんぷんかん》を吐《はか》ず」〈四編・下〉とあります。

ところが、同じ作者の『浮世床』に「儒者といふ奴《やつ》は、……ちんぷんかんぷんがどう仕《つか》ッて、……高慢ちきな熱を吹いても、……」〈初編・上〉とあり、「ちんぷんかんぷん」の形も同じ意味に用いています。近代に入って「ちんぷんかんぷん」の形がしだいに多くなり、今日ではこれがふつうになりました。

# 辻褄《つじつま》が合《あ》わない

［Tsujitsuma-ga-Awanai］

「辻褄」の「辻」は
「四つ辻」などというときの「辻」なのか。

あの男の供述は信用できない。どうも辻褄の合わないところがあるんだ。

た

**【意味】**

筋道が一貫しない。前後が矛盾しており、道理に合わない。

**【解説】**

**「辻褄」の「辻」は、和裁で縦と横の縫い目が交差するところ、「褄」は和服の衽《おくみ》（＝前身頃の左右の端に縫い付ける細長い布）の下端、裾《すそ》に当たる部分をいいます。**

この句は、そういう合うはずのところが、きちんと合わないことから、話や行動の前後に矛盾が生じていることをいいます。

関連句「辻褄を合わせる」（「辻褄合わせをする」とも）は、筋道が合わないのに、表面を無理に取り繕って人の目を逃れることをいうのです。

# つつがない

［Tsutsuga-nai］

「つつ」というのはあったり、
なかったりするものなのか？

この便所紙
つつが無いッ！

私ども家族一同、
おかげさまで
つつがなく日を送っています。



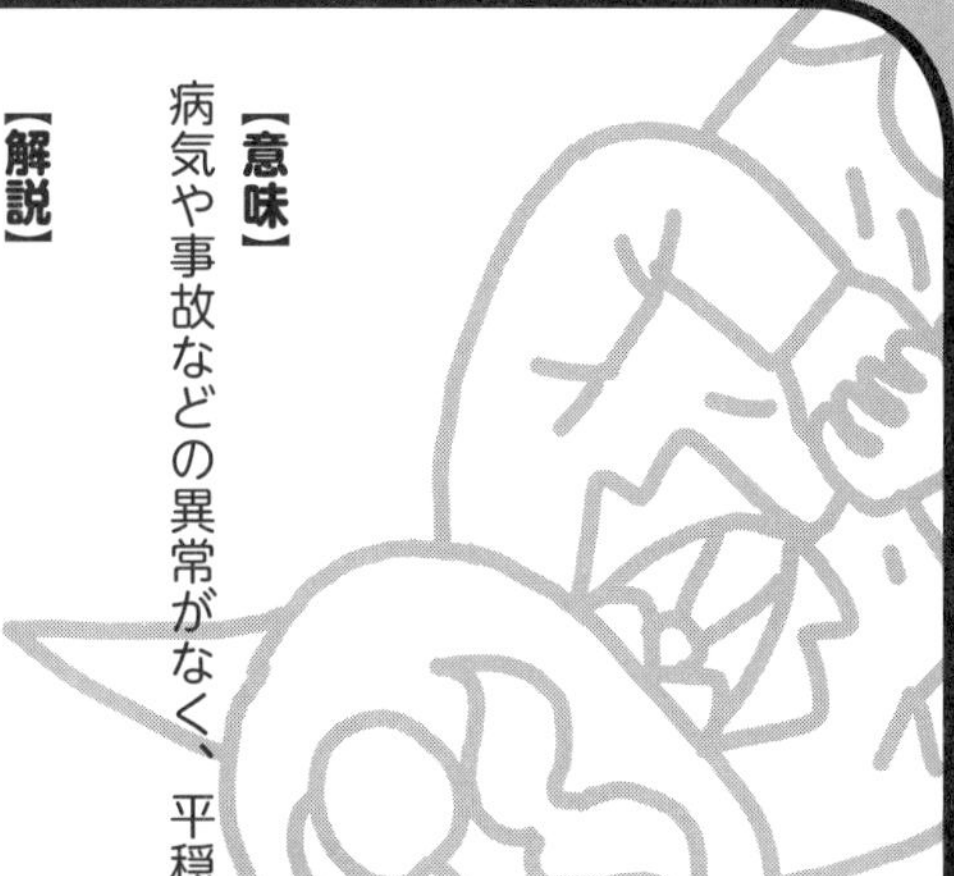

**【意味】**

病気や事故などの異常がなく、平穏無事であるさま。

**【解説】**

一般に**「つつが」には「恙」の字を当て、人の皮膚を刺して伝染病を媒介するツツガムシのこと**と解し、それがおらずに安心して暮らせる意とするのが通説です。しかし、ほかに「痛処なし」「障なし」などからとする説もあります。

古くは、『源氏物語』の「事に触れて、わが身につつがもある心ちするも……」〈匂宮〉や『平家物語』の「雷火の為に狩衣《かりぎぬ》の袖《そで》は焼《やけ》ながら、其身《そのみ》はつゝがもなかりけり」〈巻第三・法印問答〉のように、「つつが」の独立した形の用例も見られますが、時代が下るにつれて、「つつがなし」「つつがない」の形に固定し、現在に至っています。

# 突《つ》っ慳貪《けんどん》

［Tsukkendon］

「慳貪」が突っ張っているのだろうか。

受付時間ぎりぎりに
窓口に駆け込んだら、
係員に突っ慳貪に
断られてしまった。

**【意味】**
ことばや態度が冷たくとげとげしいさま。言動が冷淡で角《かど》のあるさま。

**【解説】**
「慳」は物惜しみする意、「貪」はむさぼる意の漢字ですから、**本来「慳貪」は「けちで欲深い」という意味でした。**それが「人のために力を出すのを惜しむ」「無慈悲で思いやりの心を持たない」へと、意味が広がったのです。「突っ」は「突き」から音が変化した接頭語で、言動の「慳貪」なさまを、さらに強調した感じになっているのです。

# 手《て》ぐすね引《ひ》く

［Tegusune-Hiku］

「引く」というが、「手ぐすね」って
どんな物だろう？

テグスも安イヨー
100円ビキダヨー
値引き中

万引き犯を一人も逃すまいと、警備員たちは手ぐすね引いて待ち構えていた。



**【意味】**

準備を整えて待ち構える。
心支度を固めて相手の出てくるのを待っているさまをいう。

**【解説】**

**「手ぐすね」は漢字では「手薬練」と書きます。「薬練」は、松脂《まつやに》を油で煮て練り上げたもので、弓の弦《つる》に塗って、張力を強くするために使われました。**

この句は、手に取った薬練を弓の弦に塗りつけて、戦いの準備をすることから、いつ相手が現れてもよいように、十分な準備をして待ち構えることをいうようになりました。この場合、物質的な準備だけでなく、心構えをも含んだ表現であることに注意したいと思います。

# てんやわんや

［Ten-ya-Wan-ya］

擬態語のようにも感じられるが、
どこから出てきたことばだろう？

今年は、会社設立百周年の
記念パーティやら、
社長の叙勲のお祝いやらで、
秘書課はてんやわんやの
大騒ぎだったよ。



**【意味】**

予想外の混乱状態の中で、おおぜいの人がそれぞれ勝手に騒ぎ回っているさま。

**【解説】**

この語は、戦後、笠置《かさぎ》シズ子が歌った『買物ブギ』の歌詞で世間に広まりましたが、実は『俚言集覧《りげんしゅうらん》』に「てんやわんや　江戸の俗語也。騒動するを云《い》う。手手我我《てんでわれわれ》の意か」とありますように、**以前から江戸の下町ことばとして存在したものです。**初代川柳の選句に「かミさまが　留守だとてんや　わんや也」（女将《おかみ》の留守中の奉公人のさま）〈『さくらの実』三〉という興味深い作が残されています。

語源については、前掲のほか、「てんで」（＝手に手に。それぞれ勝手に）と「わやく・わや」（＝わやくちゃ。無茶苦茶）が結合したものと見る説があります。しかし「わやく・わや」が関西語であることが気懸《きが》かりです。「や」は囃子詞《はやしことば》的なものが添加されたと見ておくのが穏当でしょう。

# 度《ど》肝《ぎも》を抜《ぬ》く

［Dogimo-o-Nuku］

「肝」は肝臓のことだろうが、
「度」がわからない。

あの新入社員が、会議の席上、
部長の発言に対して、
堂々と異論を述べたのには
度肝を抜かれたよ。



**【意味】**

あっと言わせる。

相手が予想もしなかったようなことをして、ひどくびっくりさせる。


**【解説】**

「度肝」の「度」は接頭語で、漢字は当て字です。この接頭語は、江戸時代に上方で発達したもので、名詞・形容詞・形容動詞などの上に添えて、俗語的に「そのものずばり」といった感じで語勢を強める働きがあります。**「ど根性」「ど真ん中」「どぎつい」**などですが、**「ど阿呆《あほう》」「どけち」**など、軽侮・罵倒《ばとう》の念を含むことも稀《まれ》ではありません。

「肝」は本来「肝臓」の意ですが「こころ」の比喩に用いられることが多く、句は「人の心を引き抜く」意から、人をひどく驚かせる意味になったのです。現在では意外なことに遭遇《そうぐう》したとき、「度肝を抜かれた!」（＝あぁびっくりした！）といった形で使うことが多いようです。

# 独壇場《どくだんじょう》

［Dokudanjo］

ある人から「これを『どくだんじょう』
と読むのは間違いだ」と聞いたんだが……？

オペラの話となると、
やっぱり植村さんの独壇場ですね。

た

**【意味】**

ある人ひとりが、自分の思うままに振る舞える場所。
ひとり舞台。

**【解説】**

ある「国語辞典」を開くと、

どくだんじょう〔独壇場〕→どくせんじょう〔独擅場〕

とありますから、これを見て驚かれた方もありましょう。

そこで、試みに「漢和辞典」を繙《ひもと》いてみますと、手偏の十三画に「擅」という字があり、音は「セン」、意味は「ほしいままにする」と記しています。

**この語、実はもと「独擅場」と書いて「どくせんじょう」と読む語だったのです。**

ところが、「擅」の字は、使用頻度が少ないうえに、字形が「壇」ときわめて似ているために、誤って「独壇場」と書く人が多くなり、しだいにそれが定着していったのです。

今では、「ひとり舞台」という意味と「独壇場」の表記を、マッチしたものと捉《とら》えて抵抗なく使っている人が大多数を占めています。

# とぐろを巻《ま》く

［Toguro-o-Maku］

ヘビの状態をたとえにする根拠は何だろう？

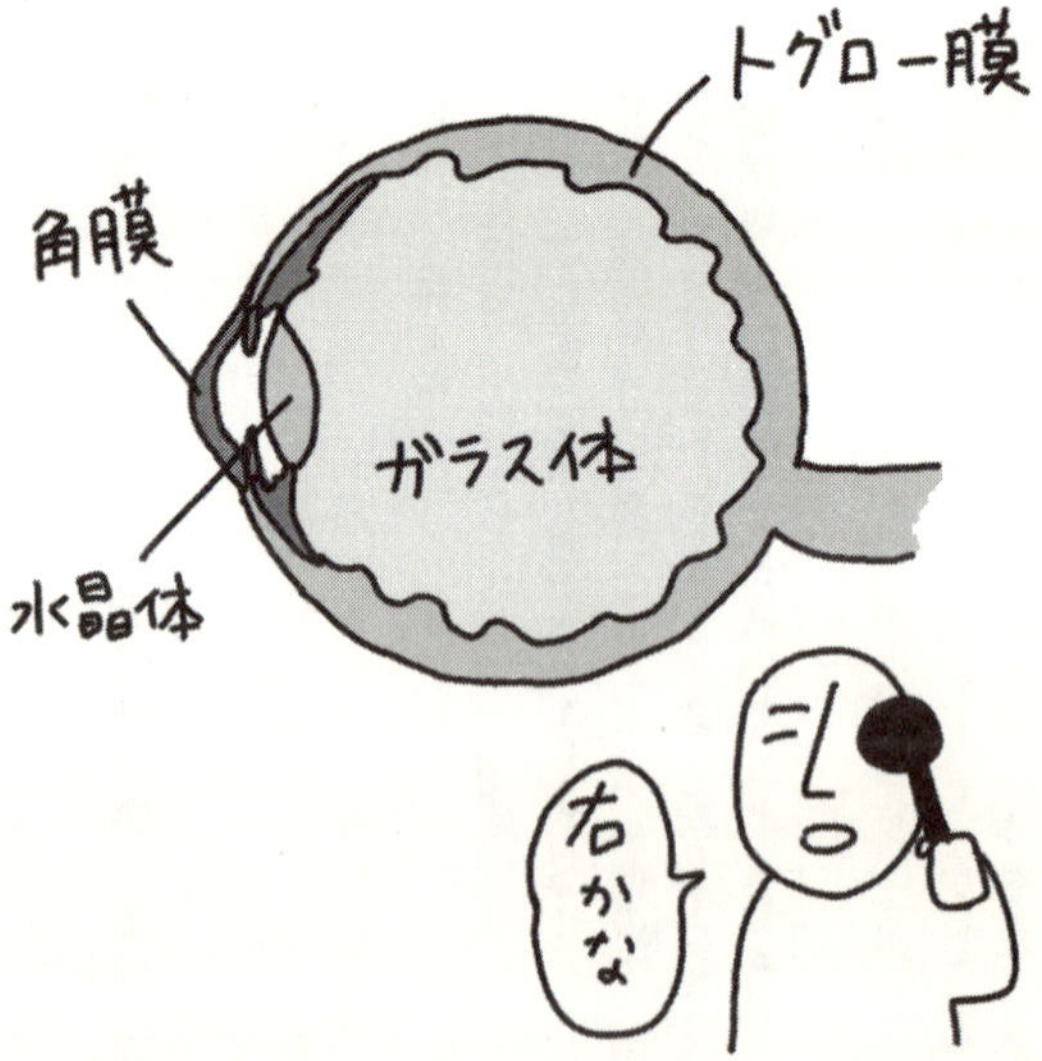

大した病気でもなさそうな人が
朝からおおぜいやってきて、
病院の待合室で
とぐろを巻いているそうだ。



**【意味】**

蛇が体を渦巻き状に巻いて、動かずにじっとしている。
縄などがそのような状態で、土間などに置かれている。
転じて、人が積極的な活動をしないで、じっと引っ込んでいる。
あるいは何人かが、特に用事もないのに一つ先に集まってじっとしている。

**【解説】**

「とぐろ」は「塒」「蜷局」の漢字を当てることもあり、**語源がよくわかりません**が、「所坐《とぐら》」や「つぐう」（＝藁縄《わらなわ》を螺旋状《らせんじょう》に巻いて円筒にしたもの）からの転とする説、「円《つぶ》ら」からの転と見る説などがあります。

夏目漱石は、処女作『吾輩は猫である』で、「長い奴《やつ》が、寒いもんだからとぐろの捲《ま》きくらをやって塊《かた》まって居《い》ましたね」〈六〉と傍点付きで書き、この語にかなり関心を寄せていたことがうかがえます。

そして、この例や『彼岸過迄《ひがんすぎまで》』の「蝮蛇《まむし》がとぐるを巻いて日光を鱗《うろこ》の上に受けている。」〈停留所・八〉はヘビのさまを述べており、『虞美人草《ぐびじんそう》』の「富貴の色は蜷局《とぐろ》を三重《さんじゅう》に巻いた鎖《くさり》の中に、堆《うずたか》く七子《ななこ》の蓋《ふた》を盛り上げている」〈二〉は、「鎖」の形状的な比喩として使っています。

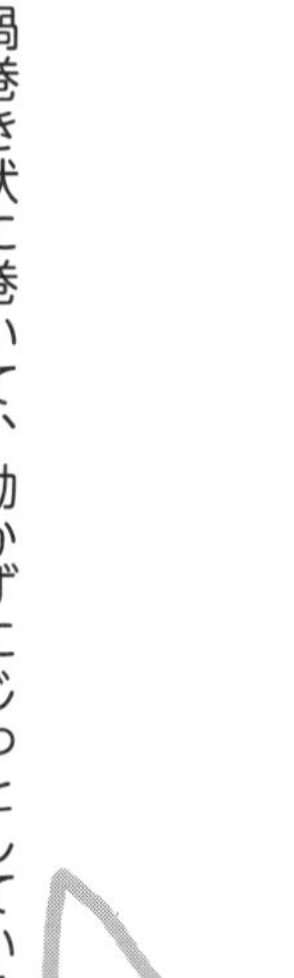

# どじを踏《ふ》む

［Doji-o-Fumu］

「どじ」って何のことだろう。
踏むものなのか？

あいつ、携帯のメールを奥さんに
見られて、浮気がばれちゃったんだって。
とんだどじを踏んでしまったって、
嘆いてたよ。



**【意味】**

つまらない過ちをする。間の抜けた失敗をする。

**【解説】**

「どじ」（歴史的仮名遣いでは「どぢ」）は江戸時代から用例が見え、**間の抜けたこと、**また、（そういうことをする）**のろまなさま、もしくは、その人**を意味しました。志賀直哉の小説『正義派』には「時々運転手の方を向いては『全体手前がドジなんだ』と、こんな事をいって」〈下〉とあり、今も、俗な言い方として「あの男はどじだ」「またどじをやったのか」などと使っています。

明治の頃までは、「どじを踏む」と同意の**「どじを食う」「どじを働く」**なども使われましたが、今ではすっかり姿を消しています。「どじ」の語源については、今のところ未詳というほかありません。

# 土《ど》壇《たん》場《ば》

[Dotamba]

「土壇」という字を当てる由来が知りたい。

危険
この先
どたん場
入るな!
ここも
どれな
場所なんだ

外地への単身赴任か、退職か、
いよいよ土壇場に追い込まれた状態だ。



**【意味】**

決断すべきぎりぎりのところ。
切羽《せっぱ》詰《つ》まった最後の場面。

**【解説】**

「土壇」というのは、**江戸時代、打ち首の刑を執行した処刑場**のことで、土で築いた壇を竹矢来《たけやらい》（＝割り竹を斜めに粗く編んで作る、仮設の囲い）で囲ってありました。近松門左衛門の浄瑠璃『五十年忌歌念仏《ごじゅうねんきうたねんぶつ》』に「矢来の内に土壇を構へ高手を許し羽交《はがひ》じめ、北向《きたむき》に引据《ひきす》ゆるは目も当てられぬ風情なり」と出ています。

やがてそれが「土壇場」の形で、「追い詰められた最後の場面」の比喩に使われるようになり、現在に至っているのです。

# トテツもない

[Totetsu-mo-nai]

「トテツ」なんて、
見たことも聞いたこともない。

この市財政の厳しいときに、
任期間際の議員たちが揃って
ヨーロッパ視察なんて、
トテツもない話だ。

**【意味】**

並外れている。途方もない。
程度が甚だしくて常識に合わないさまをいう。

**【解説】**

「トテツ」は漢字で**「途轍」**と書きますが、「途」は道、「轍」はわだち（＝前に通った車の跡）で、比喩として、**人の踏み行うべき「筋道」「道理」の意**になります。
類句に「途方もない」があります。この「途方」は進む方向、目当ての意で、句全体ではこの句と同じ意味になるのです。

# とどの詰《つ》まり

［Todo-no-Tsumari］

「とど」って、
詰まるものなのか？

あの男、課長とは喧嘩《けんか》をするわ、
部長にはたてつくわで、
とどの詰まりは、地方への転勤だ。

**【意味】**

行き着いた最後のところ。結局。
悪い結末を迎える場合に用いるのがふつうである。

**【解説】**

ボラ科の魚、鯔《ぼら》は「出世魚《しゅっせうお》」といって、成長するにつれて呼び名が変わる魚の一つです。その名は、幼魚から**キララゴ、スバシリ、イナ、ボラと変わり、最後の老魚トド**となるのです。ただし、このトドは、北の海に棲《す》む**アシカ科の海獣のトドとはちがうもの**です。

明治開化期の坪内逍遥《つぼうちしょうよう》の『当世書生気質』に「トドの結局《つまり》は貸座敷か、曖昧茶屋《あいまいぢゃや》へやらるるのは、今から知れたるあの児《こ》の行末」〈四回〉と使われています。

類句「挙（揚）げ句の果て」とは、意味・用法がよく似ています。

# とんちんかん

［Tonchinkan］

いったいどこから、
こんな変なことばが出てきたのか？

彼には何を聞いても
とんちんかんな返事ばかりで、
まったく要領を得ない。



【意味】

見当外れの受け答えをしたり、間の抜けた物言いをしたりするさま。また、そういう人。


【解説】

「頓珍漢」などの漢字はすべて当て字で、**鍛冶屋の親方と弟子の間で交わす相《あい》槌《づち》がちぐはぐで、**不揃《ふぞろ》いな音がするさまから出た擬音語です。

江戸時代末期から使われ、明治の文豪夏目漱石も『吾輩は猫である』に「これで懸合《かけあい》をやった日には頓珍漢なものが出来るだろうと、……」〈二〉と使っています。

# とんでもない

［Tondemo-nai］

「とんでも」とはどういうことか。

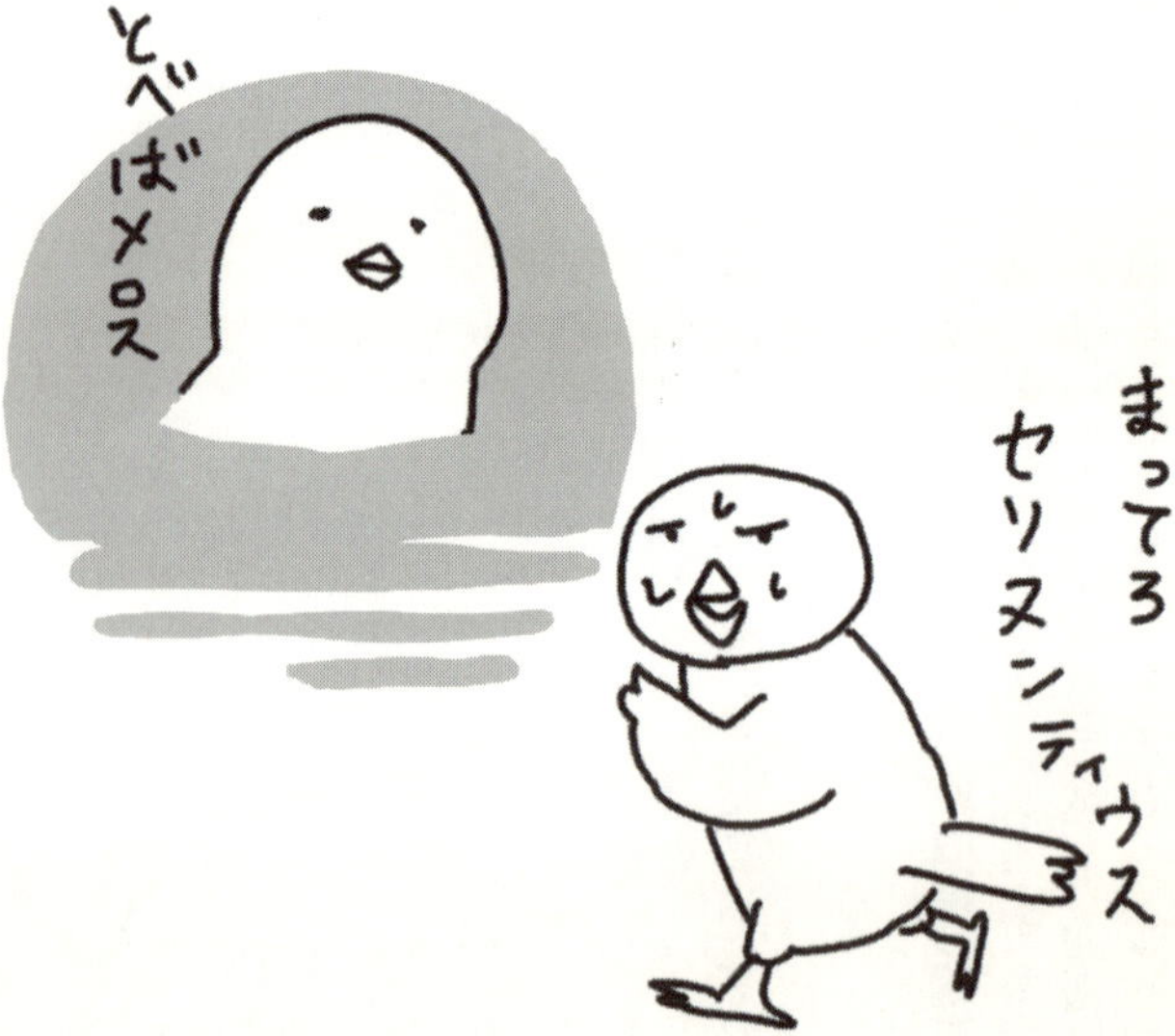
まってろ
セリヌンティウス
とべばメロス

あいつ、とんでもないやつだぜ。
会社には親戚の葬式だと
言っておきながら、
実はゴルフに行ってたんだ。



**【意味】**
①常識の域を大きく外れている。よくない方に並外れている。
②（相手の言うことを強く否定して）事実と大きくかけ離れている。
人から丁寧なことばで礼を言われたり、労をねぎらわれたりしたとき、「どういたしまして」「何でもないことです」の意で使うこともある。


**【解説】**

近松門左衛門の浄瑠璃『用明天王《ようめいてんのう》職《しょく》人《にん》鑑《かがみ》』に「ハテ風をつかまへる様なとでもない問ひ様かな」〈第四〉という記述が見えますが、「とんでもない」は、この**「と（途）でもない」（＝道理に合わない）**に、「あまり→あんまり」などと同じく、撥音「ん」が添加されたもので、江戸時代から東国地方でよく使われていました。近代に入るとそれが共通語化して今の姿になったのです。類句に「途方もない」「途轍《とてつ》もない」があります。

ところで、この語について注意したい点が一、二あります。まず、右に述べた「とでもない」の形は完全に廃語化されていること、次に、**肯定形「とんでもある」がまったく使われない**ことです。

なお、この語を「いいえ、いいえ、どういたしまして」の意味で丁寧に言うときは、本来「とんでもないことでございます」が正しいとされますが、今日では「とんでもございません」と言う人が増え、それが半ば公認されるような状況にあります。

# どんでん返《がえ》し

［Donden-Gaeshi］

「どんでん」はひっくり返ったときに出る
音から出たことばなのか？

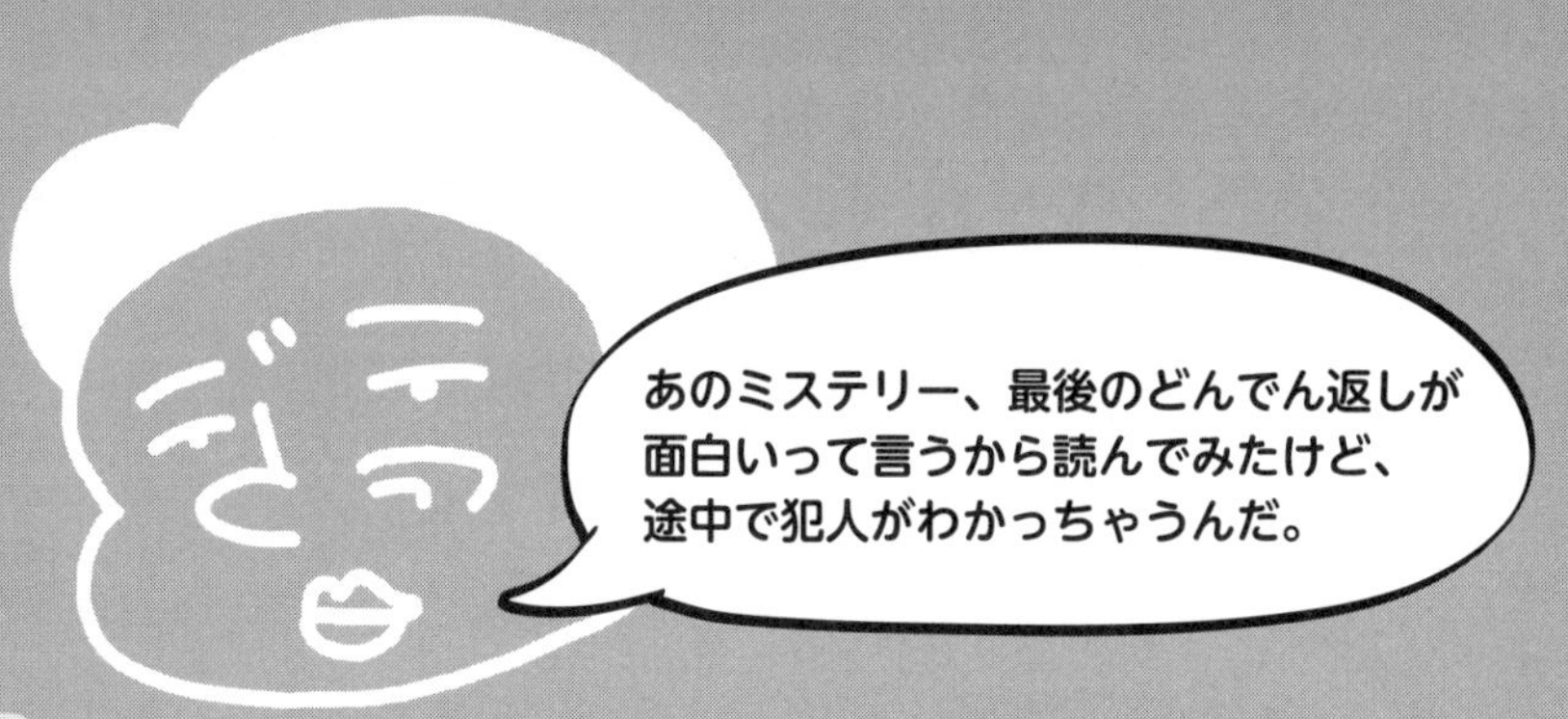
あのミステリー、最後のどんでん返しが
面白いって言うから読んでみたけど、
途中で犯人がわかっちゃうんだ。



**【意味】**

上下が逆さまになるようにすること。
また、その仕掛け。転じて、事態が一気に逆転すること。
また、逆転させること。

**【解説】**

芝居で、**前の舞台を上下に回転させ、その裏側に準備した次の舞台に、一気に転換すること**をいう語ですから、「ドンデン」という音と一気に逆さに変わるそのさまを合わせ擬した語と考えてよいと思います。

その「どんでん」は、盗人仲間の隠語として、急に方向を変えて引っ返す意や、棚の上などに置いた荷物を、他人の物と擦り換える意に使われることがあるといいます。

また、類語「どんでん返り」は、舞台などで、立ったままくるっと一回転して見せる「とんぼ返り」の意で用いることがあります。

# ないがしろにする

［Naigashiro-ni-Suru］

「ないがしろ」とは、
「ない＋がしろ」なのか、「ないが＋しろ」なのか？

いくら仕事が忙しいからといって、
同僚との付き合いをないがしろに
していると、そのうちきっと
しっぺ返しがくるよ。



**【意味】**

軽く見て、あってもないのと同じように扱うさま。相手を見下してその存在を無視することをいう。

**【解説】**

「ないがしろ」には「蔑ろ」の漢字を当てることもありますが、これは意味を考えて後に当てたもので、語源的には「無《な》きが代《しろ》」からの音変化と考えられます。「無き」は形容詞「無い」（古くは「無し」）の連体形、「が」は今の「の」の意味の助詞、「代」は「代わりとなる物」で、合わせて**「（あっても）ないのと同じ物」**という意味のことばです。

「ないがしろ（なり）」は平安時代から形容動詞として用いられ、たとえば『狭衣《さごろも》物《もの》語《がたり》』に「うるはしき御姿よりも、かゝるないがしろなる御有様の（＝このような格式張らないご様子が）、……めでたく見え給えば」〈巻一〉とあるように、「ないがしろに」以外の形でもかなり広く見えています。

ところが、時代が下るにつれて、「ないがしろにする」の形で使われることが多くなり、今ではほぼそれに限定されるようになっています。

# 流《なが》れに棹《さお》さす

［Nagare-ni-Sao-sasu］

「棹さす」は、
流れに「乗る」のか「逆らう」のか、
どっちなのだろう？

W社は、C国のめざましい経済成長を見越して現地に工場を建て、現地人技術者の養成に努めたので、流れに棹さす勢いで発展し、今やC国市場に大きな足場を確立した。

【意味】

時流に乗って物事をうまく進行させる。
世の流れや人々の求めるところに沿って、
自分の事業などを順調に発展させることをいう。

**【解説】**

この句は、文化庁の調査で正答率がきわめて低かったものの一つです。

**「棹」は、木や竹で作った、細長い棒状の道具で、川舟の船頭がそれを水底や川岸に突っ張って舟を進めるのに用います。**「棹さす」というのはその行為のことです。したがって、句意は、**時の流れに乗って物事の進行を速めること、**時流を利用してうまく世渡りすることです。

古く『太平記』に「謀叛《むほん》を起こす人のあれかし、与力《よりき》せんと思ひけるところに、新田《にった》兵衛佐《ひやうゑのすけ》・同少将の許《もと》より、内状を通じて事の由を知らせたりければ、流れに棹さすと喜びて、……」〈巻三・新田義兵を起こす事〉とあり、また、夏目漱石の『草枕』冒頭の有名な一節「智に働けば角《かど》が立つ。情に棹させば流される」とあるのもこれを踏まえたものです。ところが、文化庁の調査によると、この句の意味を選択肢から正しく選んだ人は三〇パーセントにも満たず、多くの人が「時流に逆らう」を選んだということで、私もいささか驚かされた次第です。

# なけなしの(金)

［Nakenashi-no］

「なけ」が「ない」のだろうか？
それだと「なけ」の意味は何だろう？

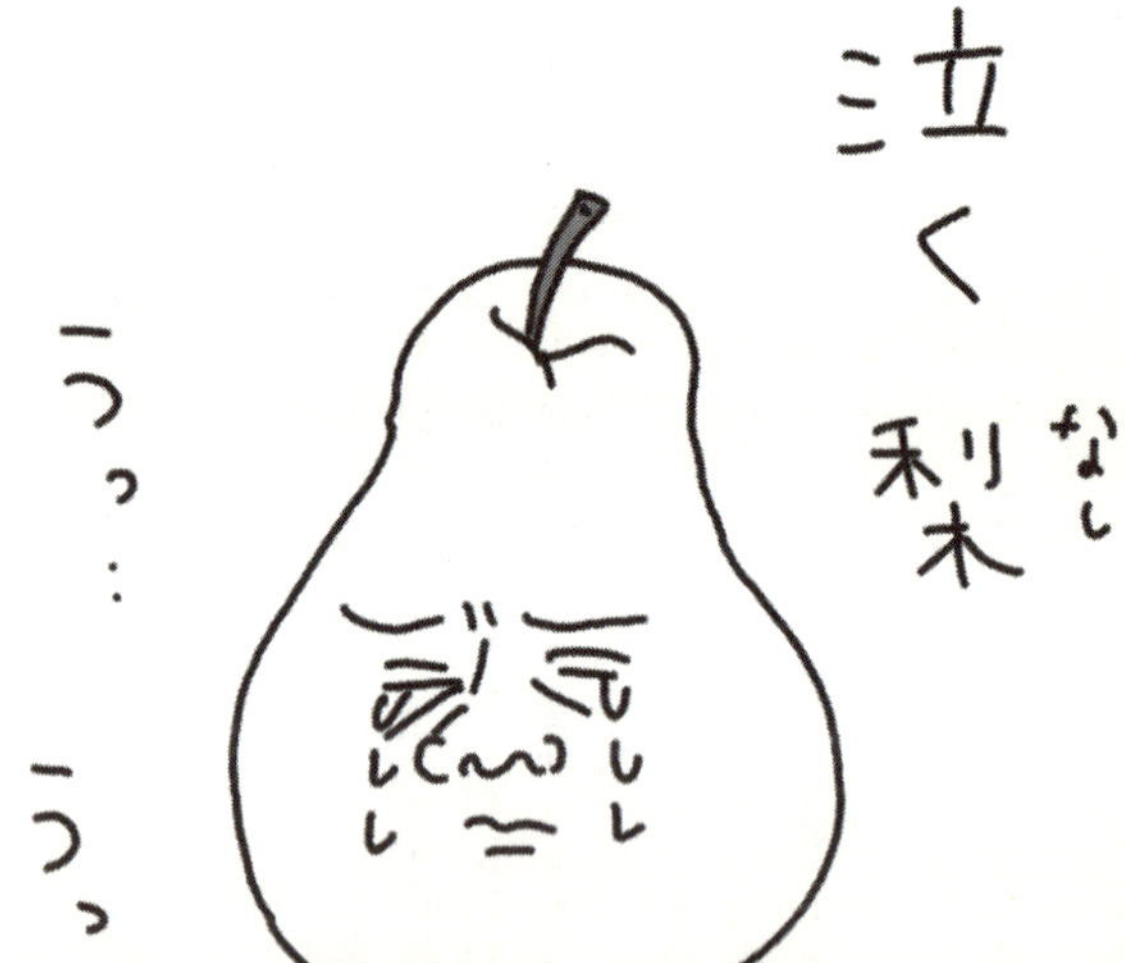

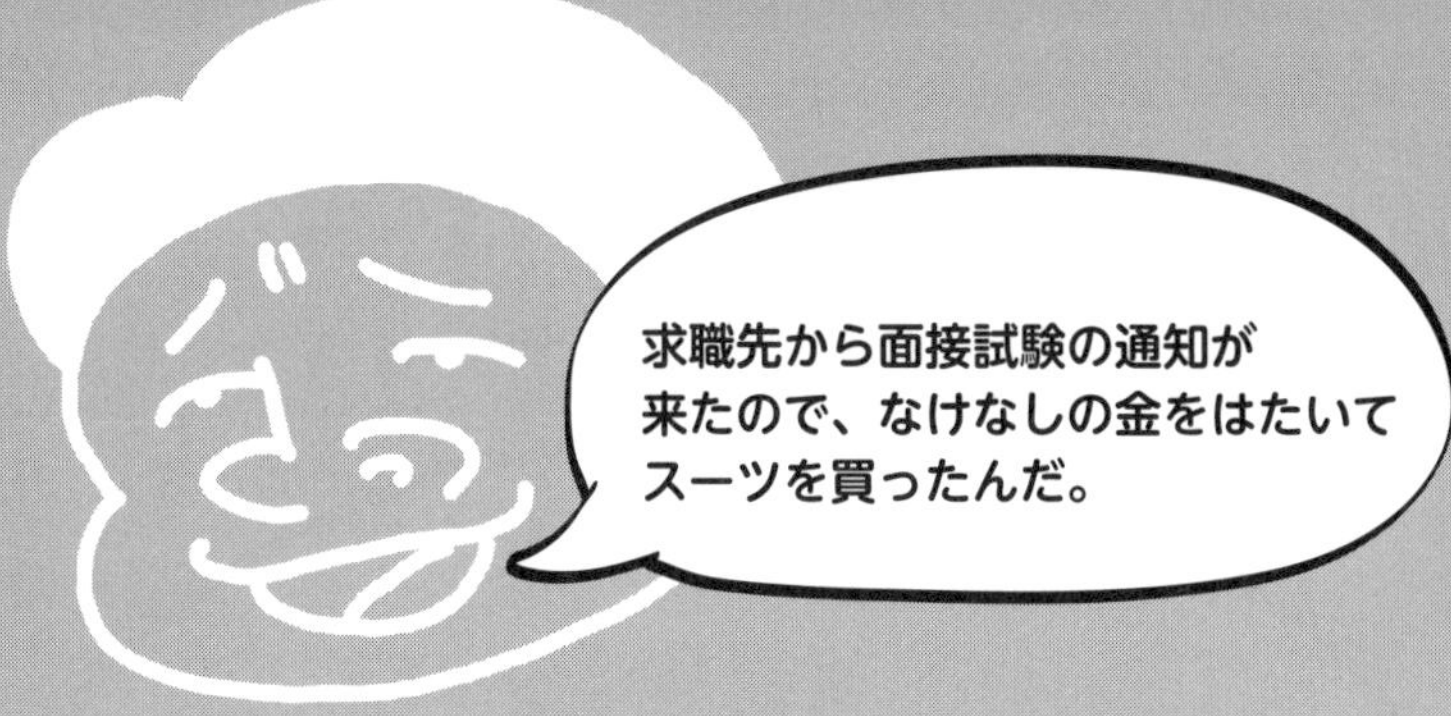
求職先から面接試験の通知が
来たので、なけなしの金をはたいて
スーツを買ったんだ。



**【意味】**

ごくわずかでそれだけしかない（金銭）。
それを出せばもう後には何も残らない、わずかな（お金）。

**【解説】**

「なけなし」は、江戸時代からやや俗語的な感じで、（持っている金品が）ごく僅《わず》かで、ほとんどあるかないかわからないこと、また、そのゆえにかえって非常に貴重なさまをいう語として用いられ、式亭三馬の滑稽本『浮世風呂』には「着替《きがへ》もないくせに能物好《いいものずき》で釜元を働くにも（＝台所仕事をするときにも）なけなし殿《どの》（＝ただ一枚の晴れ着姿）で、やっぱりおしゃらく（＝おしゃれ）をしたがりますから、……」〈三編・巻之上〉のような例もあります。しかし、今では「なけなしの金をはたいて……」のような用法にほぼ固定されるようになりました。

語源については、『語源大辞典』に**「ナケは無の意か。ナシも無。無の意を重ねて、ほとんどないの意になったものか。」**とありますが、詳しいことはわからないというほかありません。

# なしのつぶて

［Nashi-no-Tsubute］

「なし」は果物の梨《なし》のことだろうが、
それがなぜ
「つぶて」になるのか？

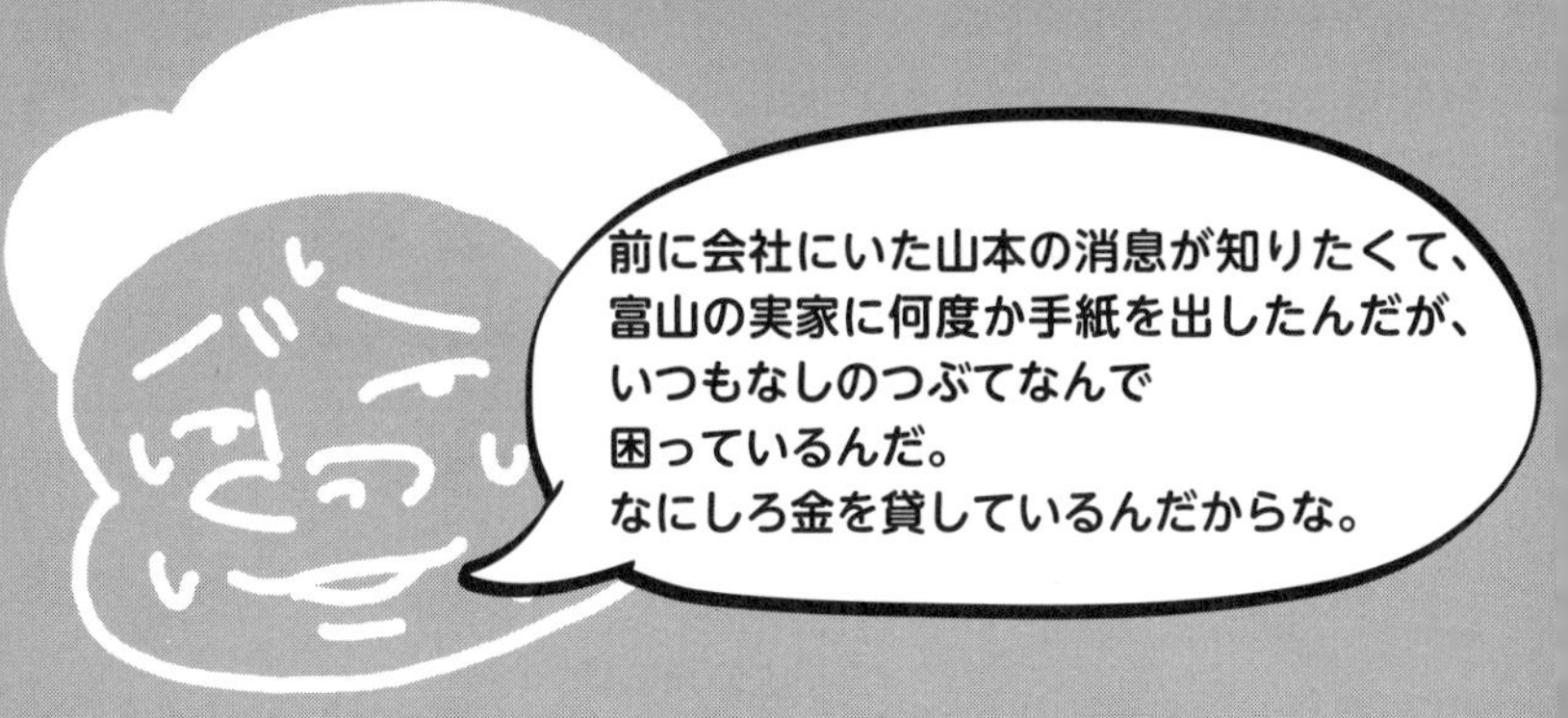
前に会社にいた山本の消息が知りたくて、
富山の実家に何度か手紙を出したんだが、
いつもなしのつぶてなんで
困っているんだ。
なにしろ金を貸しているんだからな。



**【意味】**
こちらから便りを出しても、まったく応答がないこと。
こちらからの連絡や働きかけに、相手が何の反応も示さないこと。

**【解説】**
**「なし」は確かに梨の実のことですが、ここではそれに「無し」の意を掛けています。**「つぶて」は漢字では「礫」と書き、投げつけるための小石をいいますが、ここではナシの実をそれにたとえています。そして　投げた小石が向こうへ行ったきり返ってこないように、こっちからの働きかけに対して、何の応答もないさまを比喩《ひゆ》する句として使っているのです。

「梨」に「無し」の意を含ませるように、一つの語に読み方を同じくする二語の意味を兼ね含ませる技法を「掛詞《かけことば》」（懸詞）といいます。これは平安朝前期『古今和歌集《こきんわかしゅう》』のころから和歌の世界で発達し、やがて謡曲・浄瑠璃などを経て、散文の世界にも及ぶようになったのです。例として「秋」に「飽き」を、「松」に「待つ」を、「澪標《みおつくし》」（＝港内で、船の通路を示す標識）に「身を尽くし」を掛けるものなどがあります。

# 二足《にそく》の草鞋《わらじ》を履《は》く

［Nisoku-no-Waraji-o-Haku］

この句には
マイナスのイメージが付随するようだが、
果たしてどうなのか？

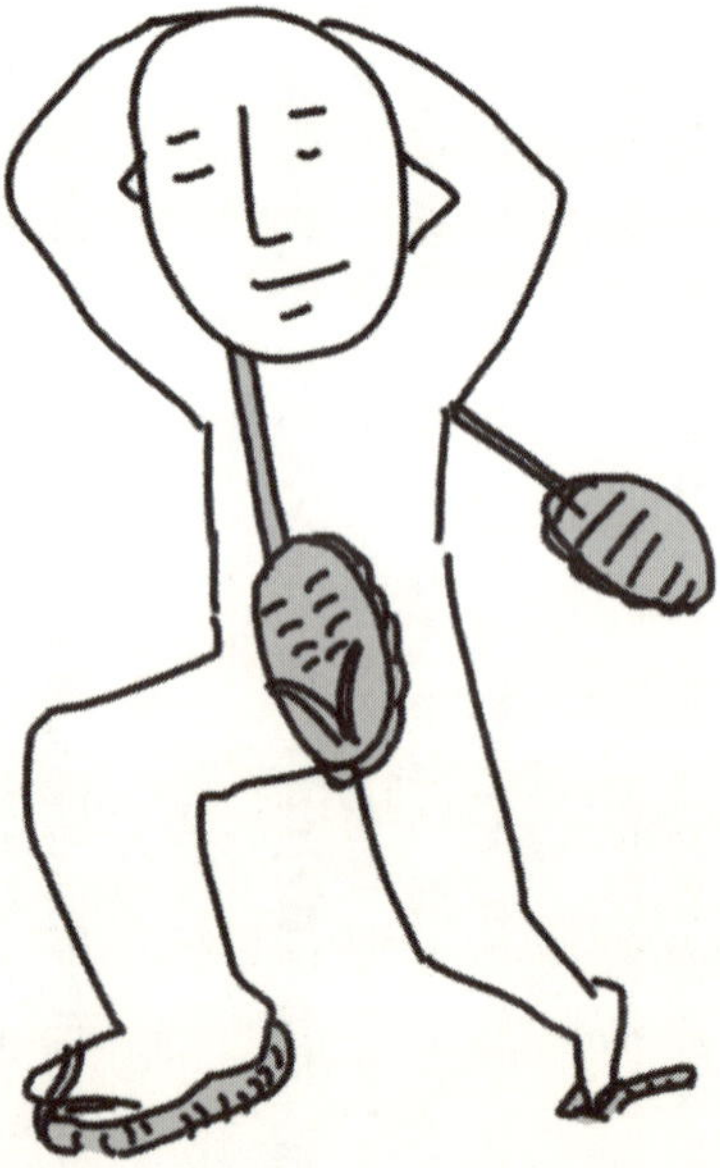

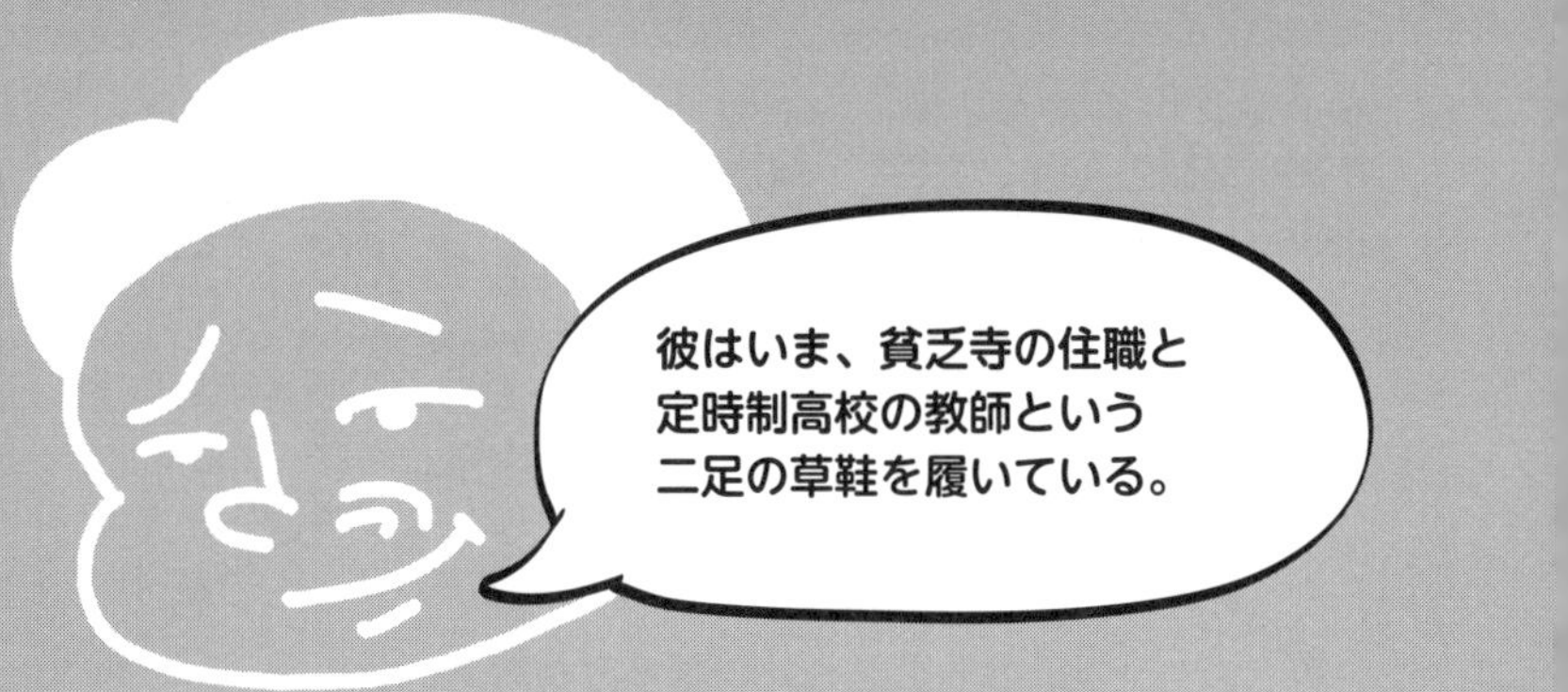
彼はいま、貧乏寺の住職と
定時制高校の教師という
二足の草鞋を履いている。

な

**【意味】**

ひとりの人が、同時に両立しないような、二つの仕事を持っている。
また一般に、同時に種類の異なる二つの職業などに就く。

**【解説】**

この句は、江戸時代に、**博徒《ばくと》（ばくち打ち）の親分が、それを取り締まる「目明かし」の役を預かっている**ことをいったもので、本来は**互いに矛盾する二つの仕事を引き受ける人間の非誠実さ、狡猾《こうかつ》さを非難するイメージ**が付きまとう表現でした。

しかし、現在ではそういった場合だけでなく、上に掲げた【使用例】のほか、サラリーマンと小説家、大学院の研究生と高校の講師、ＰＴＡ会長と商店主など、別種類の仕事等に同時に従事することをいい、必ずしもマイナスイメージを伴うことばとはいえないものになっています。

なお、昔、藁《わら》などで作る履物に「草履《ぞうり》」と「草鞋」の二種類があり、前者はちょっと出掛けるときに、後者は長途の旅などに用いられました。そのことからも考えられますように、この句も、ごく短い間の臨時的なものでなく、かなりの期間引き続いてする場合に使われます。

# 二進《にっち》も三進《さっち》も行《い》かない

[Nitchi-mo-Satchi-mo-Ikanai]

「二進も三進も」の読み方が納得いかない。
また、まったく動きが取れないのなら、
なぜ「一進も二進も」といわないのか。

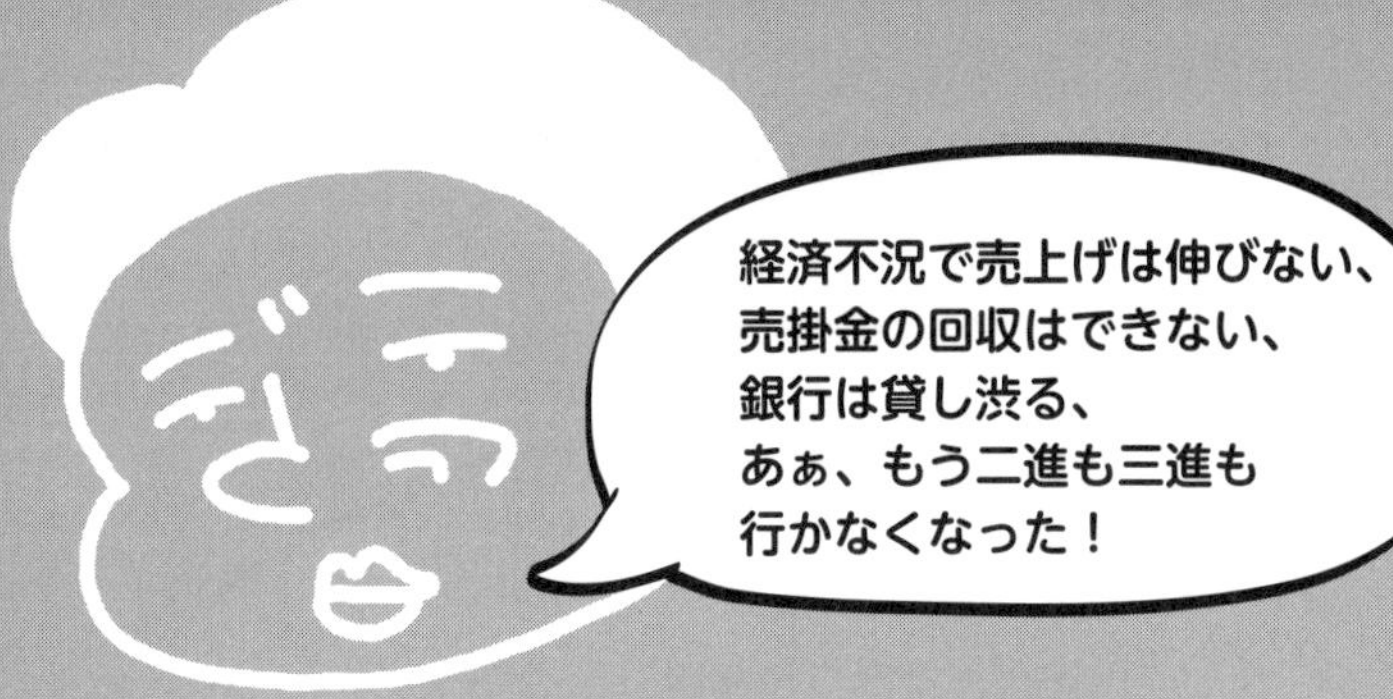
経済不況で売上げは伸びない、
売掛金の回収はできない、
銀行は貸し渋る、
あぁ、もう二進も三進も
行かなくなった！

**【意味】**

物事が行き詰まって手の施しようがない。特に、金銭的に行き詰まって、まったく動きがとれない状態をいう。

**【解説】**

「二進も三進も」は、昔、五つ玉の算盤《そろばん》（一の位の玉が五個ある算盤）を使っていたころの割り算の九九《くく》で、「二進《にっちん》が一十《いんじゅう》」（二を二で割ると割り切れて一が立つ）、「三進《さっちん》が一十《いんじゅう》」（三を三で割ると割り切れて一が立つ）という箇所を踏まえていった句で、**勘定がきちんとできる（金銭のやりくりが付く）ことを示します。**ところが、この句は「〜〜行かない」ですから、金銭のやりくりが付かないという意味になるわけです。

「にっち」「さっち」の読み方は、たとえば掛け算の九九でも「二二《にに》が四《し》」のところを「ににんがし」と言うように、弾みを付けて唱えやすくして、「二進一十《にっちんがいんじゅう》」「三進一十《さっちんがいんじゅう》」と言っていたのが、そのままここへ入ったのだと思います。

この句は江戸時代から用例が見え、式亭三馬の滑稽本『浮世風呂』に「とうとう大身代を潰《つぶ》して、……さうした上句《あげく》が悪い病ひを病み出して二進《にっち》も三沈《さっち》も行かねばサ」〈二編・巻之下〉とあります（「三沈」は当て字で、「三進」とあるべきところです）。

# にべもない

［Nibe-mo-nai］

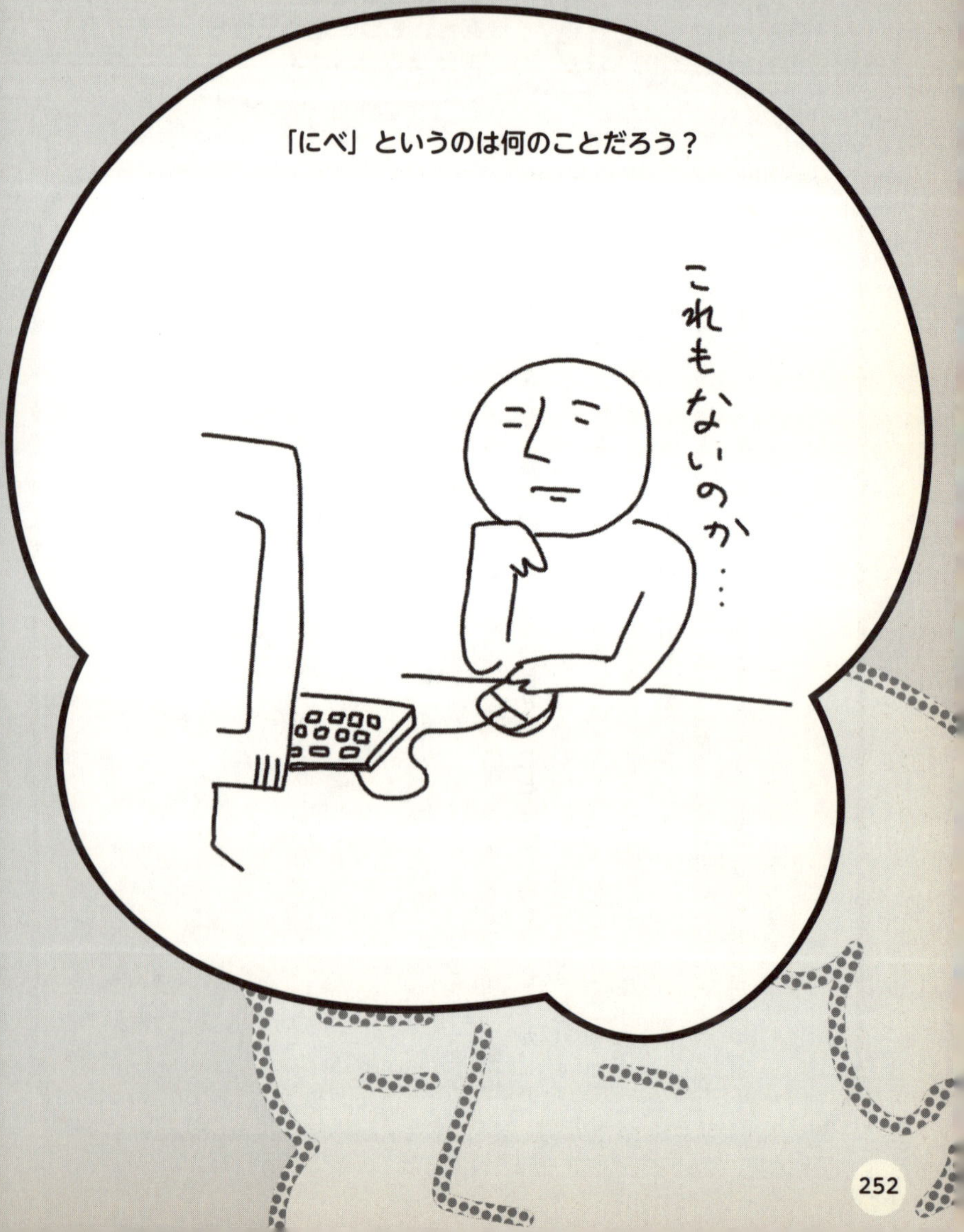
「にべ」というのは何のことだろう？
これもないのか…

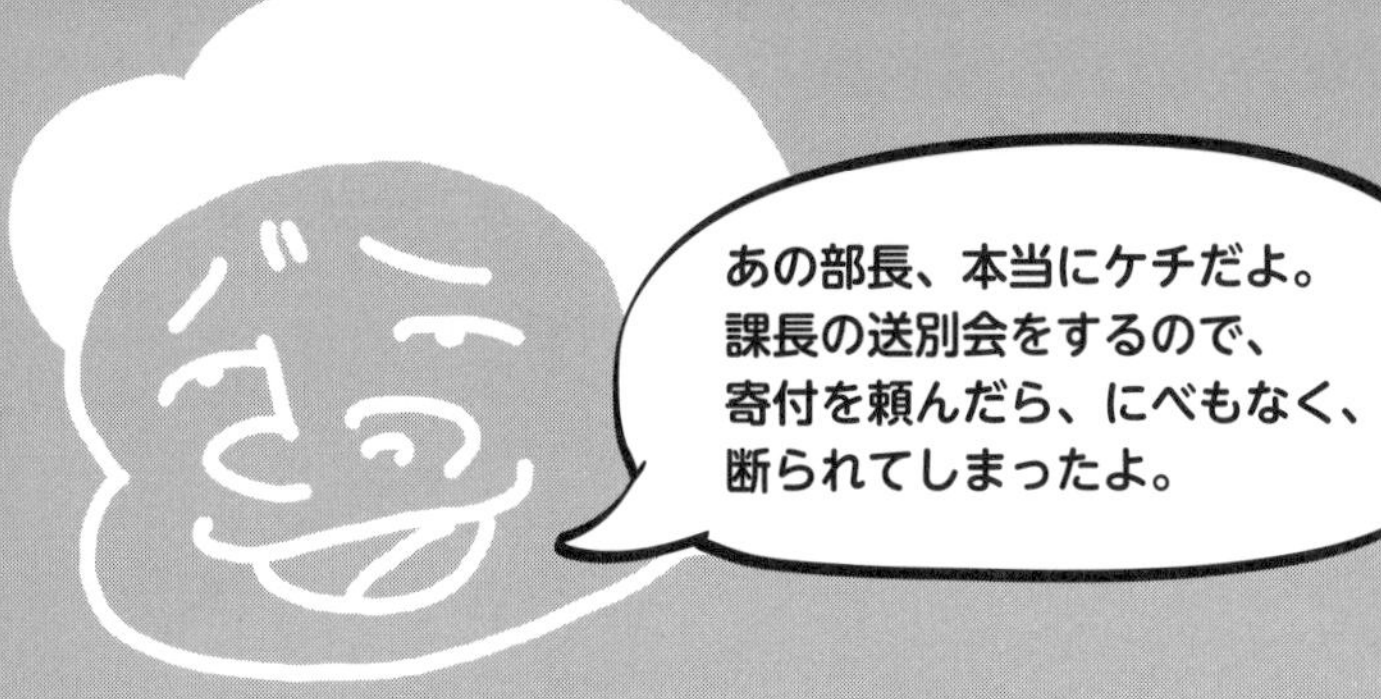
あの部長、本当にケチだよ。
課長の送別会をするので、
寄付を頼んだら、にべもなく、
断られてしまったよ。

**【意味】**
まったく愛想がない。冷たくそっけない態度で、話のしようもないさまをいう。

**【解説】**
「にべ」は漢字では「鰾膠」または「鮸膠」と書き、**ニベ（＝ニベ科の海魚。形はイシモチに似て、体長八〇センチ程度）の浮き袋から作る「にかわ」のこと**です。これは非常に粘着力が強いことで知られています。そこから「にべもない」は、親しみのかけらも示さないという意になるのです。江戸時代から用いられ、近松門左衛門の浄瑠璃『心中天《しんじゅうてん》の網島《あみじま》』に「いとしいは叔母ぢゃ人。連合《つれあひ》五左衛門殿はにべもない昔人」〈上之巻〉とあります。

な

# 盗人《ぬすっと》たけだけしい

[Nusutto-Takedakeshii]

「盗人」はわかるが、
「たけだけしい」という語がよくわからない。

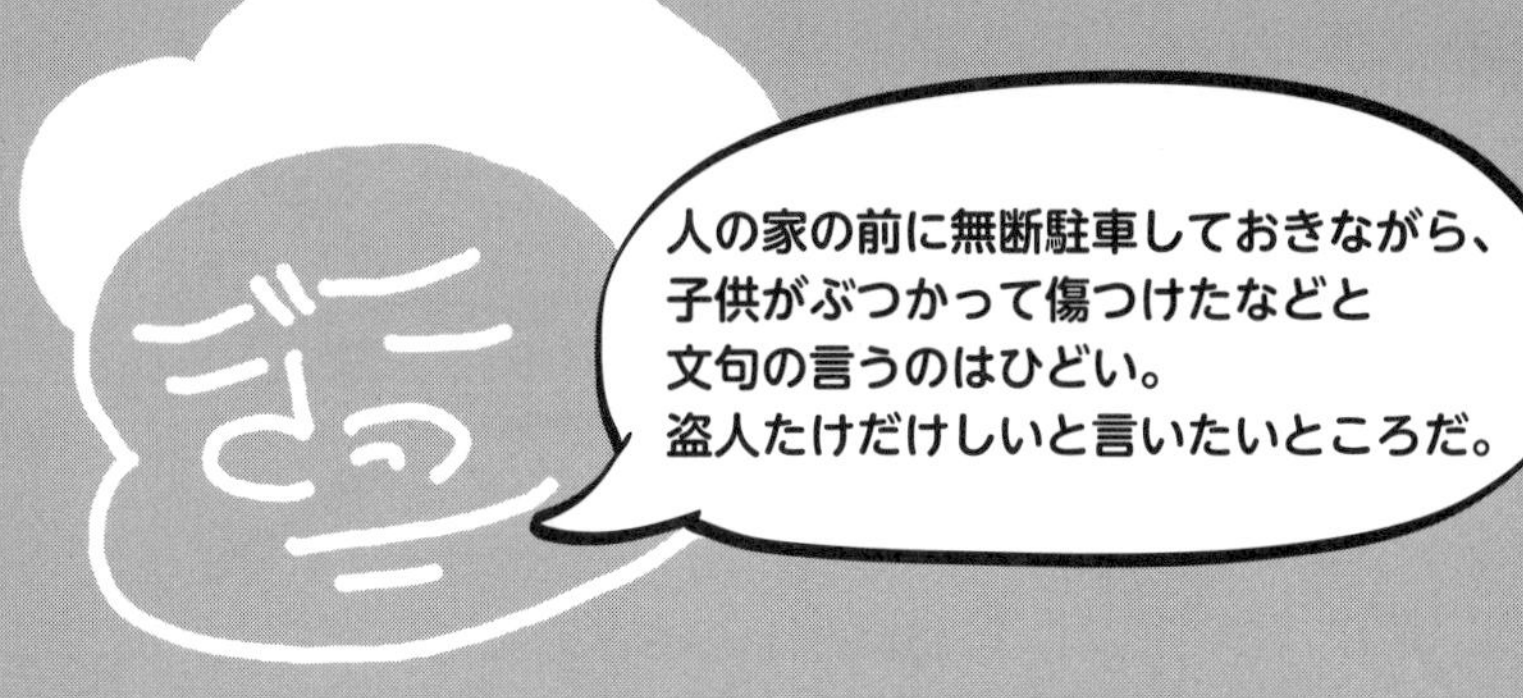
人の家の前に無断駐車しておきながら、
子供がぶつかって傷つけたなどと
文句の言うのはひどい。
盗人たけだけしいと言いたいところだ。



**【意味】**

自分から悪事を働いておきながら、それを咎《とが》められると、あれこれと文句を言う者を罵《ののし》っていうことば。

**【解説】**

「たけだけしい」には漢字「猛々しい」を当てますが、これは古い形容詞「猛《たけ》し」（＝雄々しく勇ましい）の語幹「たけ」を重ねてできた新しい形容詞です。

一般に、ある性質や状態を表す形容詞の語幹の部分を重ねた新しい形容詞は、たとえば、「長し」（＝長い）→「長々し」（＝いかにも長たらしい感じがする）、「軽し」（軽い）→「軽々し」（＝何とも軽薄な感じである）のように、単に意味が強調されるだけでなく、そこに何らかの心情性が加わるという特質が認められるのですが、この「猛々しい」も**「ことさら強そうに振る舞って、図太く感じられる」**といった意味に解されます。

「盗人」は「他人の物を盗む人」ですが、そこから意味が拡大して、「嘘つきは盗人の始まり」など、悪事を働く者一般を指して使うことがあります。なお、「盗人」の読みは、「ぬすびと」が促音便化して「ぬすっと」と読まれることが多くあります。

# 猫《ねこ》ばば(を)する

［Nekobaba-o-Suru］

意味はわかるが、
なぜ「猫」や「ばば」が出て来るのだろうか？

あの男、会社の同好会の会費を
猫ばばしたまま、会社も辞めて、
行方不明になっているんだ。

**【意味】**

悪いことをしておきながら、そ知らぬ顔をしていること。
特に、拾得物などを届けずに、
自分の物にして平気な顔でいること。

**【解説】**

「ばば」は幼児語で「くそ・大便」のことですから、**「猫ばば」は猫のくそ、猫の糞《ふん》のこと**です。

ところで、猫は人家の庭や空き地などで糞をすると、その上に後ろ足で土砂を掛けていく習性を持っています。それを悪いことをした後でそれを隠してそ知らぬ振りをすると見立てていったのがこのことばです。

江戸時代から単に「猫ばば」の形でも俗語としてよく使われ、式亭三馬の滑稽本『浮世風呂』に「おそれるほどなら湯も浴《あび》せず、小《ちっさ》くなって屈《かがん》で居べいが（＝いたらよいが）、猫糞《ねこばば》で、しゃァ〳〵まぢ〳〵だ（＝平気な顔でいるよ）」〈三編・巻之上〉と出ています。

# 猫《ねこ》も杓子《しゃくし》も

［Neko-mo-Shakusi-mo］

なぜ「猫」と「杓子」を並べるのだろう？

町を歩いていると、猫も杓子も、
スマホを片手に、歩きながら
何か見ている。あれは危ないね。



**【意味】**

だれも彼も。どれでもこれでも。区別なくみんな。

**【解説】**

この句は江戸時代から、「どれもこれも」「誰でも彼でも」の意で使われ、風来山人《ふうらいさんじん》（平賀源内《ひらがげんない》）の談義本『根無草《ねなしぐさ》』に「貴《たつと》きも賎《いや》しきも、賢《かしこ》きも愚《おろか》なるも、猫も飯鍬《しゃくし》もおしなべて、此道《このみち》をもるゝことなし（＝ひとしく、この死への道を免れることはない）」〈後編・一之巻〉と出ています。

語源については、**猫がじゃれてちょっかいを出す前足の格好が杓子に似ているから**とするもの、「女子《めご》も弱子《じゃくし》も」（＝女も子どもも）の転とするもの、「祢宜《ねぎ》（＝宮司に次ぐ神官）も釈子《しゃくし》（＝僧侶）も」の転とするもの、「寝子（＝寝る子）も釈子も」からとするものなど、古来、諸説があって定まりませんが、私は、最初に掲げた説が最も無理がないように思います。

ついでながら、非常に忙しいときに、「猫の手も借りたい」というのも、猫が最も身近な家畜だったことに加え、右に述べたように前肢《まえあし》のしぐさがいかにも器用に見え、役に立ちそうに感じられたからだろうと思います。

# 根回《ねまわ》しをする

［Nemawashi-o-Suru］

根を回すとはどういうことだろう？

その企画は面白いが金がかかる。
会議の前に、経理部長に
根回しをしておくように。

**【意味】**

物事を都合よく運ぶために、前もって主な関係者の了解を得るなど、必要な準備を整えておく。

**【解説】**

**樹木などを植え替えるときには、あらかじめ木の回りを掘って、植え替え先に持って行ける程度を残し、あとの根を切っておく**必要があります。これはひげ根の生えるのを促し、移転先で樹木がうまく根付くようにする措置で、これを「根回し」というのです。

自分の提案が無事に通るように画策するなんて卑劣だ、フェアでないとお考えかと思いますが、組織の一員として自分が真剣に考えた計画であれば、スムーズに事を運ぶための根回しもまた必要なものと言えるでしょう。

# 寝《ね》耳《みみ》に水《みず》

［Nemimi-ni-Mizu］

寝ている最中に、耳の穴に水を入れられたら、
びっくりして目を覚ますけど、
そういうところから
出てきたことばなのだろうか？

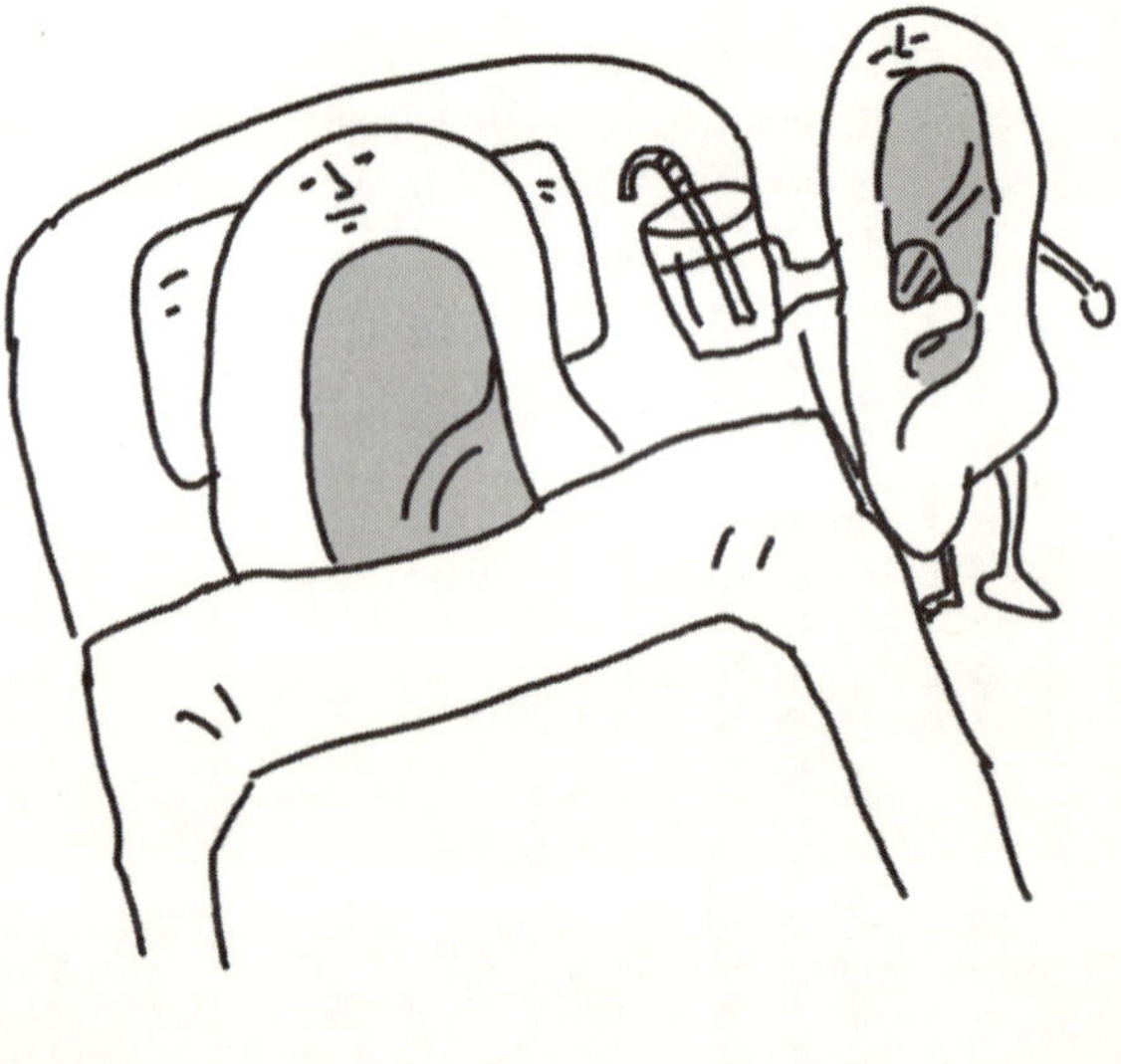

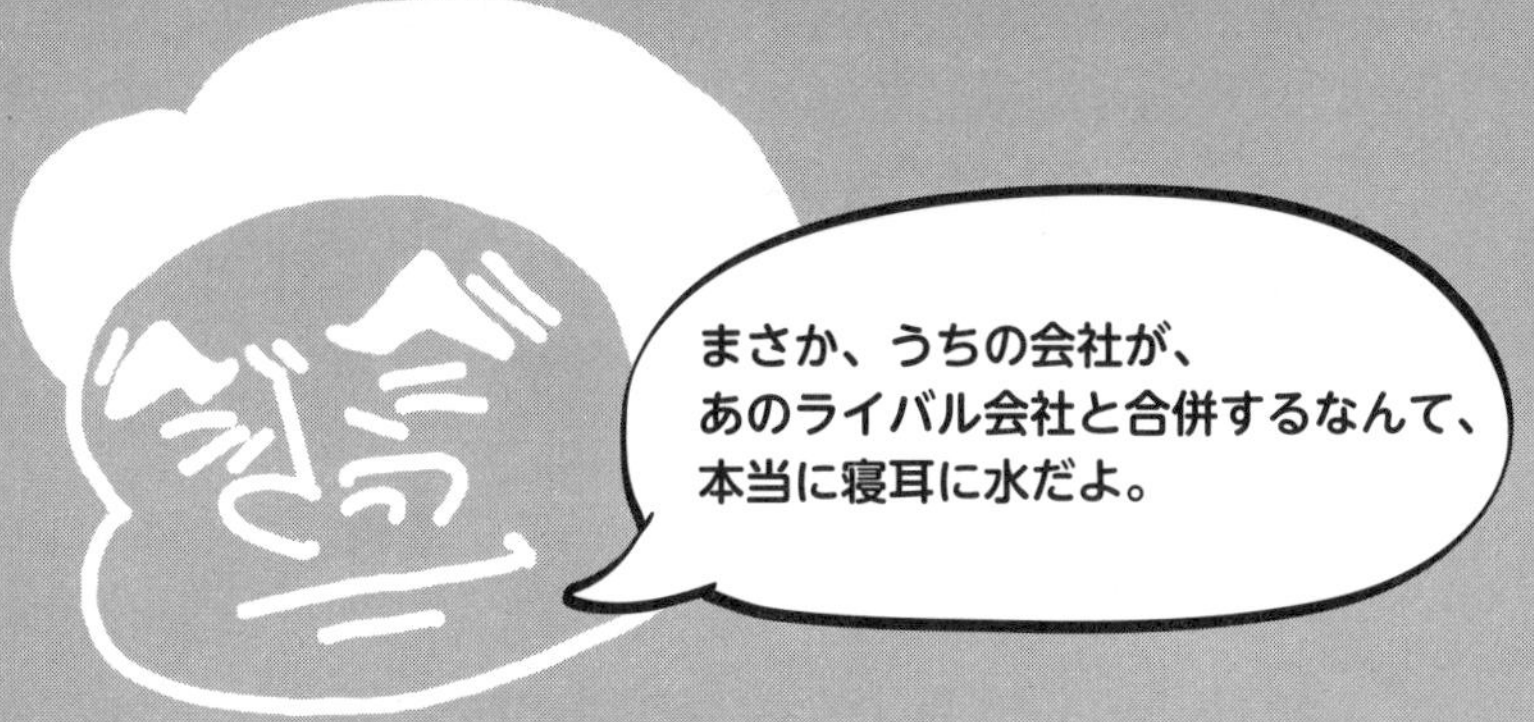
まさか、うちの会社が、
あのライバル会社と合併するなんて、
本当に寝耳に水だよ。



**【意味】**

予想もしなかったことが不意に起こってびっくりすること。特に、意外な知らせなどを受けて、大いに驚くさまをたとえていう。

**【解説】**

この句はもと、**眠りながら夢うつつの中に水の流れの音を聞く**ということだったのが、「寝耳に水の入るたるがごとし」のような形を経て、今の形になったものと推定されますが、江戸時代には、歌舞伎『助六由縁《すけろくゆかりの》江戸桜《えどざくら》』に「なんぢゃ、私《わた》しが意休《いきゅう》と寝たとえ。こりゃをかしいわいナ。ほんに寝耳に水でござんすわいナ」とあるなど、今の形で使われるようになっていたことがわかります。

# のべつまくなし

［Nobetsu-Makunashi］

「のべつ」も「まくなし」も、わからない。
「まくなし」の「まく」は「幕」でよいのか？

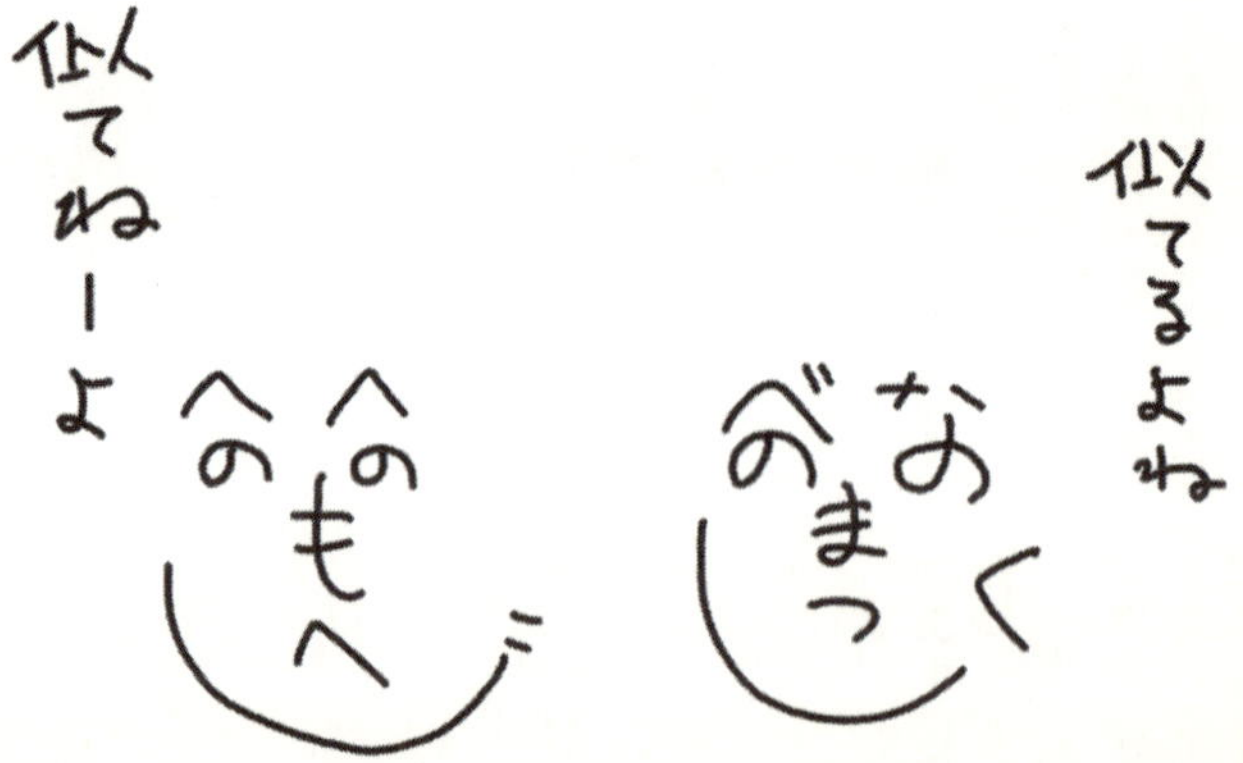
似てねーよ
へのへのもへじ
似てるよね
のべつまくなし

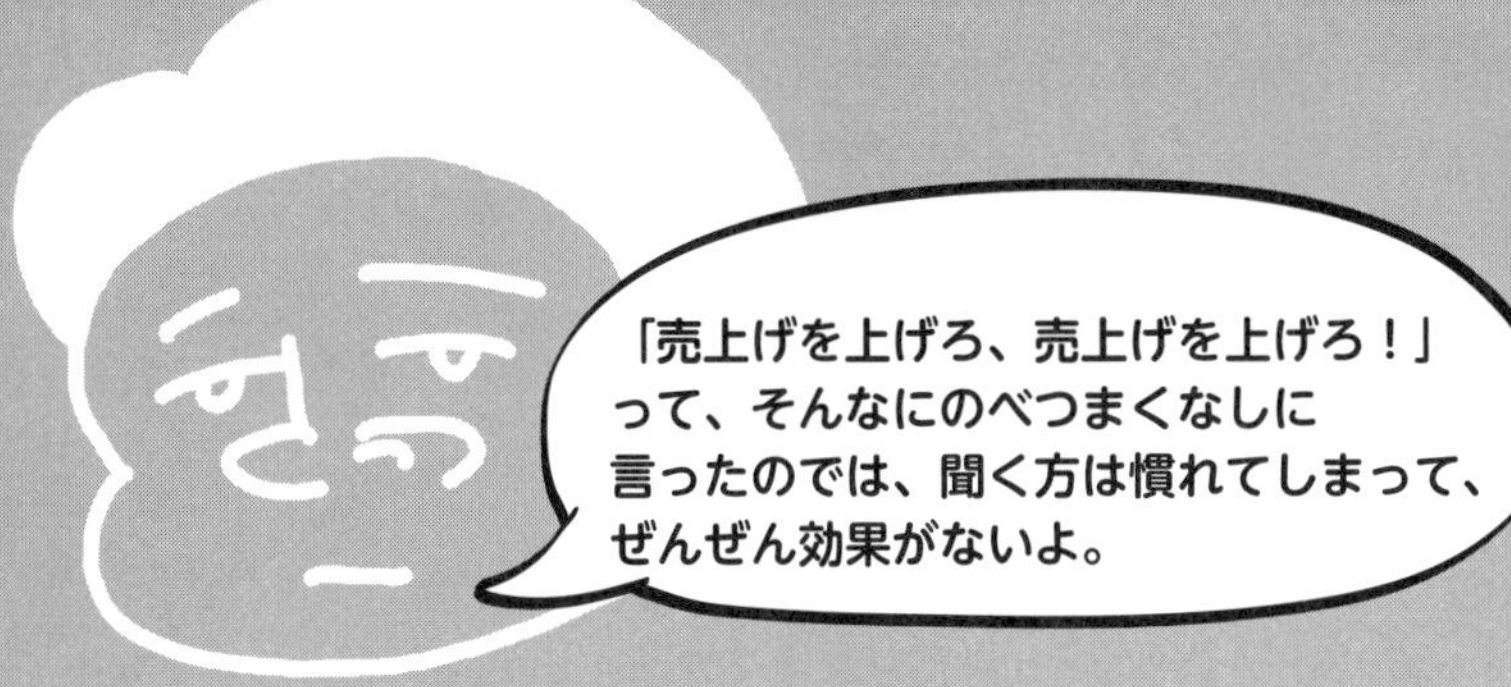
「売上げを上げろ、売上げを上げろ！」
って、そんなにのべつまくなしに
言ったのでは、聞く方は慣れてしまって、
ぜんぜん効果がないよ。



**【意味】**

少しの切れ目もなく。物事が立てつづけに行われるさま。

**【解説】**

もと**「延べて幕無し」から来たことば**です。芝居では、場面の変わり目でいったん幕を引いて小休止を置くのがふつうですが、これは、それを置かずに、舞台演技をずっと続けていくことをいい、そこから転じて、**物事の途中に切れ目を設けず、ぶっ続けに事を行うさま**をいうようになったのです。

夏目漱石の『吾輩は猫である』に「……会の連発にて当分の間は、のべつ幕無しに出勤致し候《そろ》為《た》め、……」〈二〉の例が見えています。

# のるかそるか

［Noru-ka-Soru-ka］

どんな漢字を当てたらよいのか？

あの会社、
いよいよ新規事業に乗り出すらしい。
のるかそるかの大勝負だな。

な

**【意味】**

成功するか、失敗に終わるか。うまくいくかどうか。
運を天に任せてひとつやってみることをいう。

**【解説】**

「のる」は、他動詞「伸す」（＝伸《の》ばす」の古い形）に対応する自動詞で、「伸びる」の古い形と考えられます。したがって、**漢字では「伸るか反るか」と書き、（刀などが）まっすぐスラリと伸びるか、後方へ反り曲がるか、**という意から、今の意味へ転じたと考えるのがふつうです。

ほかに独自の説として、「篦《の》るか反るか」の字を当て、矢師が矢を製するとき、篦撓型《のためがた》（＝矢材の竹の曲がりを矯正《きょうせい》する器具）に入れた箭竹《やだけ》がまっ直《すぐ》に伸びたか否かが、矢の仕上がり具合を左右するということに由来すると説くものがあります。

# 羽《は》交《が》い締《じ》め

［Hagai-jime］

「羽が交わる」とは、
どういう状態なのだろう。

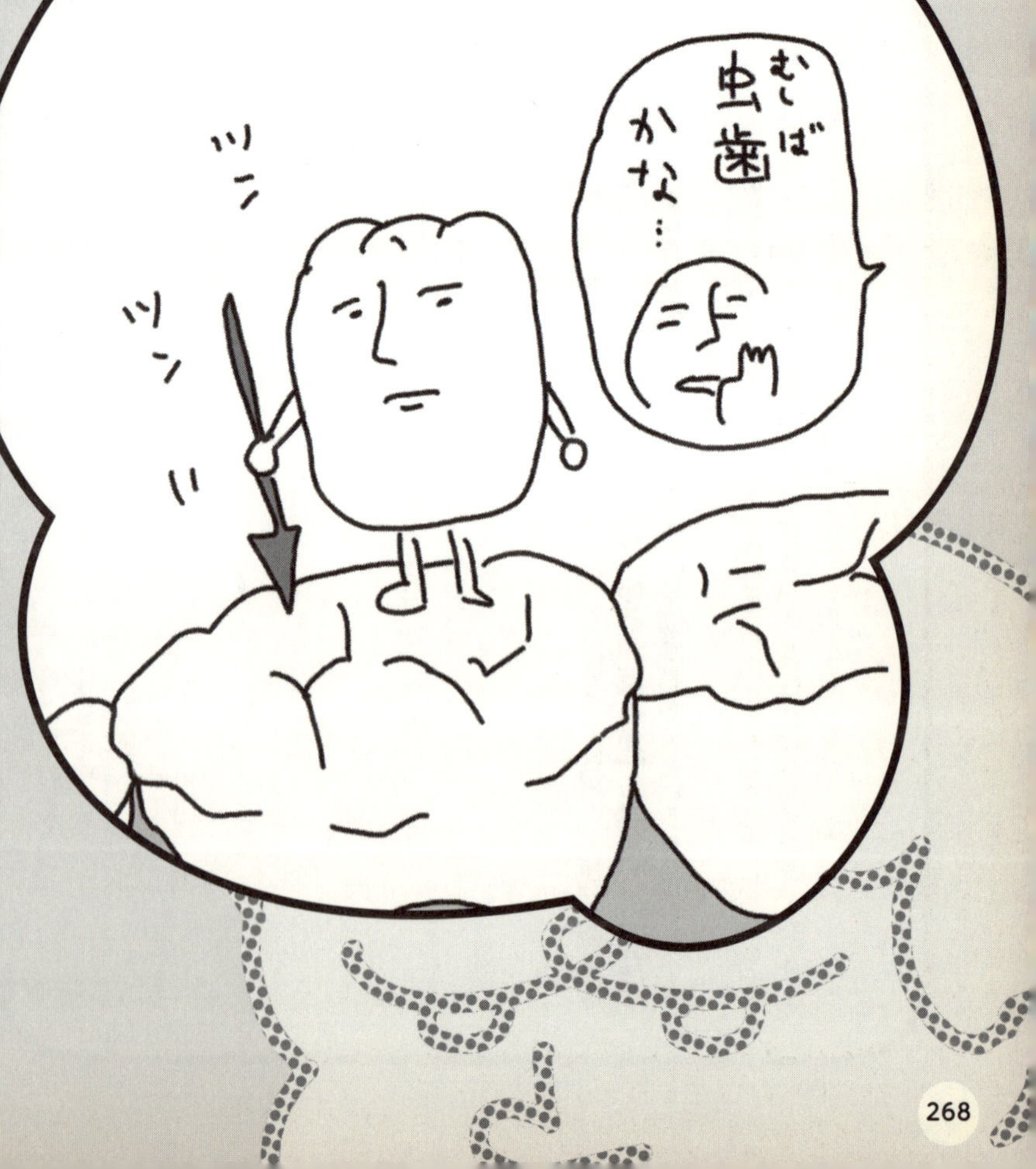

家の二階から忍びこんだ空き巣を
弟と二人で捕らえ、
羽交い締めにして
警察に突き出してやったぜ。

【意味】

両手を相手の両脇に下から前へ通し、それを首の後ろで組んで、相手を動けなくさせること。

また、相手の両手を背後で交差させてきつく縛り上げること。


【解説】

「羽交い」は古くからある語で、『万葉集』に「葦辺《あしべ》行く　鴨《かも》の羽交ひに　霜降りて　寒き夕べは　大和し思ほゆ」〈巻一・六四〉と出ていますが、これは鳥の左右の翼の交差したところをいいます。

「羽交い締め」の用例は江戸時代に多く、罪人を厳しく縛《いまし》める方法で、いわゆる「後ろ手に縛り上げる」というものでした。ところが今では、現行犯などをひっ捕らえて逃がさないようにするためにとる方法で、【意味】の項で述べたように具体的な縛り方に違いがありますが、どちらにしても、**鳥が両翼を閉じた形をイメージしているこ**とに変わりはないと思います。

は

# はかが行《い》く

［Haka-ga-Iku］

「はか」とは何をいうのだろう？

口うるさい上司がいない方が、
かえって仕事ははかが行くもんだな。

**【意味】**

物事がどんどん捗る。仕事などが順調に進むことをいう。

**【解説】**

「はか」には「計・果・捗」などの漢字を当てることがあり、**本来は、田植え・草取り・稲刈りなどをする際に、あらかじめ決めておく一人当たりの分担範囲**をいうことばでしたが、そこから転じて、物事の進み具合をいうようになったのです。

ちなみに、**「はかる」「はかどる」**はこの語から派生した動詞、**「はかばかしい」**はこれを重ねたものを語幹とした形容詞です。

# はったりを利《き》かす

［Hattari-o-Kikasu］

「はったり」がよくわからない。
「切ったり張ったり」と関係があるのか？

あの会社の営業マンは、
「官公庁や大企業から
注文が次々に入ってます」
などとはったりを利かすので、
用心したいものだ。

**【意味】**

実際以上に大きなことを言って、自分を大物に見せる。

**【解説】**

「はったり」は、動詞「張る」（＝人の顔などを平手で叩《たた》く）の連用形に、完了の意を示す古い助動詞「たり」の連用形が付いて名詞化した語で、**「人を脅すこと・威嚇すること」**を意味します。

いまは、日常的な会話文の中でやや俗語的に使われ、「はったりを言う」「（あの男は）はったりだ」のような形でも使われます。

# 鼻薬《はなぐすり》を嗅《か》がす

［Hanagusuri-o-Kagasu］

なぜ賄賂が、「鼻薬」になったのか？
やっぱり賄賂は臭うものなのだろうか？

あの会社の納品係は細かいことにいちいち小うるさく言うから、ちょっと鼻薬を嗅がせておかなきゃ、納品のときに苦労するよ。



【意味】
仕事上の便宜を図ってもらうために、小額の賄賂《わいろ》を贈る。

【解説】
「鼻薬」は本来、鼻孔内の爛《ただ》れなどに用いる薬のことですが、ここでは、**鼻を鳴らして拗《す》ねる幼児の機嫌直しに与える、ちょっとした菓子**をいい、それが**細かなことをるうさく言う小役人などへの小額の賄賂**の比喩となっているのです。
江島其磧の浮世草子『傾城禁短気』に「卸の久左衛門をひそかに招き、利きめの強い鼻薬を以《もっ》て篤《とく》と頼み、……」〈一之巻〉とあるのはこの意味です。今もやや俗語的に、「鼻薬を嗅がす」「鼻薬を利かす」といった形で使われています。

# 鼻《はな》持《も》ちならぬ

［Hanamochi-Naranu］

鼻を持つって、何のことだろう？

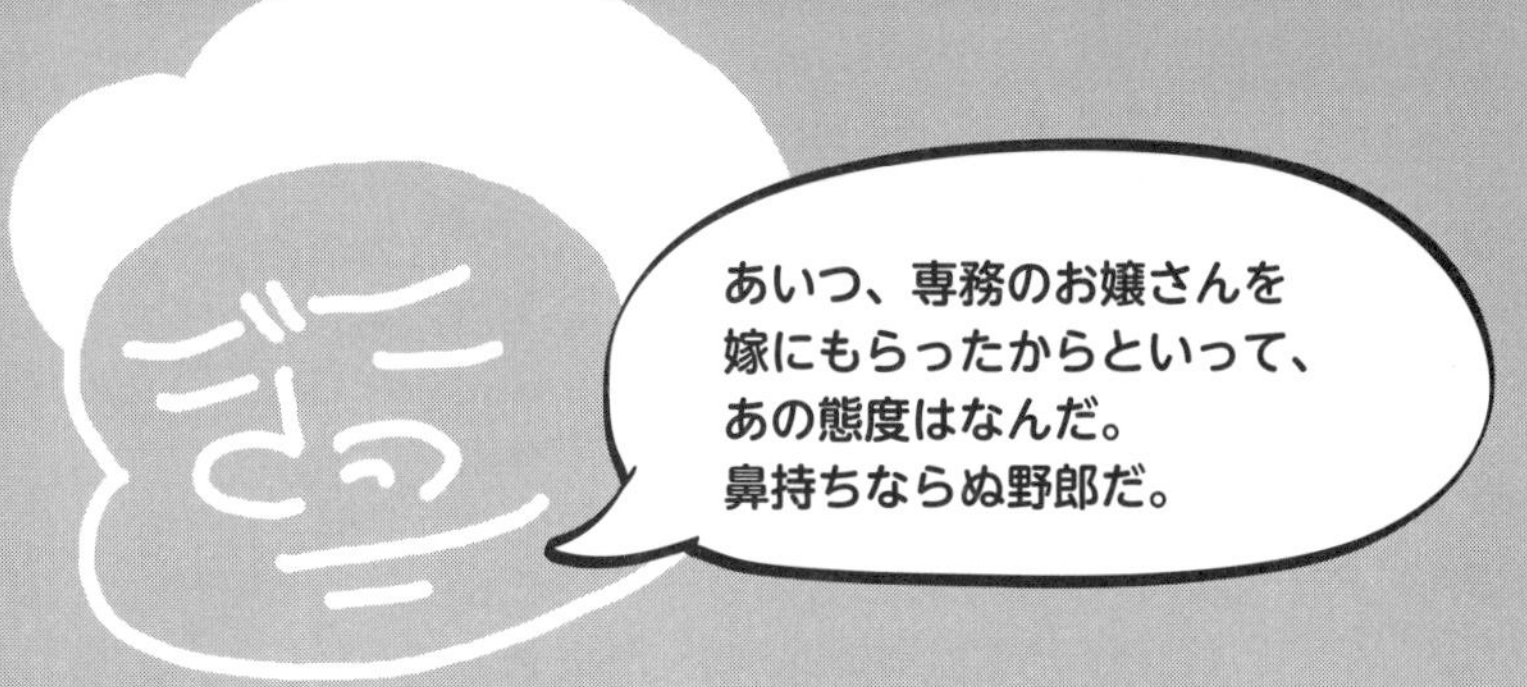
あいつ、専務のお嬢さんを
嫁にもらったからといって、
あの態度はなんだ。
鼻持ちならぬ野郎だ。



**【意味】**

言動が嫌味で我慢できない。ことば遣いや態度、振る舞いなどがひどすぎて、黙って見過ごしがたいさまをいう。

**【解説】**

「鼻持ち」は本来、嗅覚器官《きゅうかく》である鼻が、ひどい臭気に堪えることをいい、「鼻持ち（が・の）ならぬ」「鼻持ちがせられぬ」のような形で、**あまりに臭気がひどくて辛抱しきれないさま**を表しました。二葉亭四迷の『浮雲《うきぐも》』に「……男が、余程《よつぽど》酩酊《めいてい》していると見えて、鼻持《はなもち》のならぬ程の熟柿《じゅくし》臭《くさ》い香《におい》をさせ乍《なが》ら、……目の前に突立《つった》ッていた」〈第二編・第九回〉とあるのは、その一例です。

ところが、今では「いやな感じで神経的に堪えられない」意に転じ、もとの意味がほとんど意識されないようになったのです。転意のきっかけは、悪臭と神経的な不快さという違いはあっても、「胸をむかむかさせる」という共通点が両者に存在することによると思います。

# 引《ひ》けを取《と》る

［Hike-o-Toru］

「引け」の意味や用法がまったくわからない。

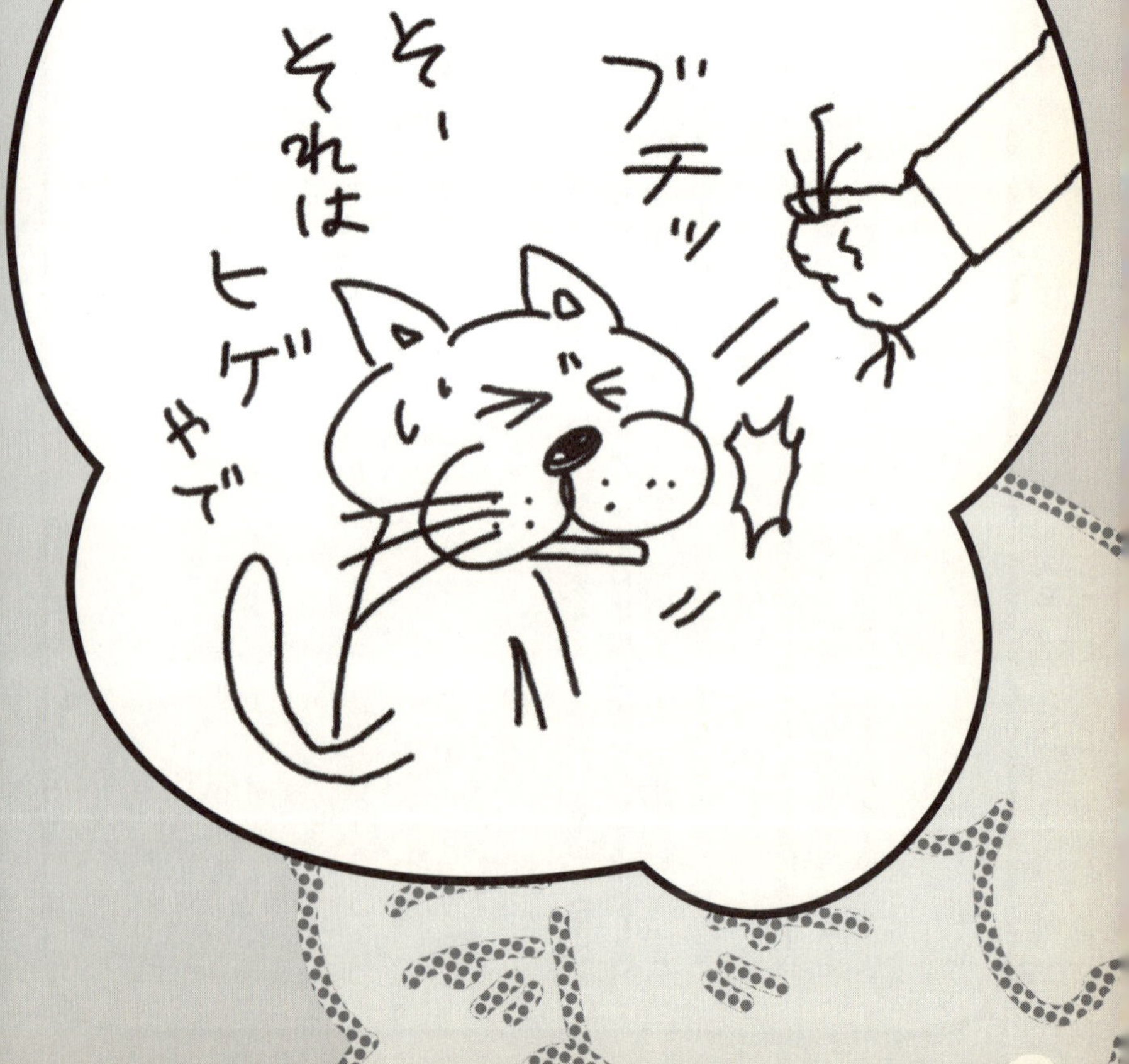
ブチッ
そ、
それは
ヒゲやで

あの男、仕事をさせれば、
だれにも引けを取らないんだが、
酒癖が悪いのが欠点だな。

**【意味】**

人より劣った存在になる。

競争者に負けて、肩身の狭い思いをすることをいう。

**【解説】**

「引け」は、「引かれる」の意で下二段に活用する動詞「引く」の連用形が名詞化したもので、**「(物事において)後《おく》れを取ること」**を意味します。

江戸時代から用例が多く、井原西鶴の浮世草子『好色一代男』に「男中間（=男の仲間）にひけとらしては何《いず》れも堪忍成難《なりがた》し」〈巻二〉とあります。

なお、類句「後れを取る」よりも日常的な色合いが濃く、今も会話文の中でよく使われています。

# ビタ一文《いちもん》

［Bita-Ichimon］

「一文」はわかるが、
「ビタ」がわからない。

今度の部長は厳しいよ。
筋の通らない経費は
ビター文出そうとしない。

【意味】
「一文」を強めた言い方。下に打消しの表現を伴って、「ただの一文も……（し）ない」の意に用いる。

【解説】
古くは「ビタ」に「鐚」の字を当てることがありましたが、これは「金」と「惡」（「悪」の旧字体）を合わせた「国字」（和製漢字）だったのです。さて、この「鐚」は何かと言いますと、これは「鐚銭《びたせん》」（「びたぜに」とも）と呼ばれ、**室町時代以降わが国で私鋳された、粗悪な貨幣**をいいます。

ですから、「ビタ一文出さない」の原義は、**「偽物硬貨一枚も出さない」**ということで、ともかく出さないことに徹底しているさまをいう表現になっているのです。

# 顰蹙《ひんしゅく》を買《か》う

［Hinshuku-o-Kau］

「顰蹙」という漢字を当てているが、
この字はどういう意味なのだろう。

大きくなれよ
ヒンシュク
ヒンシュク

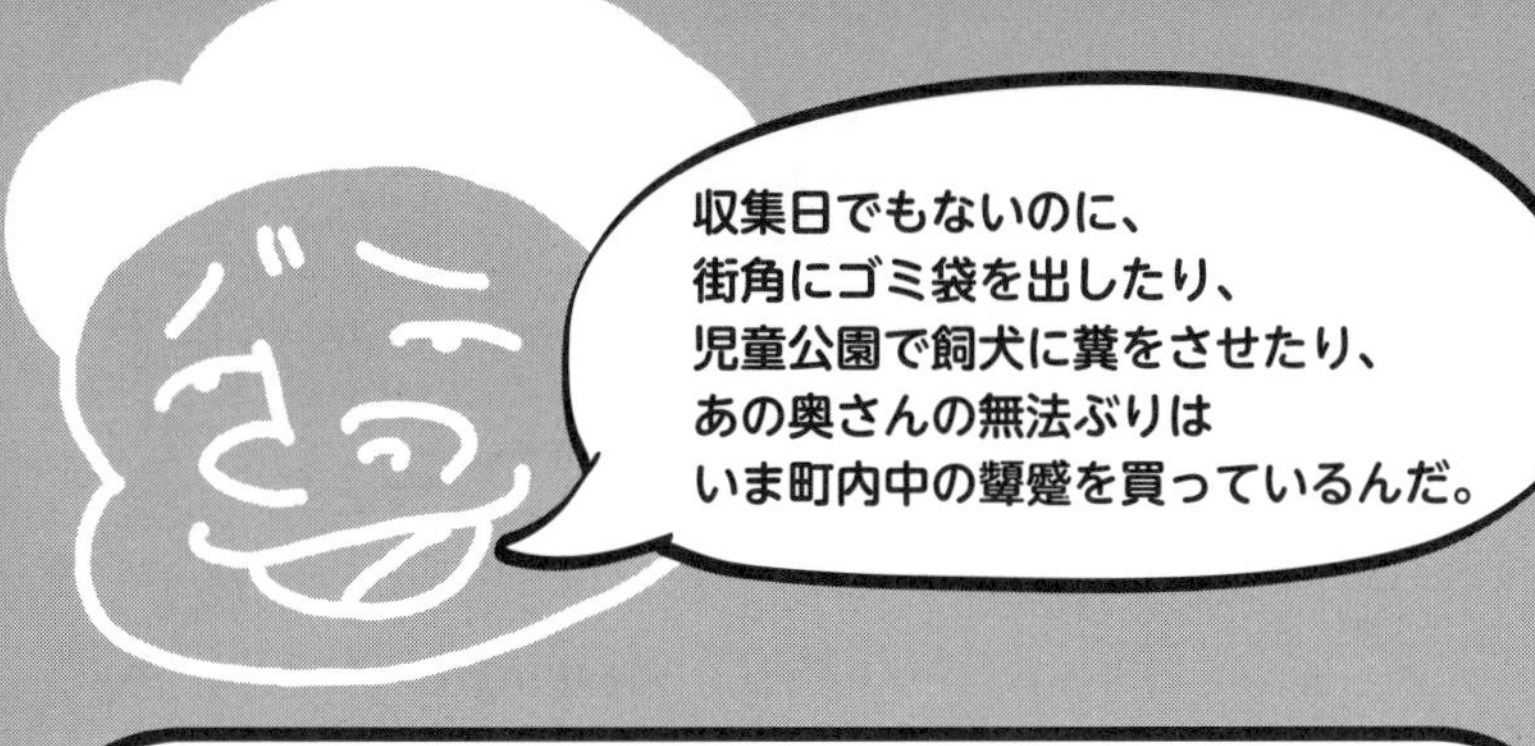
収集日でもないのに、
街角にゴミ袋を出したり、
児童公園で飼犬に糞をさせたり、
あの奥さんの無法ぶりは
いま町内中の顰蹙を買っているんだ。

**【意味】**

人から眉をひそめられる。人から嫌われ軽蔑される。

**【解説】**

「漢和辞典」を引くと、「顰」には「(眉を)ひそめる。(顔を)しかめる」、「蹙」には「(顔を)しかめ。(顔に)しわを寄せる」とあります。要するに「顰蹙」は、**人の言動に不快を感じて、顔をしかめたり眉をひそめたりすること**をいうのです。

「買う」はこの場合、「怒りを買う」「不興《ふきょう》を買う」などと同じく、こちらの言動によって、相手に好ましくない感情を起こさせることをいいます。

# ピンからキリまで

［Pin-kara-Kiri-made］

「ピン」「キリ」のもとの意味が知りたい。

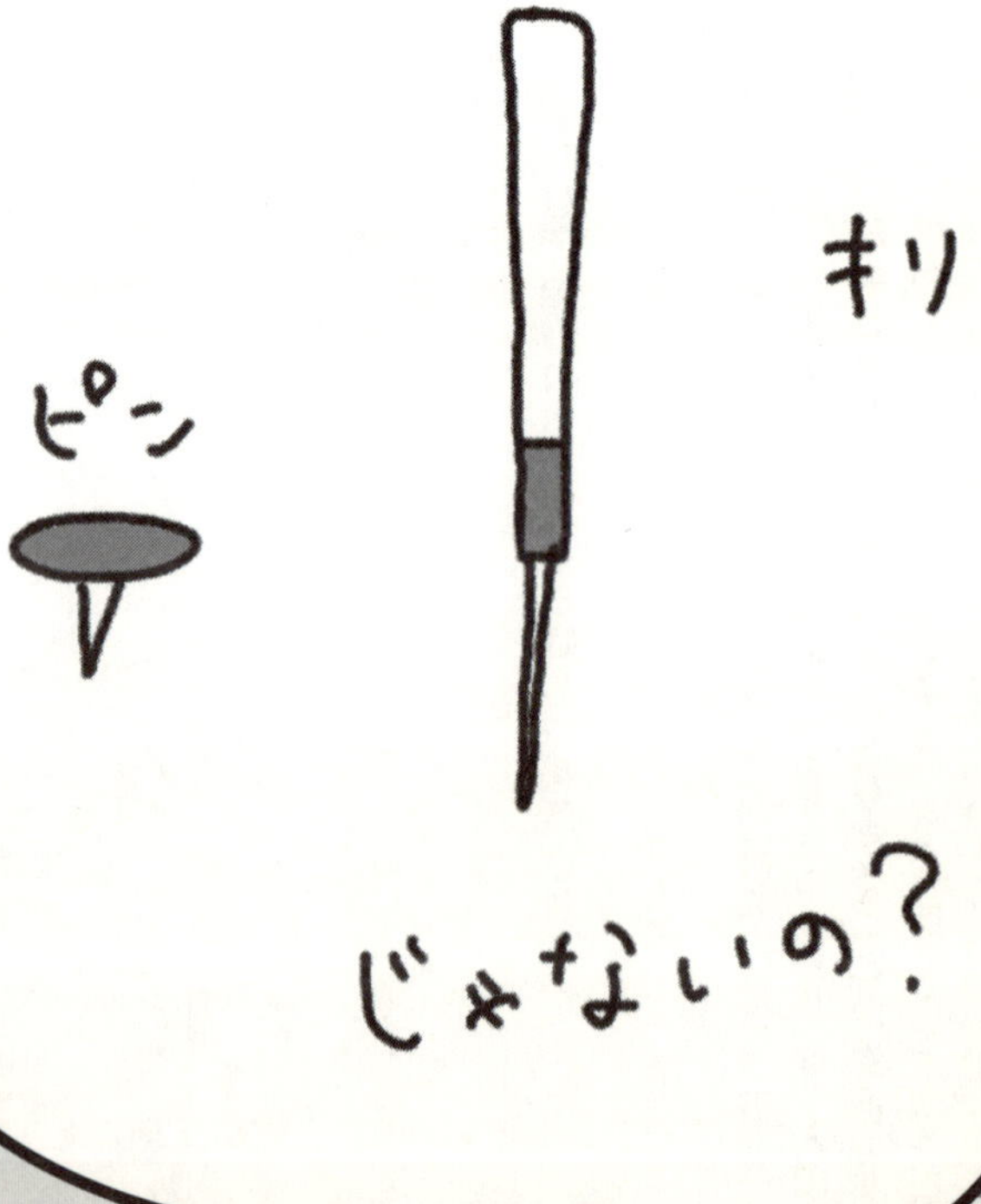

あのブティックの商品はピンからキリまであって、よく吟味して買わなきゃ、ひどい目に遭うわよ。

**【意味】**
最高のものから最低のものまで。

**【解説】**
室町時代から、ポルトガル人宣教師がわが国に渡来するようになりましたが、**「ピン」はポルトガル語　pinta　から、「キリ」は同じく　cruz　からそれぞれ入ったもの**です。前者はもと「点」の意ですが、転じて、さいころなどの「一」の目、さらに転じて「最上の物」を意味するようになり、後者は**「十字架」から転じて「十」、**さらに転じて「最低の物」の意になったものです。
この句は今や俗語的な色彩を帯びて、日常会話の中によく使用されています。

# ピン撥《は》ね

［Pin-Hane］

「ピン」という語がわからない。
「撥ねる」ものなのか？

あの役所のやつ、
どうやら業者への支払いのときに
ピン撥ねしてるらしい。

**【意味】**

賃金・手当など、他人に渡すべき金銭の一部を取って、自分の懐に入れる。上前を撥ねる。

**【解説】**

**「ピン」は、前項で述べたポルトガル語　pinta　から出て、「いちばん上の物」**の意から「上米《うわまい》」の意に転用された語なのです。その後「上米」の意味がしだいに拡大・変化するにつれて、表記・発音が「上前」（うわまえ）に転じていくことは、「上前を撥ねる」の項で説明した通りです。結局この語の**意味は「上前を撥ねる」と同じということ**になるのですが、この句の方が俗語的（むしろ隠語的）な語感が濃いように思われます。もともとは「ピンを撥ねる」でしたが、今は、語形を略して「ピン撥ねする」、または単に「ピン撥ね」というようになりました。

# 憮《ぶ》然《ぜん》とする

［Buzen-to-Suru］

「憮然」とは、不快さを感じて、
ムッとした顔つきをすることではないのか？

勢い込んで初講義に臨んだ
N助教授は、大教室の後ろの席に
パラパラと座っている数人の学生を前に、
憮然としてしまった。

**【意味】**

落胆したり驚きあきれたりして、ぼうっとした顔つきになる。

**【解説】**

「憮然」は確かに、不快さを感じてムッとした顔つきをする意に誤解されることの多い語で、それは文化庁の調査にも現れているところです。けれどもやはりこれは少し違うのです。

中国の古典『論語《ろんご》』にこの語があり、「夫子《ふうし》憮然として曰《いは》く、『鳥獣は与《とも》に群を同じくすべからず。吾《われ》斯《こ》の人の徒《ともがら》と与《とも》にするに非《あら》ずして、誰と与にかせん。……』と。」〈巻第九・微子第十八〉とありますが、これは、門弟たちが隠者たちから「あんな気難しい師について苦労するより、わしらの仲間に入らんかね」と誘われたと知った孔子が言ったことばで、岩波文庫版『論語』には「夫子憮然として曰く」の箇所に**「先生はがっかりしていわれた」**の訳（金谷治氏）が付されています。

これは二千数百年前の中国の文章ですが、今もこの語の意味は基本的に変わっていないというべきです。

は

# 臍《へそ》が茶《ちゃ》を沸《わ》かす

[Heso-ga-cha-o-wakasu]

なんとも不思議な言い回しだが、
どうしてこのような表現ができたのか？

うちの課長、自分の仕事もろくにできないくせに、人の仕事にはえらそうにけちをつける。しまいに臍が茶を沸かしそうになってきた。

**【意味】**

腹をよじって大笑いする。非常におかしく感じて、腹を抱えて笑いころげるさま。特に、相手の矛盾した言動などをばからしく思って嘲笑することをいう。ちゃんちゃらおかしい。

**【解説】**

「臍」は、胎児が母胎内にいるとき、ここに付いている臍帯《さいたい》（臍の緒）によって母親の胎盤と結ばれ、血液や栄養分などの受入れ口となる重要な器官ですが、生誕後もその跡がよく目立つ形で腹部前面の中央に残っています。

ところで、何か非常に滑稽《こっけい》なことに出会ったりして大笑いする場合（肥満体の男性などでは特に）、腹部が大きく波立って、いわゆる「腹を抱えて笑い転げる」といった状態になります。

江戸時代には、こういうさまを**滑稽味を込めて比喩的に表す言い方**がいろいろ現れました。**「臍が縒《よ》れる」「臍が（で）笑う」**などから**「臍が入唐《にっとう》する」「臍が宿替えする」「臍が（で）茶を沸かす」**などに至るいくつもの言い方が並行しますが、この句が、大きな腹の勢いよく波立ち揺れるさまを、その内面の心理とともに、茶化し気味に最もうまく捉《とら》えているように思います。

なお、『日本国語大辞典』の「補注」には、歌舞伎『御摂勧進帳《ごひいきかんじんちょう》』の「お臍でお仙が茶を沸かす」〈三立〉という興味深い用例が紹介されています。

# へそくり

［Hesokuri］

「へそ」は「臍」だろうが、
だとしたら「くり」はどういうことになるのか？

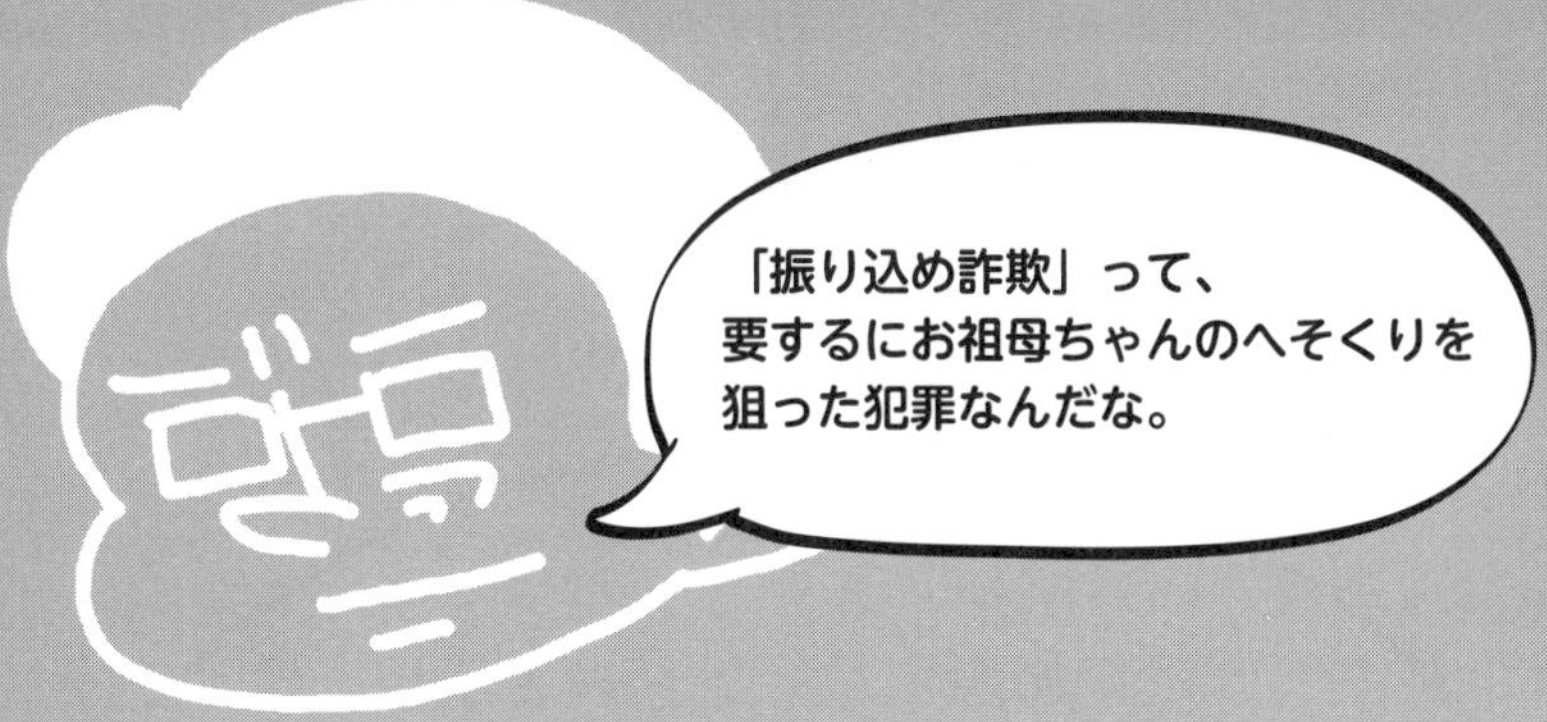
「振り込め詐欺」って、
要するにお祖母ちゃんのへそくりを
狙った犯罪なんだな。

【意味】

（主婦や隠居の老人などが）いろいろと遣り繰りして、家人に内緒で貯めたお金。

【解説】

江戸時代から庶民の間によく使われることばで、「臍繰り」の漢字を当てることが多く、「へそくり金《がね》」「へそくり銭《ぜに》」、また「へそがね」、あるいは単に「へそ」ということもありました。

　風来山人（平賀源内）の談義本『風流《ふうりゅう》志道軒伝《しどうけんでん》』に「垣根には薺《なずな》・蒲公英《たんぽぽ》の花盛《はなざかり》なるに、隣の姥様《ばさま》もうかれ出し、……臍くり金の底をたゝき、彼岸といへば、只《ただ》だんごとのみ覚えたるも（＝ただ団子を用意するものとばかり思いこんでいるのも）をかし」〈巻之二〉とあるのはその一例です。

　語源としては、「へそ」は「綜麻《へそ》」で紡《つむ》いだ麻糸、「くり」は動詞「繰る」の連用形で、紡いだ糸を枷《かせ》に巻き取ることをいい、江戸時代に**庶民の家庭で、その家の主婦や隠居などが、「綜麻を繰る」ことで得たわずかな金銭**を、家人にも内緒で密かに蓄えることによるのです。

　ところが、いつもそれを大事に腹に巻きつけていて、「臍をほじくって出す金銭」の意と混同して「臍繰り（金）」の字を当て、それを「ほぞくり（がね）」と読む例なども現れています（「ほぞ」については「臍《ほぞ》を噛む」の項を参照してください）。

は

# べそをかく

［Beso-o-Kaku］

「泣きべそ」ということばもあるが、
そもそも「べそ」とは何のことだろう？

香織《かおり》ちゃん、
小学生にもなって、そんなことで
べそをかくものではありません。

**【意味】**

悲しいことがあって、(幼児などが)今にも泣き出しそうな顔になる。顔をしかめ口を「へ」の字形に曲げた表情になる。

**【解説】**

この句は江戸時代から俗語的に用いられ、「べそを作る」「泣きべそをかく」の形でもほぼ同じ意味を表します。

**不機嫌に押し黙って、口を「へ」の字形に曲げた顔つきを「へしぐち（圧口）」といいますが、「べそ」はそこから出たとする説が有力**です。

『決まり文句語源辞典』にはなお加えて「能面のベシミ（圧見）からともいわれ、口をへの字にして黙ること。能面に大圧見《おおべしみ》があり、天狗に力を貸す鬼神などに用い、子供が泣く顔付きに似る。」と記しています。

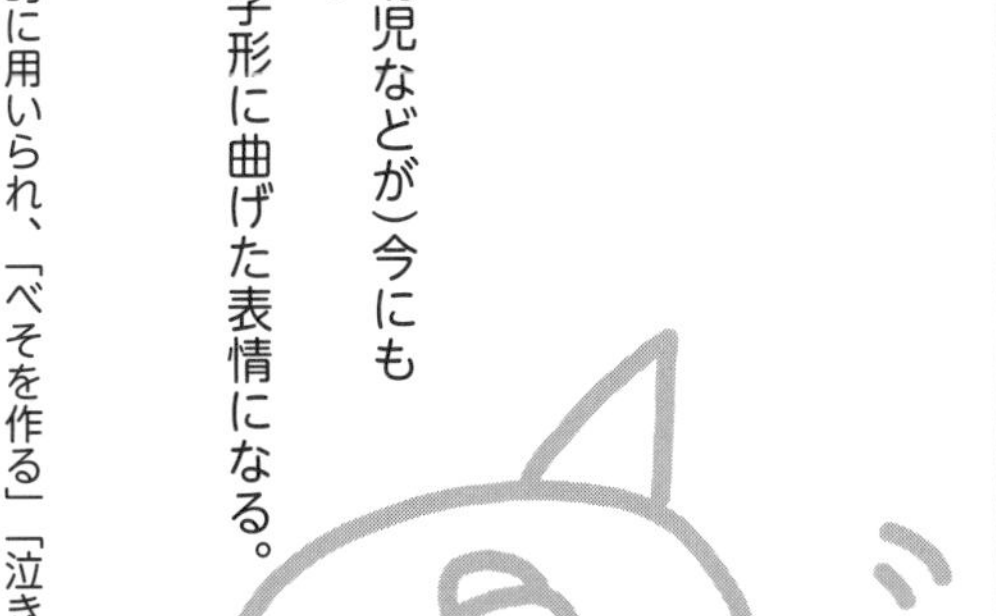

は

# 下手《へた》の横好《よこず》き

［Heta-no-Yokozuki］

腕におぼえのある人の場合は
「縦好き」なんだろうか？

中村さんの碁は下手の横好きで、
いつも一回戦で負けるくせに、
碁会といえば必ず出てくるんだから、
ほとほと感心するね。



**【意味】**

芸事《げいごと》などで、それがうまくできないくせに、むやみにそれを好むこと。下手な人ほど却《かえ》ってそれを好むものだという皮肉な現象をいう。

**【解説】**

**「横」というのは物の正面でない方向、**脇の方を指すことばで、そこから転じて**「理に合わないこと」「ふつうでないこと」を意味する**ことがあります。この句の「横好き」はまさにその使い方です。

昔から「好きこそ物の上手《じょうず》なれ」ということばがありますように、学問でも芸能でも、あるいは職業でも、それに興味を覚え心引かれて専心努力すれば必ず上手の域に到達するはずですし、また、そうでなければ本当に好きだとは言えまいというのがまっとうな論理でしょう。ですけれども、負けても負けてもレースを続けて評判になった競走馬「ハルウララ」のように、こういう変わった人がいても、それはそれでまた一興だろうと思います。

狂言『仁王』に、ばくち打ちのことばとして「これが世話（＝世間のはやりことば）にいふ、下手の横好きというものであらう」の台詞《せりふ》があり、室町時代以降、庶民的な雰囲気の中で使われたことがわかります。

# 減《へ》らず口《ぐち》を叩《たた》く

［Herazuguchi-o-Tataku］

「減らず口」とは
いったいどんな「口」だろう？

あの男は自分の旗色が悪くなると、すぐに減らず口を叩いて話をそらそうとするんだ。

**【意味】**

人に負けるのが口惜《くや》しくて、無理な屁理屈《へりくつ》をこねる。
負け惜しみの強がりを言う。

**【解説】**

「減らず口」とは、「（自分の方から考えて）**何の損をすることもない口の利《き》きよう**」ということで、**不条理でも何でも強引に言うこと**を表し、「減らず口を叩く」あるいは「減らず口を利く」の形でよく使われます。
夏目漱石の『坊《ぼっ》ちゃん』に「余計な減らず口を利かないで勉強しろと云《い》って、授業を始めて仕舞《しま》った」〈三〉の例が見えます。

# ほくそ笑《え》む

［Hokuso-Emu］

ひとりでニヤニヤ笑っているのが、
どうして「ほくそ」なのだろう？

社長みずから考案したゲームソフトの売れ行きはすごい。社長室でほくそ笑む顔が目に見えるようだ。

**【意味】**

悦に入ってかすかに笑う。

特に、物事が思い通りに進むのに満足して、ひとり密《ひそ》かに薄笑いを浮かべるさまをいう。

**【解説】**

「ほくそ」は漢字「北叟」を当てることがありますが、「叟」は「老人」の意で、**「北叟」は、中国の古伝説で有名な「塞翁《さいおう》」のこと**をいいます。《昔、中国北方の要塞の近くに一人の翁が住み、一頭の馬を飼っていた。ところがあるとき、その馬が逃げて胡《こ》へ行ってしまった。翁が「これが幸せのもとかも知れない」と言っていると、はたしてその馬が仲間をおおぜい連れて戻ってきた。翁が「これは不幸の元になるかも知れない」と言っていたところ、息子が馬から落ちて髀骨《ひこつ》を折ってしまった。翁がまた「これが幸せのもとかも知れない」と言っていたとき、胡の兵が侵入してきて戦争となり、多くの若者が戦死したが、脚の不自由な翁の息子は戦いにも行かず、命を全うすることができた》というものです。

**小さな幸不幸に動じないこの翁のように、世を達観した人が顔に浮かべるかすかな微笑、**それがこの句の意味するところです。この句は本来「控えめにそっとほほえむ」意の奥床《おくゆか》しいイメージのことばなのですが、今では「してやったりとひとりニヤニヤする」という卑しさを伴う使い方が主流になってしまいました。

# 臍《ほぞ》を噛《か》む

［Hozo-o-Kamu］

まず、「臍《へそ》」のことをなぜ
「ほぞ」というのだろうか？
次に、それを噛むことが、
なぜ悔しがることになるのか。

同期入社の中村が課長になった。
大山は、あのとき専務の勧める
縁談を受けておけばと、
臍を噛む思いだった。

**【意味】**

後悔する。物事をしてしまった後で、どうにもならないことを悔やむ。

**【解説】**

**「へそ」は古くは「ほそ」といい、それが「ほぞ」と「へそ」に変化した**と考えられます。一〇世紀後半に作られた『宇津保物語《うつぼものがたり》』には、「へその緒」について、「このむまれ給《たま》へる君を、かぎりなくかなしくし給《たま》て（＝この上なくかわいがりなさって）、ほぞのをつきながらいだきもちて……」〈国譲・上〉と出ています。当時のかな表記ではまだ濁点を用いていませんから、実際にこれを「ほそ」と読んだか「ほぞ」と読んだか、必ずしも明らかではありません。しかし、『日葡辞書』に「Foso. 上（Cami）では feso という」とありますので、室町時代末ごろまでは、ふつう「ほそ」と呼ばれており、一方そのころから京阪地方を中心に「へそ」という呼び方も始まったことがわかります。

「臍《ほぞ》を噛む」の用例は江戸時代から多く見られ、曲亭馬琴《きょくていばきん》の読本《よみほん》『椿説弓張月《ちんせつゆみはりづき》』には「みづから惑《まどひ》て遅々《ちち》し給はゞ臍《ほぞ》を噛《かむ》ともそのかひなからん」〈後篇・二〇回〉とあります。

**この句は、自分の臍を噛むのはとうてい不可能なことから、「どうにもならないことを悔やむ」**、「いくら後悔してもどうしようもない」の意を表すようになったと考えられます。

は

# 惚《ほ》れた腫《は》れた

［Horeta-Hareta］

「惚れた」はわかるが、
「腫れた」がなぜここに来るのかわからない。

あの二人、惚れた腫れたの大騒ぎの末、
両親の猛反対を押し切って
一緒になったのに、半年もせずに
もう別れてしまったそうだ。

**【意味】**

異性に心を引かれて夢中になるさま。男女の激しい恋を称賛するのではなく、むしろその無軌道ぶりをからかったり非難したりする気持ちを含んだ言い方である。

**【解説】**

「惚れる」は、異性に心を引かれることを、やや俗語的に表現する語です。「腫れる」は、病的な原因で体の一部がふくれ上がることをいいますが、ここでは実際に（心臓などが）ふくれたというより、**「ほれた」「はれた」と類似音を重ねて語呂を合わせ、意味を強めている**と見るのがよいと思います。「〜た〜た」は、「〜したり〜したり」の意を表します。

なお、**「惚れた腫れたは当座のうち」**ということばがあり、古来、激しい恋は色《いろ》褪《あ》せるのも早く、人の世の無常を説く例としてよく語られています。

# まか不《ふ》思《し》議《ぎ》

［Maka-Fushigi］

なぜ「まか」がが「不思議」の前にくるのか？

なんで、
美男子でもないあの男が
女性にもてるのか、
まか不思議だ。

**【意味】**

非常に不思議なこと。どう考えてもわからないこと。

**【解説】**

**「まか」は梵語《ぼんご》（古代インド語。サンスクリット）maha　を音訳した語で、漢字で「摩訶」と書き、「大きな」「多い」また「偉大な」の意味**を表します。

わが国では仏教語として、仏徳の偉大さ、功徳《くどく》の不思議さなどを説くときに使われましたが、最近では「まか不思議」のように、一般語のなかでも一部用いられるようになっています。

# 負《ま》けず嫌《ぎら》い

［Makezu-Girai］

「負けず」で「負けない」ことだから、
この句は「負けないのが嫌い」、
すなわち「負けるのが好き」の意味になるのでは？

負け知らずの
エリートが
とにかく
嫌いだ

同期入社の小林が先に課長になって、
負けず嫌いの池田の心中、
察するに余りあるねぇ。

**【意味】**

人に負けることを特に嫌がる性格。
また、そういう性格の人。

**【解説】**

論理的に考えれば、確かに「負け嫌い」とあって当然なところですし、事実、夏目漱石の『坊ちゃん』に「山嵐（数学教師堀田のあだ名）もおれに劣らぬ肝癪《かんしゃく》持《も》ちだから、負《ま》け嫌《ぎらい》な大きな声を出す」〈六〉とあるなど、江戸時代から明治期にかけて「負け嫌い」の例も散見されます。しかし、明治のころからすでに（特に話しことばでは）「負けず嫌い」の形がふつうに使われるようになっていたのです。

さて、それでは、なぜこういう語形が現れたのかという問題ですが、これには二つの原因が考えられると思います。一つは「怪《け》しからぬ」の項で触れましたように、**一種の強調表現として、内容的に否定でないところに打消しの助動詞「ず」を挿入する例があったこと**、いま一つは、「負けじ魂」（＝負けまいとする根性）をはじめ、「食わず嫌い」「行かずじまい」など形態的に類似する表現が多く、それに引きずられたということです。

# 真《ま》っ赤《か》な嘘

［Makka-na-Uso］

「嘘」にも色があったのか？

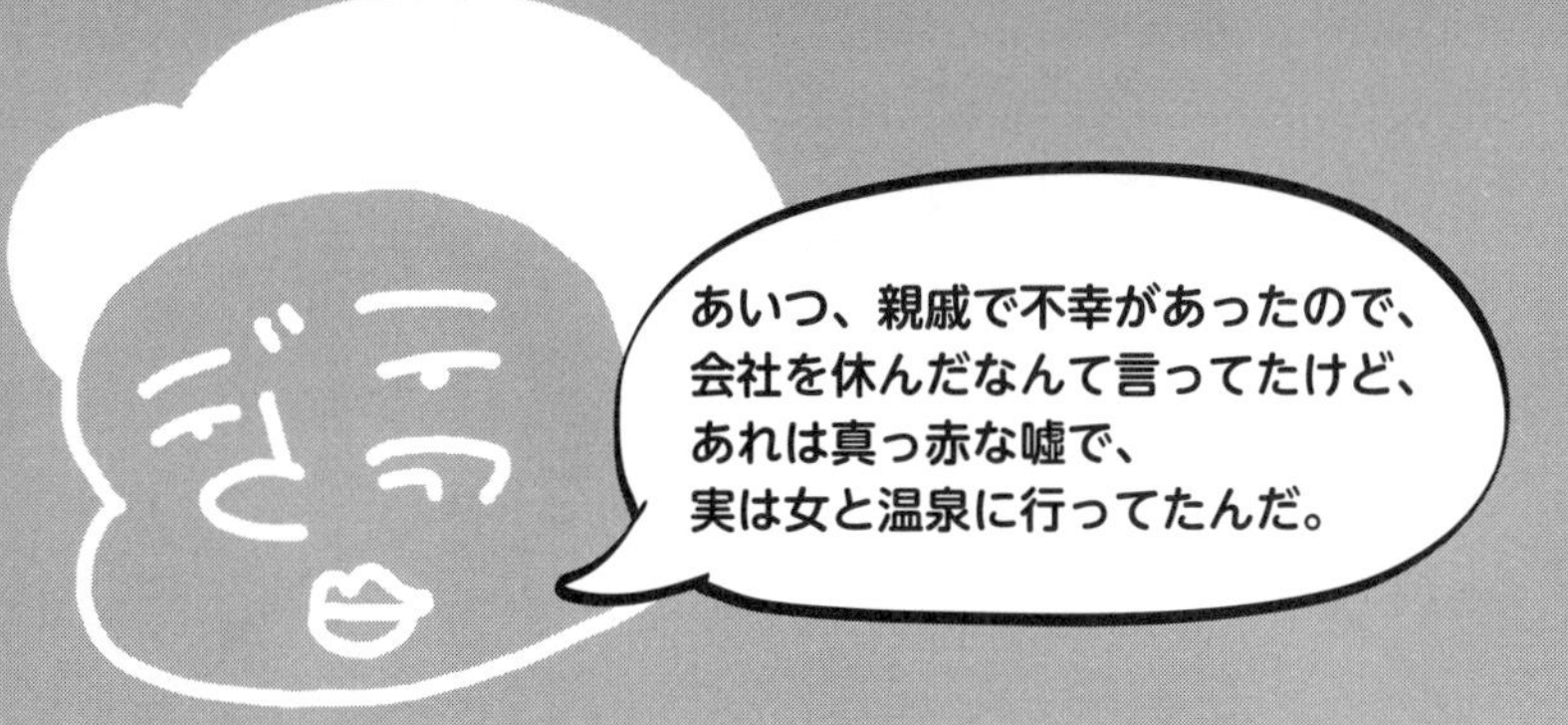
あいつ、親戚で不幸があったので、
会社を休んだなんて言ってたけど、
あれは真っ赤な嘘で、
実は女と温泉に行ってたんだ。

**【意味】**

まったくのうそ。一〇〇パーセント嘘で固めたこと。

**【解説】**

「真っ赤」という語は、「真白《まっしろ》」「真黒《まっくろ》」などと同じく、「赤《あか》」の上に「純粋な」の意を示す接頭語「真《ま》」が付いた「真赤《まあか》」に、強調のための促音「っ」が挿入され、代わりに「あ」が脱落した形で、「純粋な赤色。真紅」を意味します。

「漢和辞典」などを引くとすぐ気付くことですが、**「赤」には「赤心」「赤誠」「赤貧」「赤裸」「赤の他人」など、「ありのまま」「究極のもの」といった意味を表す**使い方があり、この句も「正真正銘の嘘」というイメージを表したものなのです。

ところで、私は「赤」にこのような用法があると知りつつ、なぜこの色が、「純白」「漆黒」をはじめ他のすべての色々に増して、「純粋」「究極」のイメージと結び付くのか、その本当のところはわからずにおりました。ところが一九九六年の晩秋、哈爾濱《ハルピン》から帰任の途次、大連行きの特快列車（特急列車）に車窓から、遥かかなたの地平線に沈みゆく、大きな大きな、赤い赤い太陽を目にしました。**生まれて六十五年にして初めて見る“本当の太陽”**でした。以来、私は、よきにつけ悪《あ》しきにつけ、「赤」こそ究極の本当の色だと信じています。

ま

# 眦《まなじり》を決《けっ》する

［Manajiri-o-kessuru］

「眦」は「目尻《めじり》」のことだそうだが、
なぜ「眦」のような特殊な漢字を用いて
「まなじり」などと読ませるのだろう？
また、「決する」はこの場合、
どういう意味に解したらよいのだろうか。

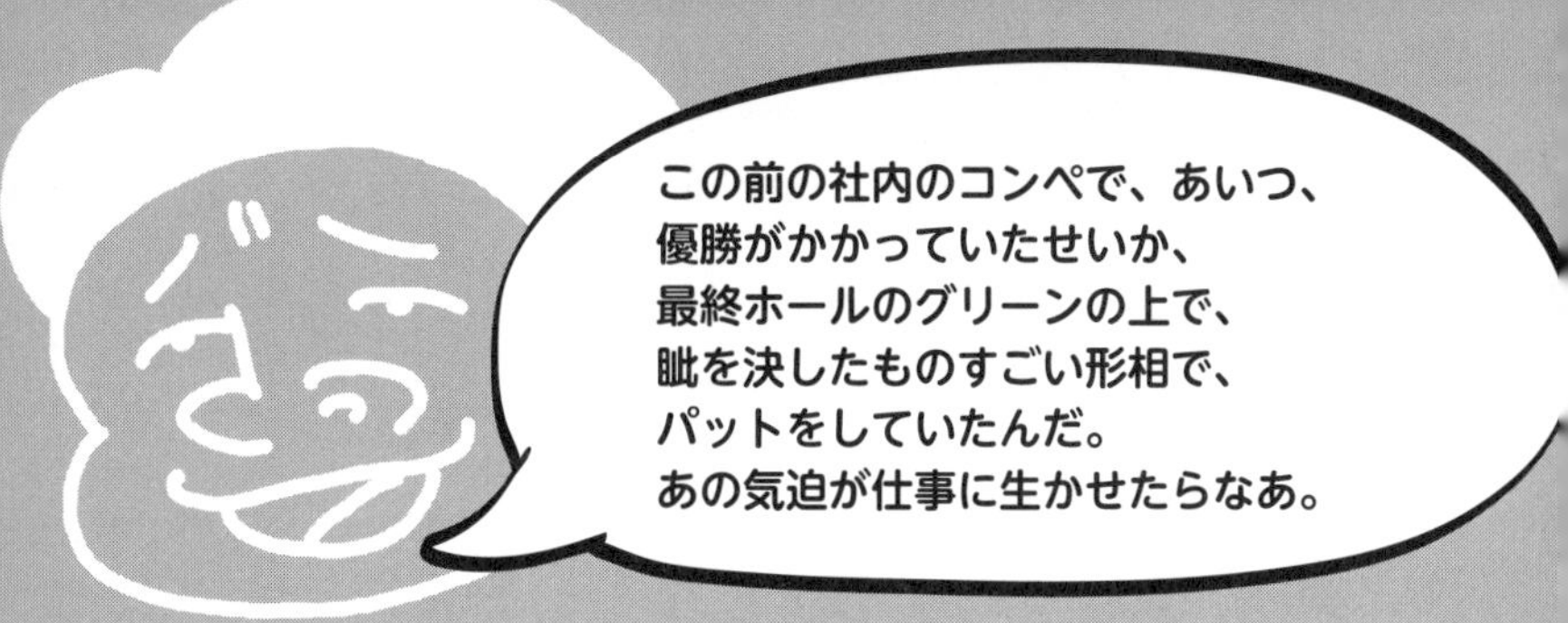
この前の社内のコンペで、あいつ、
優勝がかかっていたせいか、
最終ホールのグリーンの上で、
眦を決したものすごい形相で、
パットをしていたんだ。
あの気迫が仕事に生かせたらなあ。

**【意味】**

目を大きく見開いて人をにらみつけるようにするさま。
激しい怒りや強い決意を表している。

**【解説】**

「まなじり」は「目尻」のことですが、「まなじり」という読み方は漢字「眦」を用いたためではありません。この漢字の中国での読み方とはまったく無関係です。

「まなじり」も「めじり」も「目の後《しり》」の意で、もとからの日本語です。そして「まなじり」の「ま」は、「目」が複合語の上部構成要素となるときの古い読み方（「被覆形」）で、「まなこ（眼）」「まぶた（瞼）」「まつげ（睫）」「まのあたり（目の辺り）」などの「ま」と同じです。また、「な」は今の「の」と似た意味を示す助詞（「連体修飾」の格助詞）で、合わせて**「目《め》・な・後《しり》」の意味を表している**のです。

漢字では「眦」（音・シ）のほか、異字体「眥」も使われますが、これは意味の上から和語の「まなじり」に後から当てたものです。

**「決する」はこの場合、限度いっぱいに使いきる意**で、思い切り大きく眼球を見開いてにらみすえるさまになります。なお「眦を裂く」という句もほぼ同意に用いられています。

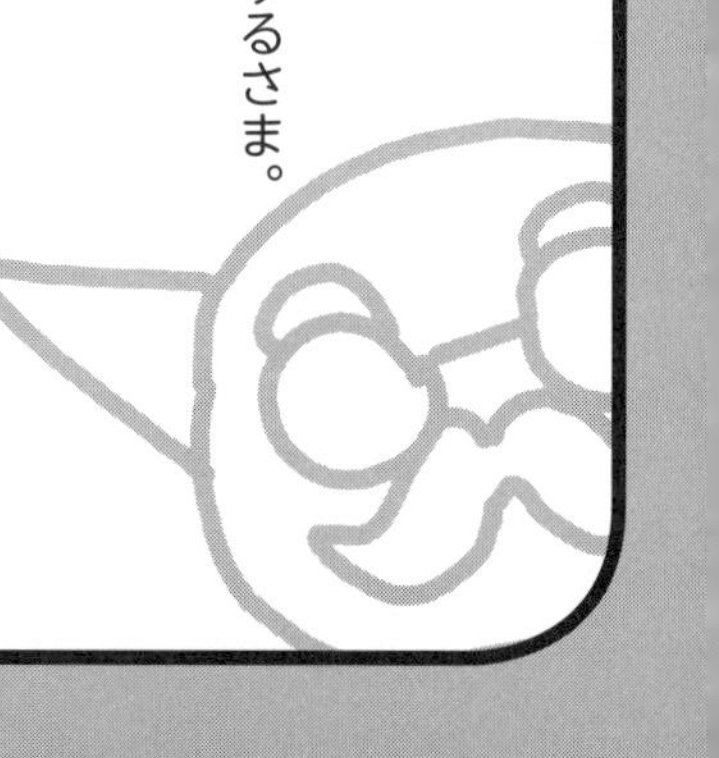

ま

# 満更《まんざら》でもない

［Manzara-demo-nai］

「満」と「更」で、
なんでこういう意味になるのだろう？

あの社長の顔を見ると、
今年のボーナス、
満更でもないようだな。

**【意味】**
必ずしも悪くはない。むしろかなりよい方だ。

**【解説】**
江戸時代から用例が見え、歌舞伎『名歌徳三升玉垣《めいかのとくみますのたまがき》』に「見れば見る程まんざらでもねへあのお娘、こゝへ呼んで来て、酒の相手にしちゃアどふであろふ」〈第一番目・四立目〉とありますが、この句は上の例のようにひとつづきになる場合と、「満更」を副詞に使って「でもない」との間に他のことばを挟む場合とがあります。後者には「友人の話を聞くと、彼のやることも満更悪いことばかりでもなさそうだ」のような例が当てはまります。

語源説としては、**「まざまざ」の転、「正《まさ》に」の訛《なま》り、「真《ま》っ更《さら》」（＝真新しい）からの転などがありますが、いずれも決め手に欠ける**ようです。「満更」の漢字も当て字というほかありません。

# 水《みず》入《い》らず

[Mizu-Irazu]

相撲で「水入り」というのがあるが、
それは「水入らず」の反対語なのか？

単身赴任で久しぶりに家に帰り、
親子三人、水入らずで食事をしたが、
子供は特別楽しそうでもなかったな。

**【意味】**

親しい者同士の集まりで、気を使わねばならない人が一人もいないさま。

特に、身内の者だけで他人が混じっていないさまをいう。

**【解説】**

この語は、もと油の中に水が混入されていない意を示すもので、**不純物の入っていない純粋の状態をいうことから転じて、比喩的に用いられたもの**です。

江戸時代からよく使われ、江島其磧の浮世草子『傾城禁短気』に「昨日《きのふ》は上野の花の幕に水入らずの二人連れ、今日《けふ》は角田川《すみだがは》の月に舟を泛《う》かめ、……」〈四之巻〉の例があります。

なお、大相撲の「水入り」は、一つの取組みが長引いたとき、いったん両力士を離して力水を与え、再び同じ体勢に組ませて試合を続けさせることで、この語との関連はまったくありません。

# 水《みず》を向《む》ける

［Mizu-o-Mukeru］

「水を向ける」というのは、
本来、何をすることなのか？

受付の女の子に、
ちょっと飲みに行かないって
水を向けたんだけど、
見事に振られちゃったよ。

**【意味】**

あることに相手の関心を向けさせようとして、それに関する魅力的な話などで誘いかける。

**【解説】**

呪術《じゅじゅつ》で、巫女《みこ》が生霊《いきりょう》（＝怨《うら》みを抱いて生きている人の霊魂）や死霊《しりょう》（＝怨みを抱いて死んだ人の霊魂）を招いて自分の身に乗り移らせ、その口から霊のお告げを語り聞かせることがあります。また、修験者《しゅげんじゃ》が祈禱するとき、側に座らせた「よりまし」（＝霊に代わってそのことばを語る役の人。多くは若い女性）の上にそれを招いて、語らせることもあります。これを「口寄せ」といいますが、その儀式に先立って、**招こうとする霊の前にまず水を手向《たむ》けることがこの「水を向ける」の本来の意味**なのです。

まず水を供えて霊魂を自分の方へ招き寄せる意から、現在の用法が生じるのはきわめて自然で、特に説明する必要もないでしょう。

# 未《み》曾《ぞ》有《う》の(大事件)

［Mizou-no］

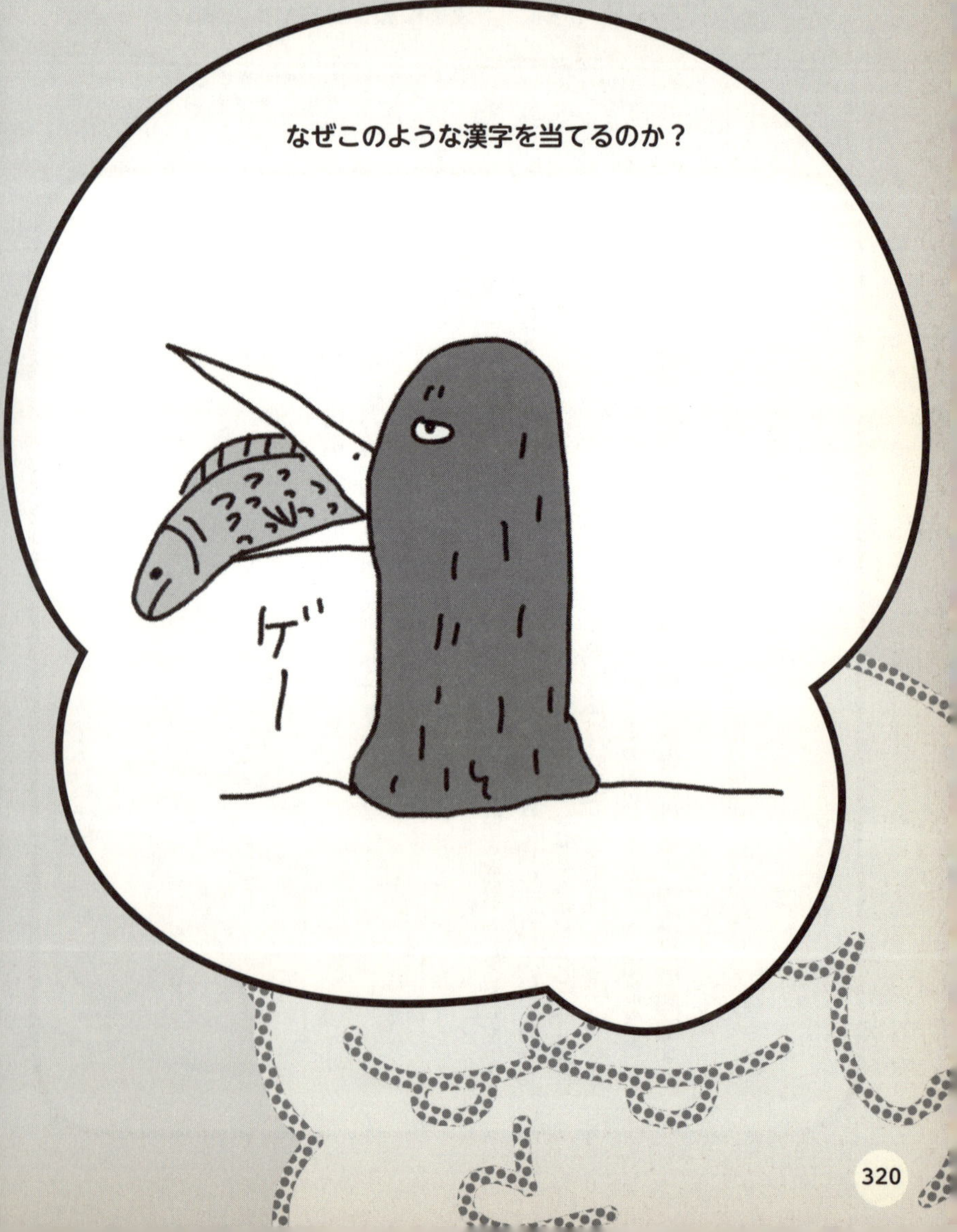
なぜこのような漢字を当てるのか？
ゲー

このたびのM川の氾濫《はんらん》で
T市一帯が湖と化したのは、
まさにこの地域未曾有の
大災害であった。



**【意味】**

いまだかつてなかったような。前代未聞の。
この世でめったに起こらないような、
きわめて珍しいことをいう。

**【解説】**

これは漢文式に読むと「未《いま》ダ曾《かつ》テ有《あ》ラズ」となりますが、**この語はもと仏教語で「いまだかつてない、すばらしいこと」の意**で、仏徳を称えたり功徳《くどく》の不思議を語ったりするのに使われました。しかし、それがわが国に入ると、早くから善悪いずれの場合にも使われるようになり、吉田兼好《よしだけんこう》の『徒然草《つれづれぐさ》』に「優婆夷《うばい》（＝在俗のまま仏門に入った女性）などの身にて、比丘《びく》（＝出家した男子。僧侶）を堀に蹴入《けいれ》さする未曾有の悪行《あくぎゃう》なり」〈第百六段〉と出ています。今では一般語として広く用いられますが、どちらかといえば、望ましくない場合の例が多いように思います。

# みっともない

［Mittomo-nai］

「みっともある」なんていうのは
聞いたことがないが、
「みっとも」っていうのは
そもそも何のことだろう？

あの新入社員、
お客様を接待しているのに、
自分で酔っ払っちゃって。
本当にみっともないったら、
ありゃしない。

**【意味】**

見苦しい。見る人に嫌な感じを与えるさま。他人に見られるのが恥ずかしいさまをいう。

**【解説】**

これは**「見たくもなし」（「見たくもない」の古い言い方）がウ音便化して「見たうもなし」**となり、さらに「見とうもなし」→「みっともなし」→「みっともない」と変化したと考えられ、意味は原義の名残《なごり》が色濃く残っています。

江戸時代から現在の形が見られ、式亭三馬の滑稽本『浮世風呂』に「あんまりべたべたと化粧したのも、助兵衛《すけべゑ》らしくしつこくって見っともないよ」〈三編・巻之下〉と出ています。

なお、「みっともある」という言い方はありませんが、「見た感じがよい」という意の「みっともいい」という語は一部使われることがあったようで、夏目漱石の『吾輩は猫である』に「自分の無智《むち》に心付《こころづ》かんで高慢な顔をする教師抔《など》には有勝《ありがち》の事でもあろうが、はたから見て、余り見《みっ》ともいゝ者《もの》じゃない」〈二〉の例が見られます。

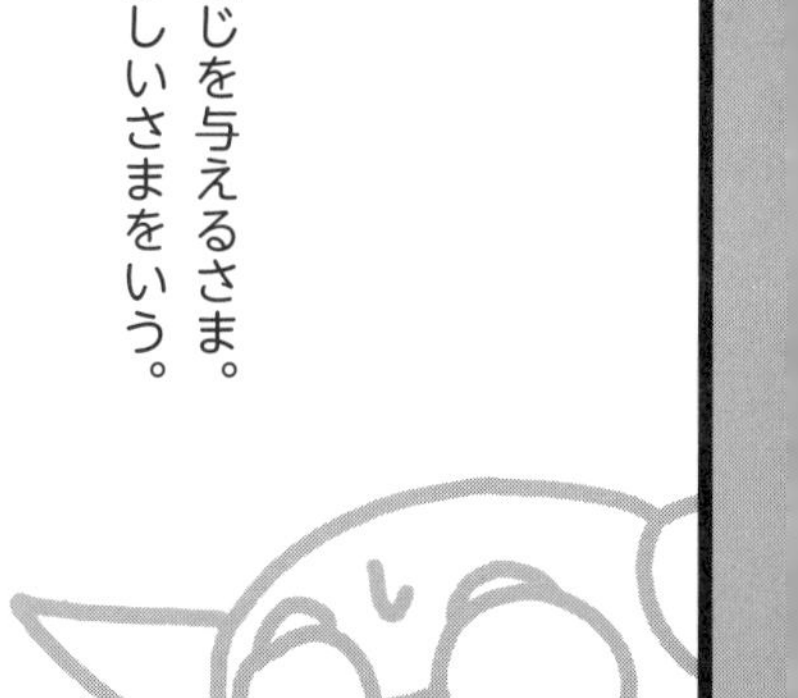

# 身《み》の毛《け》もよだつ

［Minoke-mo-Yodatsu］

「身の毛」ってどこの毛だろう。
またそれは「よだつ」ものなのだろうか？

高速道路で、三重衝突の現場に行き合わせ、あまりの凄惨《せいさん》さに身の毛もよだつ思いがした。

**【意味】**

激しい恐怖感に襲われて、全身の毛が逆立つような気がする。
ぞうっとして体じゅうが粟《あわ》立つように感じる。

**【解説】**

平安朝末期に成立した説話集『今昔物語集《こんじゃくものがたりしゅう》』に「此《コレ》ヲ聞《キキ》テ心ニ怖レヲ成シ、身ノ毛竪《イヨダ》ツ。」〈巻第一・第六〉とありますが、**「よだつ」はこの「竪《いよた》つ（弥立《いよだ》つ）」の頭音「い」が脱落したもので、「ますます逆《さか》立つ」**といった意味になります。

「よだつ」の例としては、『平家物語』に「修法《ずほう》の声身の毛よだッていかなる御物《もの》の気《け》なり共《とも》、面《おもて》をむかふべしともみえざりけり」〈巻六・入道死去〉と見えています。

なお、類句「鳥肌が立つ」は、恐怖感のほか厳しい寒気に襲われた場合にも使われますが、この句は寒気による場合には用いません。

ま

# 耳《みみ》にタコができる

［Mimi-ni-Tako-ga-Dekiru］

なぜ「耳にタコ」などというのだろうか？
この場合の「たこ」は「蛸」なのか、
身体にできる「たこ」なのか？

あいつのゴルフの自慢話、
もう耳にたこができるくらい、
聞かされたよ。

**【意味】**

同じ注意や小言《こごと》などを何度も繰り返し聞かされて、嫌な気分になる。

同じことばかり何度も言われてうんざりしてしまう。

**【解説】**

この「タコ」は海にいる「蛸《たこ》」でも、空に舞い上がる「凧《たこ》」でもありません。**手の平や足の裏など、身体の一部に外から絶えず刺激を加えたために、その部分が肥厚《ひこう》して堅くなったもの**をいいます。以前は**「胼胝」**の字を当てたりしましたが、今ではカナ書きがふつうになっています。

たとえ同じことを何度を耳にしたとしても、実際に耳たぶの筋肉が堅くなったりはしませんが、しつこく言われてうんざりしている気持ちを誇張した表現として面白いと思います。

樋口一葉の『にごりえ』に「いつでも同じ事は耳にたこが出来て気の薬にはならぬ」〈七〉とあります。

なお、やや俗な言い方で「耳がタコになる」という句も使われます。

# 冥利《みょうり》に尽《つ》きる

[Myouri-ni-Tsukiru]

「冥」は「冥土《めいど》」の「冥」で、
あまりありがたそうなイメージではないが。

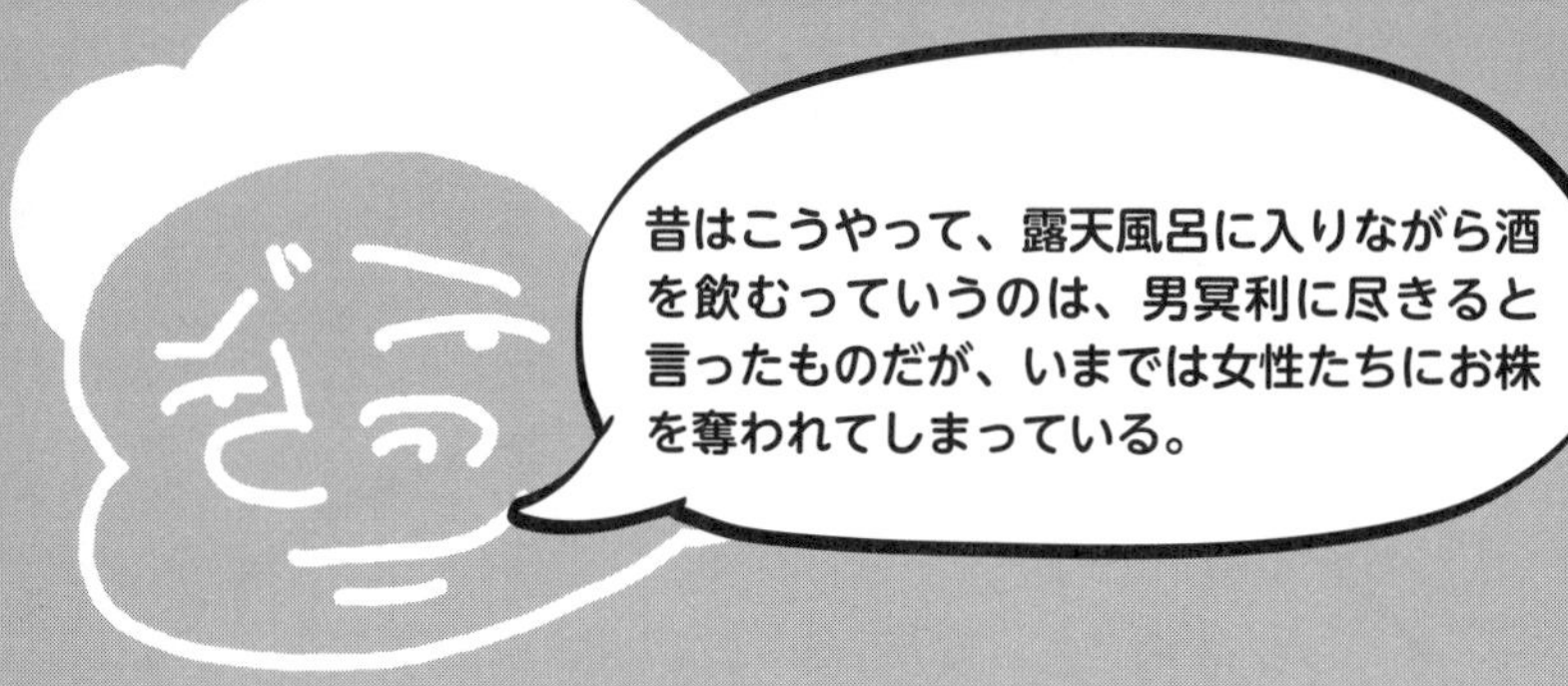
昔はこうやって、露天風呂に入りながら酒を飲むっていうのは、男冥利に尽きると言ったものだが、いまでは女性たちにお株を奪われてしまっている。

**【意味】**

恩恵をいただき過ぎて、身に余るほどである。ありがたいことこの上もない。

**【解説】**

「冥」は呉音《ごおん》で「みょう」と読みますが、**「冥利」はもと仏教語で冥々裡《みょうみょうり》（＝知らず知らずのうち）に神や仏から与えられる恩恵や利益**をいいます。したがって、この句は元来、それがあまりに大きくありがた過ぎるさまをいい、「冥加《みょうが》に余る」とほぼ同じ意味に使われました。

今では一般語として、「〜冥利に尽きる」の形で、その身分や職業にあることによって、大きな恩恵を受けることをいう例が多くなり、「もとの教え子たちが五十人も集まって喜寿を祝ってくれるなんて、あなたは教師冥利に尽きてますね」などと使われます。

# 虫《むし》が好《す》かぬ

［Mushi-ga-Sukanu］

この「虫」はいったいどんな虫なんだろう？

あの男、別に悪いやつじゃ
ないんだけど、どうも虫が好かん。
あの馬鹿っ丁寧な口調のせいかな。



**【意味】**

何となく好きになれない。
どことなく嫌な感じがして、好感が持てないさまをいう。

**【解説】**

昔の人は、**私たちの体内に癇《かん》の虫のようなものがいて、それが人間の感情や判断に影響を与えると考えていた**のでしょうか、だいたい江戸時代の初めごろから、**「虫が知らせる」「虫が治まらない」「虫の居所《いどころ》が悪い」「虫を殺す」**など、それに関係する表現が多く見られ、それが現在に引き継がれているのです。

# 虫酸《むしず》が走《はし》る

［Mushizu-ga-Hashiru］

「虫酸」を「虫唾」と書く人もいるらしいが、
それが「走る」とはどういうことか？

わー
どうもー
虫ズ
虫'sでーす

小沢主任の嫌味ったらしい小言《こごと》を聞いていると、虫酸が走るね。

**【意味】**

胃から酸《す》っぱい液が込み上げてきて、むかむかする。

（比喩的に）吐き気を催すほど不快な気分になる。

**【解説】**

「虫酸」は、**胃の具合がよくないときに、口の方へ込み上げてくる酸っぱい液**のことですが、竹田出雲《たけだいずも》らの浄瑠璃『菅原伝授手習鑑《すがわらでんじゅてならいかがみ》』に「わが面構《つらかまへ》を見る度々《たびたび》に（＝おまえの顔つきを見るといつも）、ゲイ〳〵と虫唾が出るわい」〈三段目・佐太村〉とありますように、かつては「固唾《かたず》（を飲む）」などと同じく、「むしつば」からの変化として、「虫唾」（歴史的仮名遣いは「むしづ」）の漢字を当てるのがふつうでした。ところが、今では、現代仮名遣いで「むしず」となり、その液が酸っぱい味であることも関係して、「虫酸」の字を当てるのがふつうになっていったのです。

「走る」は、その酸っぱい液が、喉元《のどもと》へ急に強く迫ってくるさまを表そうとしたものです。なお、「虫酸が出る」「虫酸が来る」「虫酸を催《もよお》す」などの類句もあります。

# 目《め》から鱗《うろこ》が落《お》ちる

［Me-kara-Uroko-ga-Ochiru］

「落ちる」といっても、
目に鱗が付いているわけがないし、
不思議な表現だ。

なんて芸だ
ポロポロ
ですねん
ドッ
ワハハハ

年金のシステムについて、
どうもよくわからなかったんだが、
あの本を読んで、やっと理解することが
できた。目からうろこが落ちたようだ。

**【意味】**

何かのきっかけで、（それまでよくわからなかった）周囲の事情や物事の本質などがよくわかるようになる。特に、それらが見えるようになって、迷いから解放されたようなときにいう。

**【解説】**

この句は、**『新約聖書』〈使徒《しと》行伝《ぎょうでん》・第九章〉の記事によるもの**ですが、そのくだりの概略を示すと、次のようになります

熱心なユダヤ教信者として、キリストの弟子たちに対する迫害の急先鋒《きゅうせんぽう》の位置にいたパウロは、あるとき「なぜ私の弟子を迫害するのか」と言う神（復活したイエス・キリスト）の声が聞こえたと思った瞬間、急に目が見えなくなり、大地に倒れ伏してしまった。かくして三日が過ぎたとき、神の弟子アナニアが現れ、パウロの体の上に手をかけたとたんに、再び目が見えるようになり、その後、神の弟子として輝かしい働きをしたという話ですが、その箇所には**「目からうろこのようなものが落ちて、元どおり見えるようになった」**と記されてあり、これは真の信仰に目覚めたことを示すものと解されていました。

これが**一般語として使われるようになったのは、第二次大戦以後**のことと思われます。

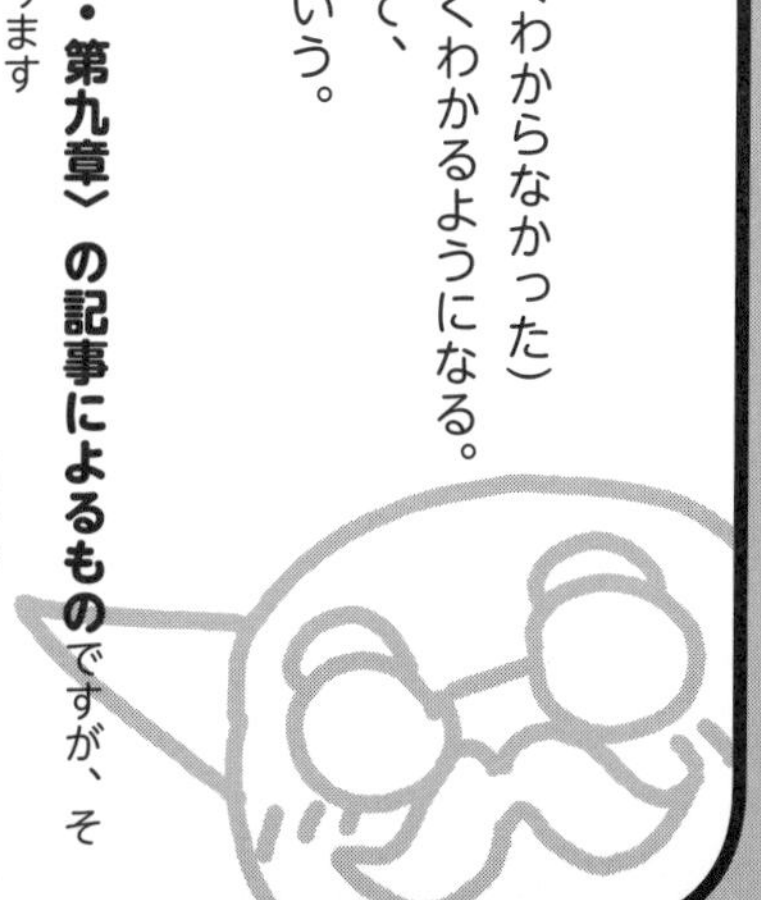

# 目《め》くじらを立《た》てる

［Mekujira-o-Tateru］

「目くじら」の「くじら」がわからない。
「鯨」ではないと思うが。

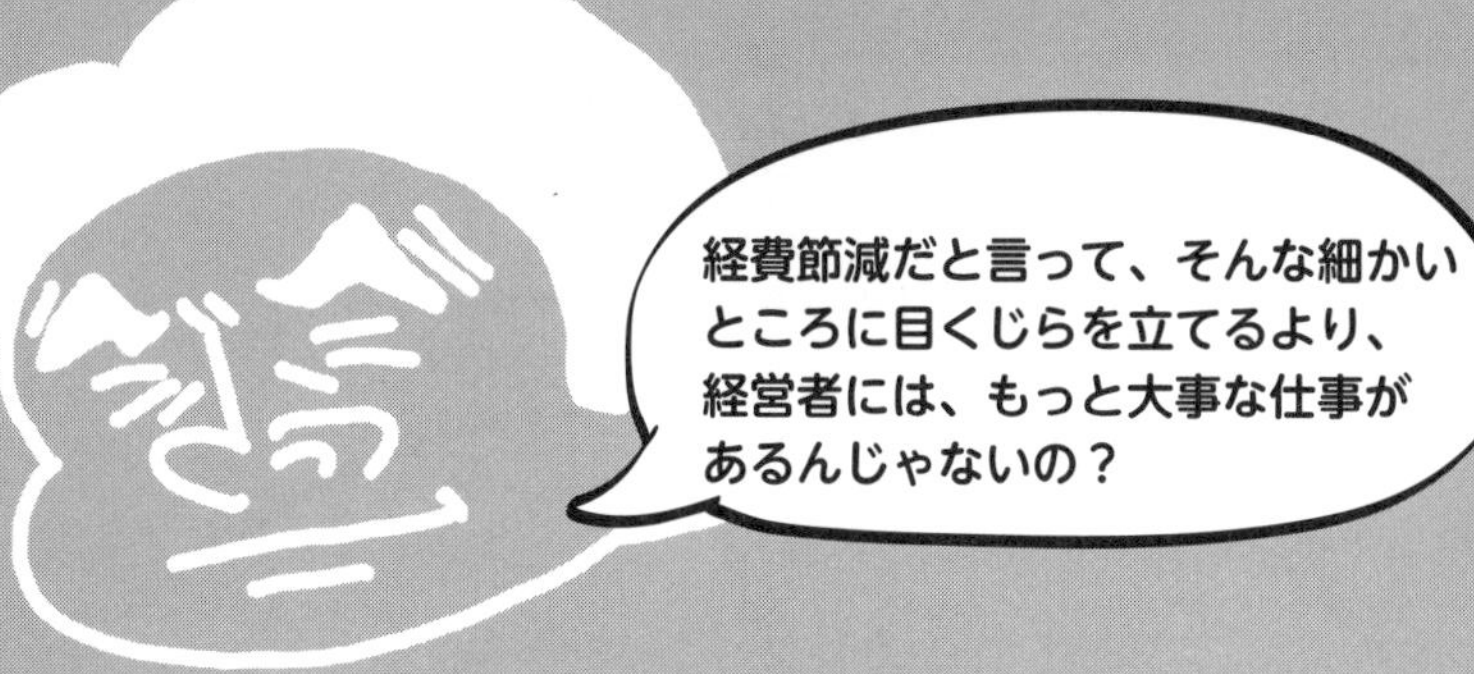
経費節減だと言って、そんな細かいところに目くじらを立てるより、経営者には、もっと大事な仕事があるんじゃないの？

**【意味】**

目尻を吊《つ》り上《あ》げた厳しい顔つきで相手をにらみつける。
また、比喩的に、小さなことを取り上げて人を厳しく責めるさまをいう。

**【解説】**

**「目くじら」は「目くじり」ともいい、目の外側の端、目尻のことですが、**
なぜそれを「目くじら」というようになったのか、その経緯はわかっていません。
用例は江戸時代から見られ、為永春水の人情本『春色辰巳園』に「おれがことばかりいけやかましく目くじらたって言《いひ》ながら、少しは手めへの心にも、遠慮といふが有《あり》そうなもんだ」〈初編・巻之三〉とあります。
なお、類句として「目角《めかど》を立てる」があります。

ま

# もっけの幸《さいわ》い

［Mokke-no-Saiwai］

「もっけ」というのは、
幸福の一種なのだろうか？

あいつ、課長が外出すると、もっけの幸いとばかり、すぐに電話で馬券の注文を始めるんだ。困ったやつだ。



**【意味】**

意外な幸せ。思いもしなかったことが、その人の身に幸運をもたらすこと。


**【解説】**

「もっけ」は、漢字で「物怪」または「勿怪」を当てます。**「物《もの》の怪《け》」（＝人に取り付いて悩みや病気を与え、時にはその人を死に至らせるという悪霊）からの音変化**だとされ、意味は「意外なもの」「考えられない不思議」と解釈されます。

「もっけの幸い」で留意しなければならないのは、「意外な幸せ」といっても、宝くじで一等が当たったようなことでなく、たまたまあった何かのこと（恐らくマイナスに作用しそうなこと）が、意外にも都合よく作用したというニュアンスで使う語だということです。

# もったいない

［Mottai-nai］

「もったい」は
あったりなかったりするものか？

そういえば
相方《あいかた》が
姿《すがた》を消《け》して
どれくらい
経《た》っだろう
もった→
もった
もっけ

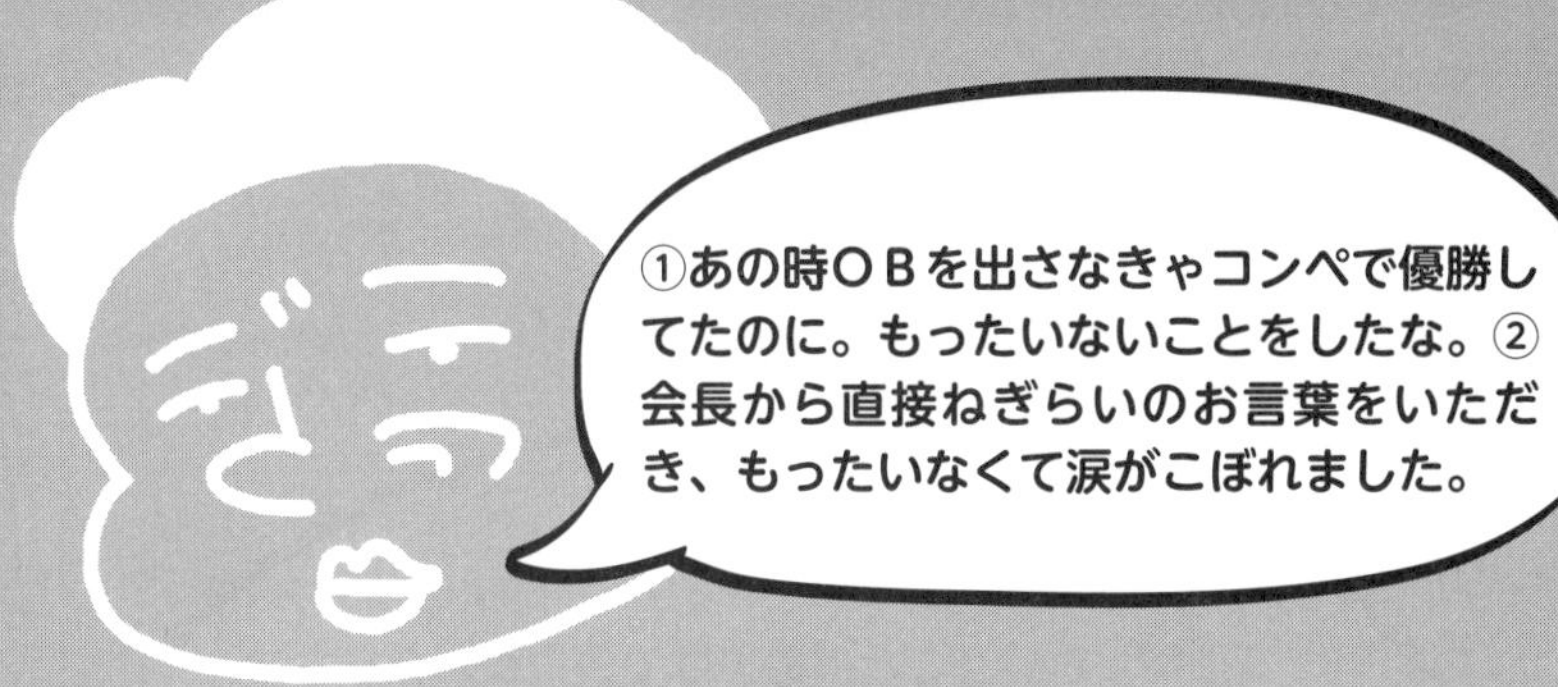
①あの時ＯＢを出さなきゃコンペで優勝してたのに。もったいないことをしたな。②会長から直接ねぎらいのお言葉をいただき、もったいなくて涙がこぼれました。

【意味】

①まだ十分役に立つものを、活用しきらないまま捨てておいたりすることを惜しく思うさま。

②過分の恩恵を与えられたり、好意を寄せられたりして、ひどく恐縮するさま。かたじけない。

【解説】

「もったいない」（古くは「もったいなし」）は、中世から用例のある、歴史の古い語ですが、時代に応じて意味の変化が見られ、その点で注意する必要があります。

『日葡辞書』に「Mottainai.（モッタイナイ）《訳》堪えがたい（こと）。または不都合な（こと）」とありますように、**もとは「正当な状態でない」「不都合だ・不届きだ」という意味**が中心で、狂言『石神』に「もったいないなや、神の心を疑う」とありますのも、「神の心を疑うなどということは妥当でなく許されないことだ」といった感じです。

ところが、やがてそこから「恐れ多い」の意味が派生し、さらに、物の価値が生かされないまま無駄に終わるのを惜しむさまをいうようになり、今日ではそれが中心的な意味になっているのです。

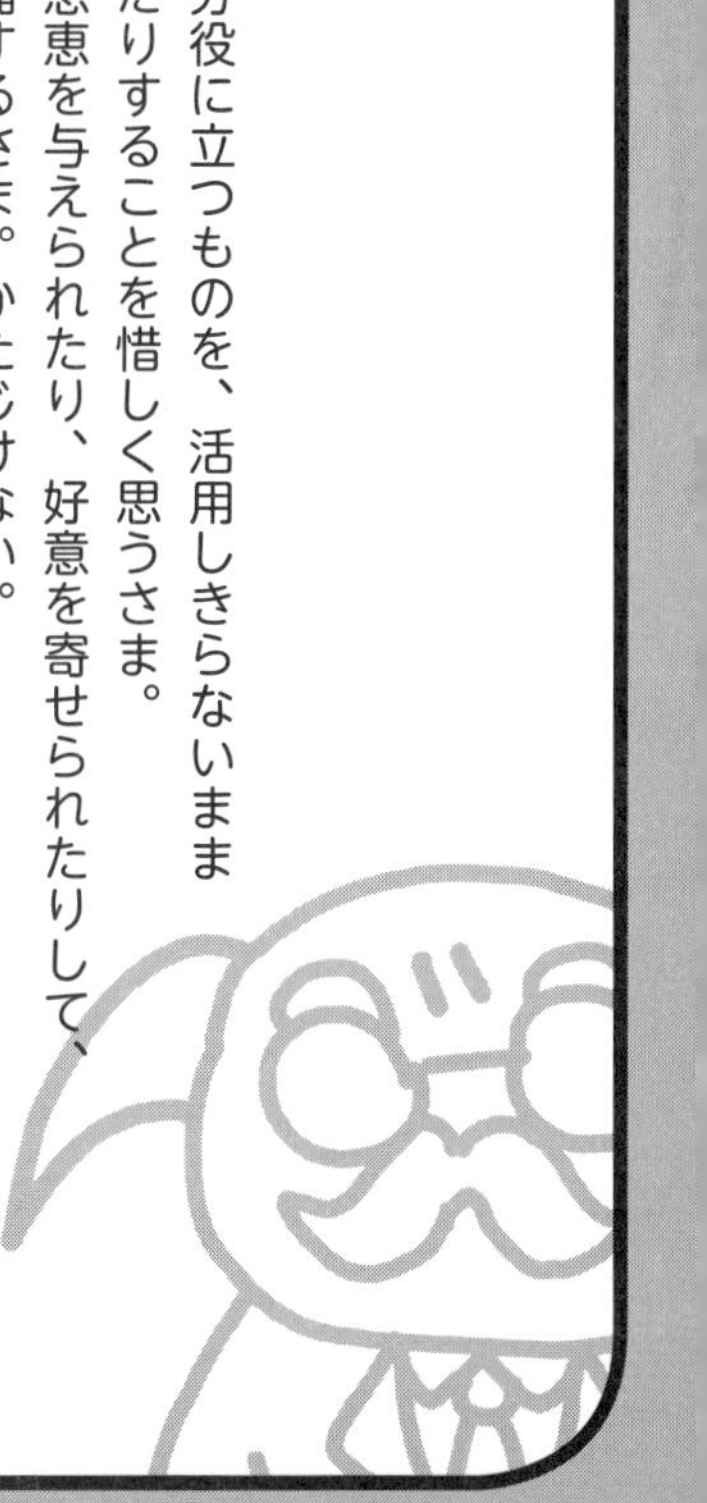

# 勿体《もったい》を付《つ》ける

［Mottai-o-Tsukeru］

「勿体」ということばの意味や由来がわからない。

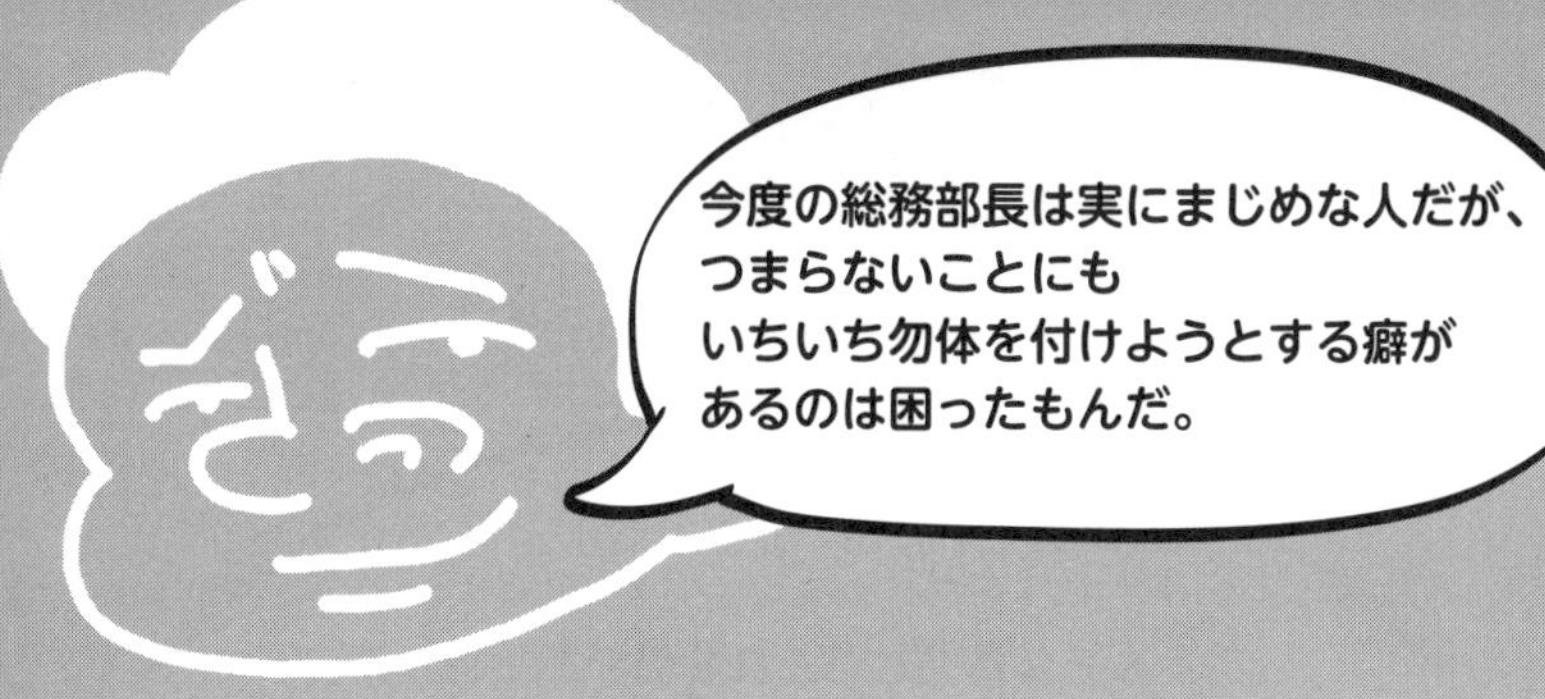
今度の総務部長は実にまじめな人だが、
つまらないことにも
いちいち勿体を付けようとする癖が
あるのは困ったもんだ。

**【意味】**

ことさら物々しく振る舞う。内容が伴わないのに、外見を威厳のあるように装うさまをいう。

**【解説】**

「勿」は「無」と同じく否定の意、「体」は「正体」の意ですから、「勿体」で**「見せ掛けだけで中身のないもの」**をいうと考えられます。そこで、句としては**「表面的な重々しさを装う」**意味になるわけです。

江戸時代から用例が見え、江島其磧の浮世草子『傾城禁短気』に「日比《ひごろ》勿体つけて墨も禿《かぶろ》に磨《す》らせ、奉書《ほうしょ》も引舟《ひきふね》に持《もた》せおいて、……」〈二之巻〉とあります。

なお、「勿体」に動詞性接尾語「ぶる」を付けて一語化した**「勿体ぶる」**は、この句と同じ意味に用いられます。

# 焼《や》き餅《もち》を焼《や》く

［Yakimochi-o-Yaku］

「餅」は嫉妬とどんな関係があるのか？

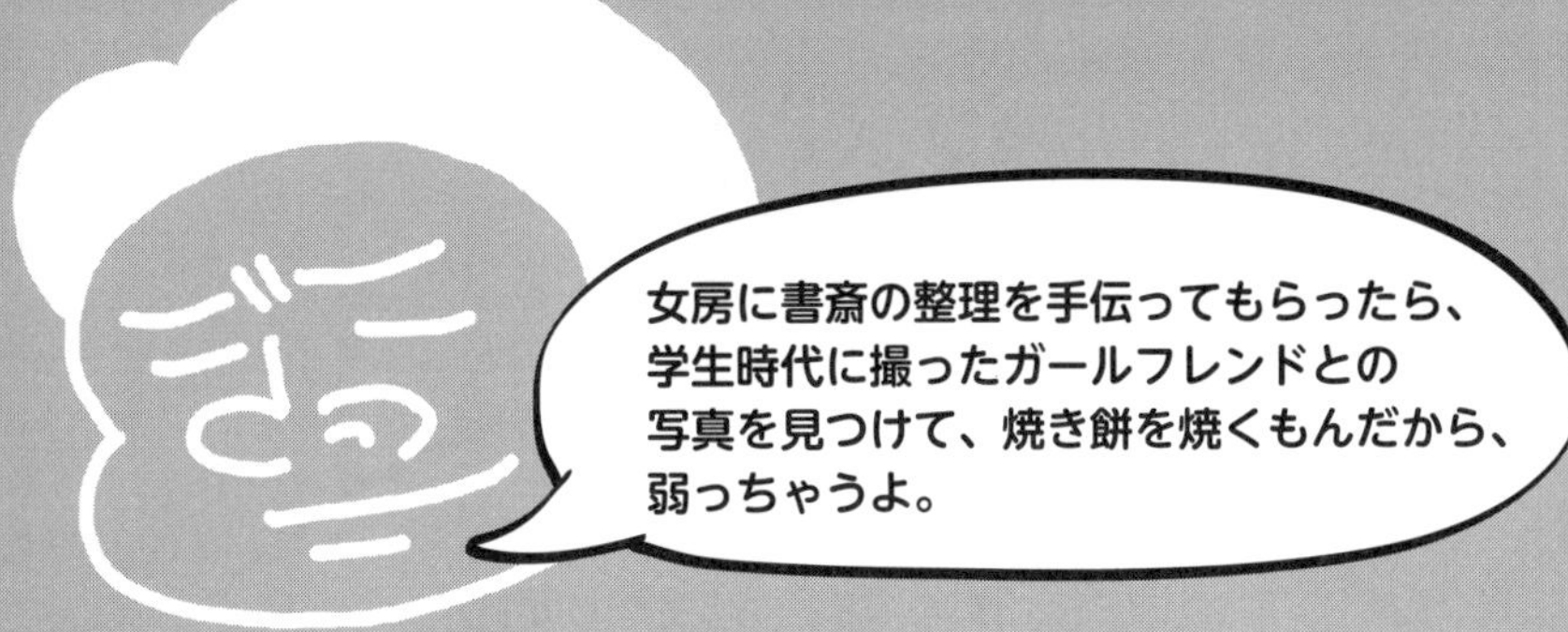
女房に書斎の整理を手伝ってもらったら、学生時代に撮ったガールフレンドとの写真を見つけて、焼き餅を焼くもんだから、弱っちゃうよ。

**【意味】**

女性が、夫や恋人の女性関係について嫉妬《しっと》する。

**【解説】**

餅を焼くという「焼く」に、嫉妬する意の「妬《や》く」を掛けたことばの洒落《しゃれ》ですが、**機嫌を損ねた女性の膨れっ面と、火に懸けた餅が焼けるに従ってプゥーとはじける形との連想**を加えて考えると、いっそう面白いと思います。

それにしても、最近は餅を焼くのもオーブントースターになりましたが、あれはやはり、火鉢で炭火の上に金網を置いて焼く方が風情があってよいように思い、子供のころを懐かしんでいます。

# やぶ医者《いしゃ》

［Yabu-Isha］

一般に漢字「藪」を当てたりするが、
医者とどう関係があるのか？

地位や風采を気にせず、「やぶ医者」
呼ばわりされている先生のなかに、
本当の良医が隠れているのではないか。

**【意味】**

医療技術に劣る医師。
診断や治療の下手な医者をあざけっていう語。

**【解説】**

「やぶ」はもと「野巫」と書きました。**「野巫《やぶ》」とは、昔、呪術《じゅじゅつ》（呪《まじな》い）で病気を治した人のこと**をいいました。それがやがて**「野夫」（＝農民。いなか者）と意識されて「野夫医者」（＝田舎の下手な医者）**という語ができ、浅《あさ》井《い》了《りょう》意《い》の仮名草子『浮世物語《うきよものがたり》』に「御内《みうち》に召抱《めしかか》へられし野夫医者のありけるが、名をば通斎といふ」〈巻第四・四〉と使われています。

さらにそれが「藪」へと変化し、また略して「藪医」「やぶ」ともいうようになり、一方、人名に模して「藪井竹庵」という呼び名が作られるまでになったのです。

や

# やぶさかでない

［Yabusaka-de-nai］

**漢字で「吝」を当てるのはなぜか？**
**「吝嗇《りんしょく》」の「吝」の字だが、**
**「ケチ」と関係があるのか？**

ねー
あれ
やぶさか
でないー？
ホントだー
ちょー
やぶさか
でないー？
やぶさか

たしかに山田くんを課長に
推薦するのにやぶさかではないが、
しかし、鈴木くんもよくやってるよ。

**【意味】**

～～する努力を惜しまない。喜んで～～する。

**【解説】**

『古語大辞典』によると、室町期の文明本『節用集』に「吝　ヤブサカ」（『日本国語大辞典』によると、黒本本節用集に「悋　ヤブサカ」）とあり、**「やぶさか」の意味は、「物惜しみするさま。また、未練がましいさま」**とされています。そして、用例は少ないようですが、「人の才能、周公のごとくすぐれたりとも、この人おごり、吝かにて……」〈文明本『論語抄』四〉のように、形容動詞として使われていたようです。ところが、近代に入ると「～～にやぶさかでない」の形に固定され、現在に至っているのです。

別の語源説として、『語源大辞典』に「物惜しみすると人と仲が遠ざかるので、ヤブリ（破）サカル（離）意からか」とあります。

なお、鎌倉期までは、清音「やふさか」であったろうといわれています。

や

# 山《やま》を張《は》る

［Yama-o-Haru］

「山」って、どんな山をいうのだろう？

数学の中間試験で山を張ったところ、
みごとに外れて
ひどい点数を取ってしまった。

**【意味】**

万一の幸運を当てにして、何か事をなすこと。

**【解説】**

ここでいう**「山」は、石炭や鉱石の埋蔵されている山のこと**です。山の地下深い所にどんな物が埋まっているか、外から見てわかるはずもありません。したがって、安く手に入れた、一見何ということもない**山から鉱脈でも見つかれば、一躍大金持ちになれ、**もし何も出なければ投資した金銭は無駄に終わるというわけです。「張る」は「賭《か》ける」と同意で、確率は低いが、もし当たれば大儲《おおもう》けできそうなことを、一か八《ばち》かやってみることをいいます。

こういう成り立ちから、この句は「山を張って小豆《あずき》相場に投資する」のような使い方が本来ですが、多く学生ことばとして「試験に山を張る」が使われています。

なお、「山を掛ける」がこの句と同意であるほか、「山が当たる」「山が外れる」、「山師」「山勘」などの「山」はこの句の「山」と語源を一にするものです。

# 溜《りゅう》飲《いん》を下《さ》げる

［Ryuin-o-Sageru］

「溜飲」とはどんなものなのか？
なにか飲み物なのか？

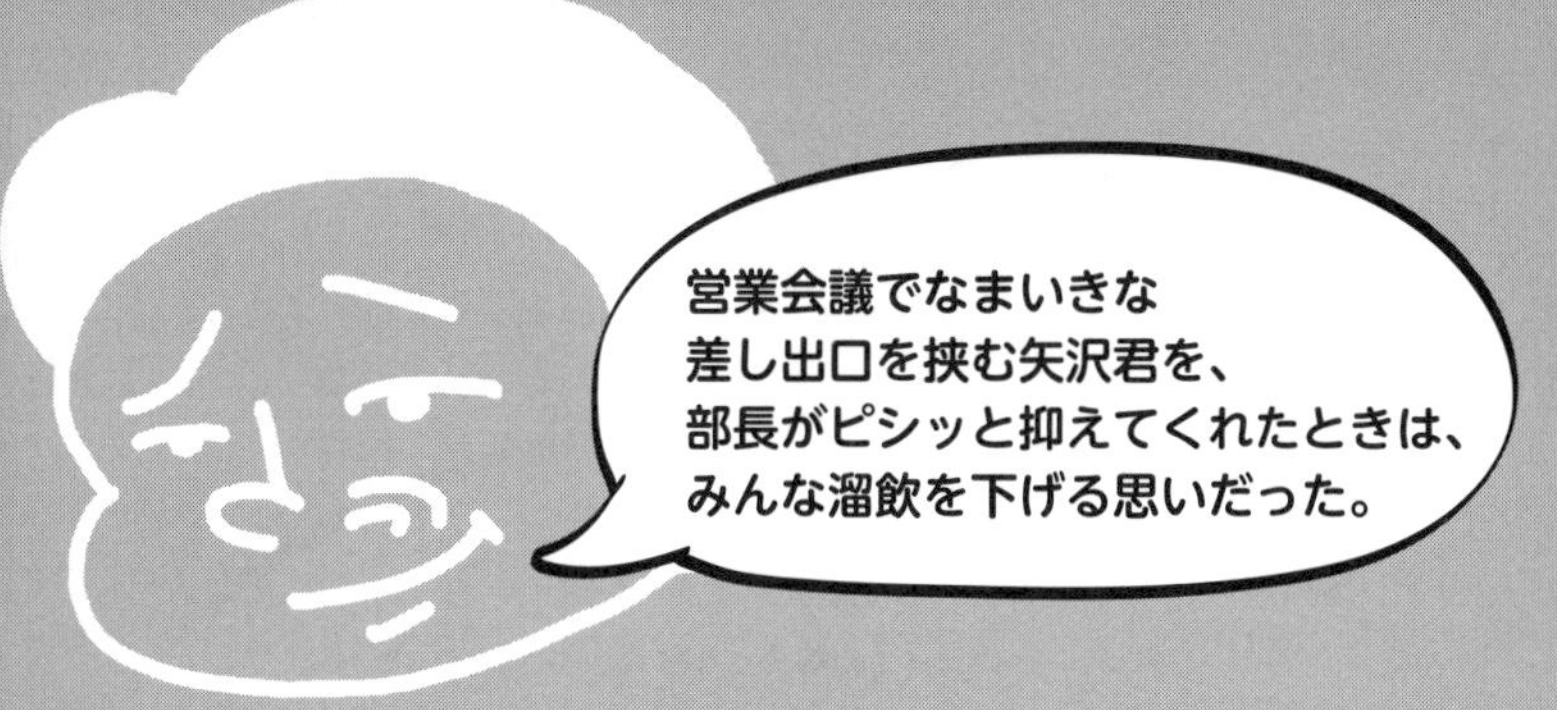
営業会議でなまいきな
差し出口を挟む矢沢君を、
部長がピシッと抑えてくれたときは、
みんな溜飲を下げる思いだった。

**【意味】**

不快だった気分をすっきりさせる。

もやもやした気持ちでいたのを一気に吹き飛ばすことをいう。


**【解説】**

**「溜飲」は、摂取した飲食物が消化不良を起こしたとき、喉元《のどもと》に込み上げてくる酸《す》っぱい液のこと**で、**「黄水《きみず》」**（胃から出る黄色い液。おうすい）ともいいます。これが込み上げてくるときは、胸焼けがするようで、とても不快なのですが、それが治まると気分が落ち着いてくることから、この句の用法が生まれたのです。

なお、「溜飲が下がる」「溜飲を下《お》ろす」ということもあります。

# ろくでなし

［Rokudenashi］

「ろく」とは、いったい何をいう語なのか？
「ろく」でなければ、何なのか？

ろくでないなら
俺は誰なんだ

田中さんの家の次男坊ったら、
ろくでなしのくせに、
金遣いだけは達者なんだって！

**【意味】**

のらくらして役に立たない者。
能力も意欲も持たない人を見下げていう。役立たず。

**【解説】**

**「ろく」には「陸」（呉音《ごおん》読みでロク）の字を当て、「凹凸《おうとつ》のない平面」「水平」、転じて、「まじめさ」や「すなおさ」の意を表し**ますが、下に打消しの言い方を伴うのがふつうです。ここでは「ろくでなし」全体で一つの体言のような働きをして、「まじめでない者」の意になっているのです。

江戸時代の方言辞書『物類称呼』に「ゆるやかに坐《ざ》する事を　京大坂にてじゃうらくむといふ……又ろくに居る共《とも》いふ　……又ろくといふは直の字に当ルか　物を直《ただ》に置事《おくこと》をろくに置といひ　直ならぬ人をろくでなしと云」〈巻之五〉とあり、関西中心の言い方ですが、今ではかなり広範囲に使われるようになっています。また、「ろく」を用いることばとして、ほかに「ろくでもない」（＝まったくつまらない）「ろくなことがない」（＝少しもよいことがない）などがあります。

なお「ろく」に「碌」の字が当ててあることがありますが、これはまったくの当て字です。

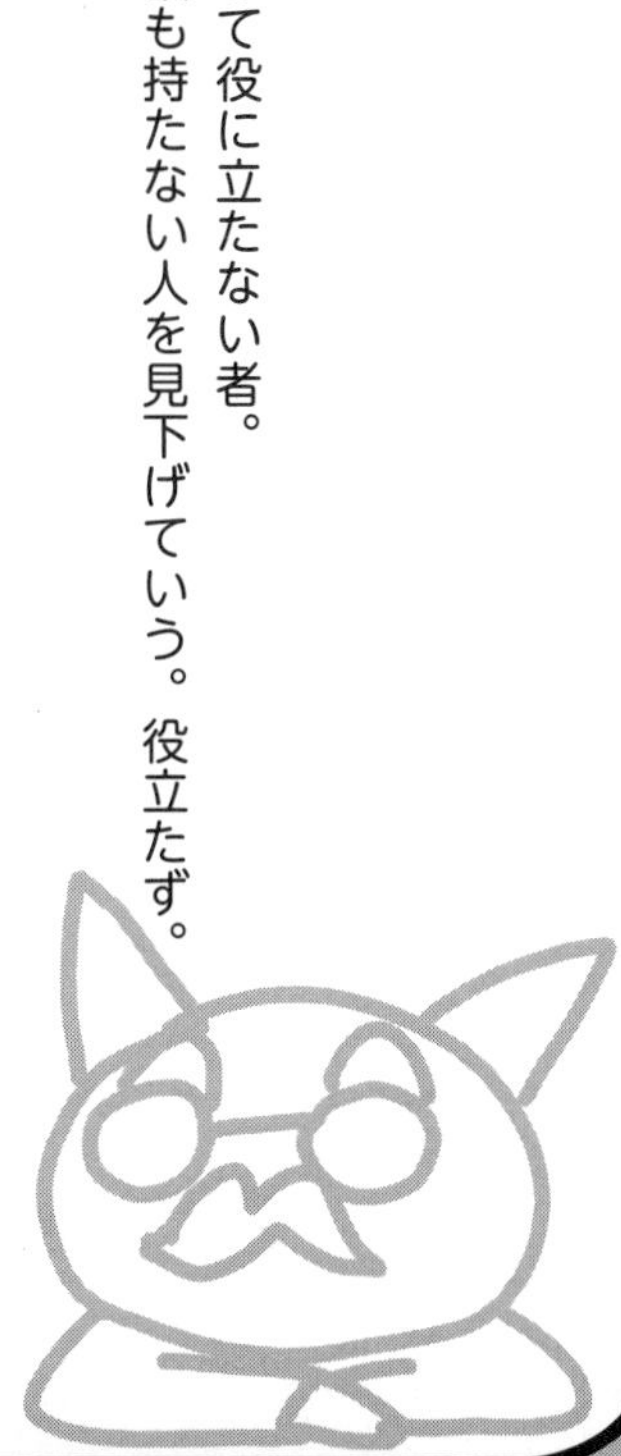

# 呂律《ろれつ》が回《まわ》らぬ

［Roretsu-ga-Mawaranu］

「呂律」は回るものというが、
どんな形をしているのか？

あいつに酒を飲ませると、
あの呂律の回らぬ口調で、
長々とくだを巻くから困るんだ。

**【意味】**

発音が滑らかでなく、ことばがはっきり聞き取れない。
幼児や酒に酔った人のことばで、舌の動きが不十分なことによる。

**【解説】**

「呂律《ろれつ》」は「りょりつ」からの音変化で、**雅楽《ががく》の旋律をいいますが、ここでは比喩的に、ものを言うときの声の調子を意味**します。それが回らないというのは、俗にいう「舌が回らない」、すなわち、発音が滑らかでなく、ことばがはっきり聞き取れないということです。

江戸時代からよく使われ、式亭三馬の滑稽本『浮世風呂』に「おめへといふ者《もな》ア、……だりむくれ切ッて（＝ぐでんぐでんに酔っぱらってしまって）、呂律も廻らぬ癖に……」〈二編・巻之下〉の例が見えます。

# 腕白《わんぱく》(者)

[Wampaku]

なんで腕が白くて「わんぱく」なのだろう。
腕が黒い方がイメージには合うのだが。

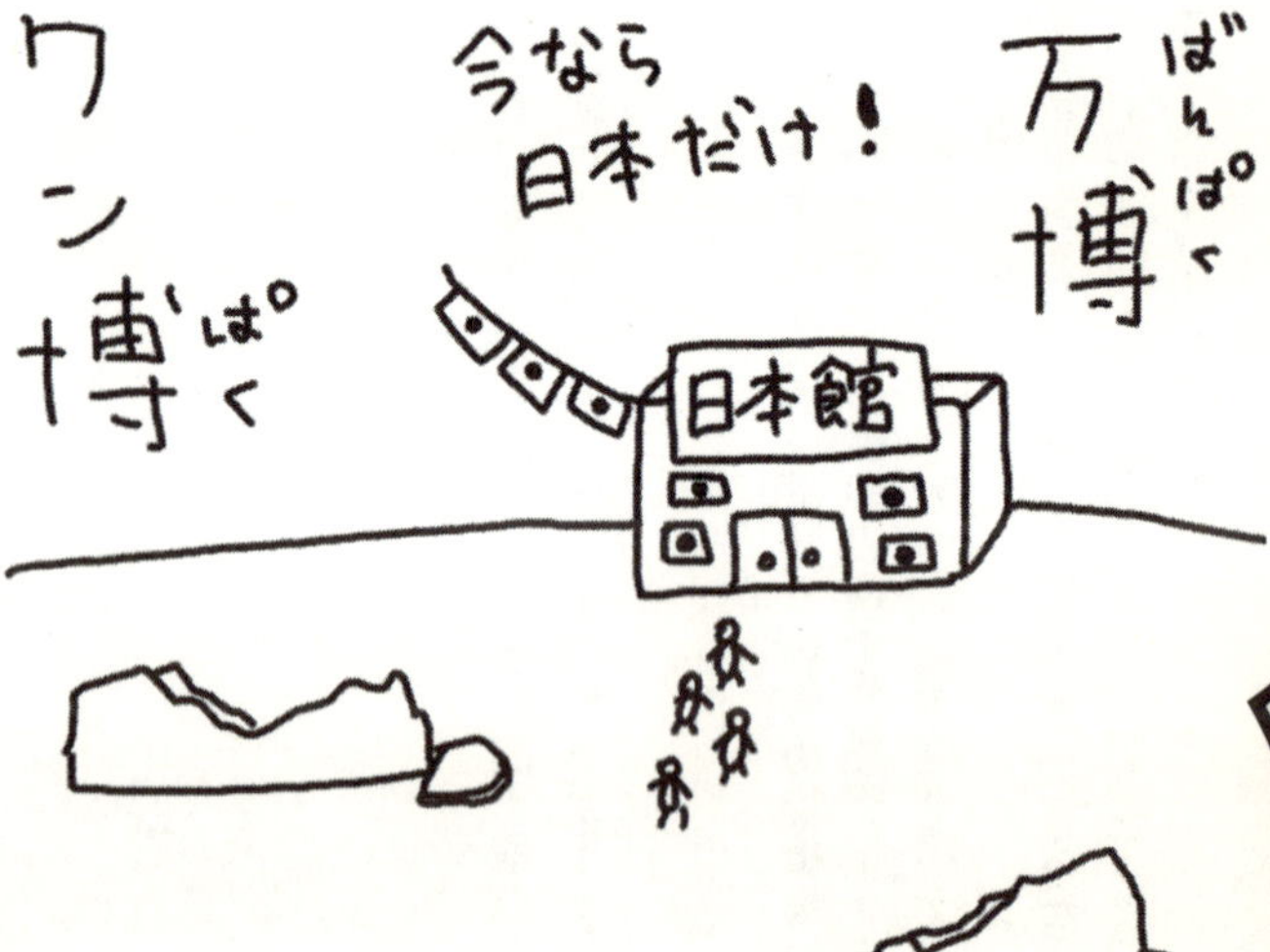

あの先生、子供のしつけについて
偉そうに言っているが、
自分が子供の頃は、
腕白で親も困っていたんだ。

【意味】
男の子のいたずらがひどくて、言うことを聞かないさま。
また、そういう性格の子供。転じて比喩的に、
成人でも無茶なことを平気でやろうとする無法者をいうこともある。

【解説】
「腕白」と書くのは当て字で、語源がはっきりしませんが、**一説として「関白《かんぱく》」（歴史的仮名遣いでは「くゎんぱく」）から音が変化したものだろう**といわれています。

「関白」は、平安中期から江戸時代まで朝廷におかれた官職で、天皇を補佐して（実質的には天皇に代わって）政務一切を司《つかさど》る人をいい、これが**絶大な権力を独占していたことから、わがまま放題に振る舞うやんちゃな子供のイメージ**と結びついたのだろうと考えるのです。

「腕白」「腕白者」の用例は江戸時代から見られ、二世竹《たけ》田《だ》出雲《いずも》らの浄瑠璃『義経千本《よしつねせんぼん》桜《ざくら》』に「コリヤ又《また》留《る》主《す》を考へて無心に来たか。性懲《しょうこり》もないわんぱく者」〈三段目〉とあります。

エピローグ
ゲホ
ガハッ
ぐはっ
どうしたなさ夫
日本語の世界はこんなものじゃないぞ
ちがうんです先パイ…これはつらくて血を吐いたのではなくて
ハァ
日本語が面白すぎて血を吐いたんです
ハァ
なさ夫お前そこまで日本語を
だけど…だけどこの日本語の面白さ奥深さをいろんな人に伝えたいのに
僕にはそのすべがない
………
どや顔君、アレを
コク
…はい

免許皆伝の証にこれをやろう
スッ
知ればどや顔
よくわか
日本語
東郷吉男
デキる大人は知っている。
誰かにしゃべりたくなる!
これは
?
TOGO先生の教えをDNPで印刷した本だ
DNP
大日本印刷
これで…
ザザ…
これで今日から僕もみんなもどや顔だ!
ザザザ…
Fin
ザザ…

## 主要参考文献（五十音順）


衣食住語源辞典／吉田金彦　東京堂出版　一九九六年
岩波仏教辞典／中村　元ほか　岩波書店　一九八九年
江戸語辞典／大久保忠邦・木下和子　東京堂出版　二〇〇一年
学研国語大辞典（第二版）／金田一春彦・池田弥三郎　学習研究社　一九八八年
上方語源辞典／前田　勇　東京堂出版　一九六五年
からだことば辞典／東郷吉男　東京堂出版　二〇〇三年
漢和大辞典／諸橋轍次　大修館書店　一九五五年〜
決まり文句語源辞典／堀井令以知　東京堂出版　一九九七年
広辞苑（第五版）／新村　出　岩波書店　一九九八年
国語慣用句大辞典／白石大二　東京堂出版　一九七八年
語源辞典　形容詞編／吉田金彦　東京堂出版　二〇〇〇年
語源大辞典／堀井令以知　東京堂出版　一九八八年
語源の快楽／萩谷　朴　新潮文庫　二〇〇〇年
古語大辞典／中田祝夫・北原保雄　小学館　一九八三年
故事ことわざ大辞典／尚学図書　小学館　一九八二年
辞訓／白川　静　平凡社　一九八七年
辞通／白川　静　平凡社　一九九六年

辞統／白川　静　平凡社　一九八四年
新約聖書　使徒行伝／一九五四年改訳
（『聖書』／日本聖書協会　一九九二年）
成語大辞苑／西岡　弘ほか　主婦と生活社　一九九五年
成語林／尾上兼英　旺文社　一九九二年
大漢語林／鎌田　正・米山寅太郎　大修館書店　一九九二年
大言海／大槻文彦　冨山房　一九三二年〜
ちょっと古風な日本語辞典／東郷吉男　東京堂出版　一九九七年
日葡辞書／日本イェズス会　一六〇三年
『邦訳日葡辞書』土井忠生ほか　岩波書店　一九八〇年
『邦訳日葡辞書索引』森田　武　岩波書店　一九八九年
日本国語大辞典（第二版）／編集委員会　小学館　二〇〇〇年〜
日本語使い方考え方辞典／北原保雄　岩波書店　二〇〇三年
日本語の語源／田井信之　角川書店　一九七八年
物類称呼／越谷吾山　一七七五年
（『物類称呼』東条　操　訂　岩波文庫　一九四一年）
四字熟語辞典／東郷吉男　東京堂出版　二〇〇〇年
俚言集覧／太田全斎　皇典講究所　一八九九年

＊マ行



＊ヤ・ラ・ワ行

## ＊タ行



## ＊ナ行



## ＊ハ行

## ＊サ行

# 索引

## ＊ア行



## ＊カ行

東郷吉男（とうごう・よしお）
1932年、京都市生まれ。京都学芸大学（現・京都教育大学）国文学科卒業。関西女学院短大、静岡県立大学国際関係学部、関西国際大学経営学部の各教授を歴任。その間、北京日本学研究センター（1991）、黒竜江大学（1996）の各客員教授を併任。主な著書に『国語と表現』『ちょっと古風な日本語辞典』『四字熟語辞典』『からだことば辞典』、共著に『反対語対照語辞典』『コミュニケーション技法』などがある。

# 知《し》ればどや顔《かお》　よくわからない日本語《にほんご》

2014年2月10日　初版第1刷発行

著　者　東郷吉男
発行者　増田義和
発行所　株式会社有楽出版社
〒104-0031 東京都中央区京橋 3-6-5 木邑ビル4階
電　話　03-3562-0671
発売所　株式会社実業之日本社
〒104-8233 東京都中央区京橋 3-7-5 京橋スクエア
電　話　03-3535-4441（販売）
振　替　00110-6-326
実業之日本社 URL　http://www.j-n.co.jp

印刷・製本　大日本印刷株式会社
装丁・本文デザイン・DTP／宮古美智代　村松丈彦　品川美歩
絵／パロマよしお

　ISBN978-4-408-59405-7

本書は２００５年４月に弊社より発行された『よくわからない日本語』を改題のうえ、加筆・訂正・アレンジしたものです。